重庆工商大学金融学院应用经济学一级学科建设经费（项目编号：63201500113）资助

重庆市教育委员会人文社会科学研究项目"新发展格局下数字普惠金融推动经济高质量发展研究"（项目编号：23SKGH193）资助

李双琦　朱沙　著

考虑投资者情绪和管理者过度自信的股票市场资产定价研究

Asset Pricing in
Stock Market Considering Investor Sentiment and
Managerial Overconfidence

中国财经出版传媒集团

经济科学出版社
Economic Science Press

图书在版编目（CIP）数据

考虑投资者情绪和管理者过度自信的股票市场资产定
价研究／李双琦，朱沙著．-- 北京：经济科学出版社，
2023.4

ISBN 978 - 7 - 5218 - 4710 - 9

Ⅰ.①考…　Ⅱ.①李…②朱…　Ⅲ.①股票价格 - 研
究 - 中国　Ⅳ.①F832.51

中国国家版本馆 CIP 数据核字（2023）第 069756 号

责任编辑：杜　鹏　武献杰　常家凤
责任校对：李　建
责任印制：邱　天

考虑投资者情绪和管理者过度自信的股票市场资产定价研究

李双琦　朱沙　著

经济科学出版社出版、发行　新华书店经销

社址：北京市海淀区阜成路甲 28 号　邮编：100142

编辑部电话：010 - 88191441　发行部电话：010 - 88191522

网址：www. esp. com. cn

电子邮件：esp_bj@ 163. com

天猫网店：经济科学出版社旗舰店

网址：http：//jjkxcbs. tmall. com

固安华明印业有限公司印装

710×1000　16 开　14 印张　220000 字

2023 年 4 月第 1 版　2023 年 4 月第 1 次印刷

ISBN 978 - 7 - 5218 - 4710 - 9　定价：76.00 元

（图书出现印装问题，本社负责调换。电话：010 - 88191545）

（版权所有　侵权必究　打击盗版　举报热线：010 - 88191661

QQ：2242791300　营销中心电话：010 - 88191537

电子邮箱：dbts@ esp. com. cn）

前　　言

在中国股票市场制度和中国上市公司制度环境并不完善的背景下，投资者和上市公司管理者分别作为股票市场的交易主体和上市公司的决策主体，其心理偏差及非理性行为可能对股票市场资产定价产生重要影响。具体而言，投资者作为股票市场交易主体，其乐观和悲观情绪一方面可能通过交易行为直接影响股票市场价格，进而对股票市场资产定价产生重要影响，另一方面也可能通过上市公司管理者的盈余管理等经营决策行为，影响上市公司经营基本面，进而间接影响股票市场资产定价。上市公司管理者作为企业经营决策主体，其过度自信的心理偏好必然会通过盈余管理和投资决策等经营行为影响公司经营基本面，进而对股票市场资产定价发挥重要作用。

因此，投资者情绪和管理者过度自信对股票市场资产定价的影响已经成为行为金融学领域研究的热点问题，受到了世界各国（地区）股票市场监管部门、上市公司、投资者和研究人员的广泛关注。深入研究投资者情绪和管理者过度自信心理偏好对中国股票市场资产定价的影响及其传导机制，不仅能够厘清投资者情绪和管理者过度自信心理偏好与股票市场资产定价之间的内在关系，而且还能够为中国证券监管部门优化相关制度，为上市公司规范管理者经营决策行为提供理论指导和决策参考。

基于此，本书从行为金融视角采用理论与实证相结合的方法研究了投资者情绪和管理者过度自信对中国股票市场资产定价的影响。从逻辑上看，在投资者做投资决策时权衡投资与消费以实现效用最大化的前提下，投资者情绪可能从市场交易层面影响股票市场资产定价；投资者情绪也可能引致管理者的盈余管理行为，从公司基本面层面间接影响股票市场资产定价；管理者过度自信可能直接影响管理者的盈余管理行为，也可能在融资现金流和市场竞争因素的制约下直接影响企业管理者的投资行为，从公司基本面层面影响股票市场资产定价。此外，投资者情绪与管理者过度自信是影响股票市场定价的行为主体的心理偏差，投资者情绪与管理者过度自信存在怎样的联系进而共同影响股票市场资产定价？从内容上看，本书共由8章组成：第1章"绪论"、第2章"文献综述"、第3章"投资者情绪与股票市场资产定价：考虑消费因素的理论模型与实证检验"、第4章"投资者情绪与股票市场资产定价：基于盈余管理中介效应视角"、第5章"管理者过度自信与股票市场资产定价：基于盈余管理中介效应视角"、第6章"管理者过度自信与股票市场资产定价：基于企业投资中介效应视角"、第7章"投资者情绪和管理者过度自信对股票市场资产定价的综合影响"、第8章"研究结论与研究展望"。

本书的创新点体现在以下3个方面：第一，在爱泼斯坦和津（Epstein and Zin，1989 & 1991）提出的投资者最优效用值递归函数基础上，将风险厌恶系数设定为投资者情绪的单调递减函数，构建了定价效率优于法玛和弗伦奇（Fama and French）考虑投资者情绪和消费的资产定价理论模型，并利用中国A股上市公司数据以及消费和投资者情绪数据进行了实证检验。论文研究结果对Fama - French模型进行了合理修正和拓展，在一定程度上丰富和完善了资产定价理论。第二，分别基于盈余管理和企业投资中介效应视角考察了投资者情绪和管理者过度自信对股票市场资产定价的影响，阐明了投资者情绪和管理者过度自信各自通过盈余管理和企业投资影响资产定价的传导路径以及融资现金流和市场竞争在管理者过度自信经由企业投资影响资产定价中发挥的调节作用，对资产定价领域相关研究成果进行了有益补充。第三，将投资者情绪和管理者过度自信纳入同一分析框架，研究了两者对股票市场资产定价的综合影响，阐明了投资者情绪和管理者过度自信对股票市场资产定价影响中发挥的负向调节作用以及在管理者过度自信经由盈余管理和企业投资对股票市场资产定价影响中发挥的调节效应，从投资者和管理者双重行为视角充实了股票市场资产定价研究成果。

　　在撰写过程中，本书参考了大量文献和著作，谨向相关作者致以崇高敬意；衷心地感谢为我传道授业解惑的老师以及同行、同事的支持、帮助和鼓励，同时衷心地感谢家人和朋友的陪伴、理解和支持。在出版过程中，本书得到重庆工商大学金融学院应用经济学一级学科建设经费（项目编号：63201500113）资助和重庆市教育委员会人文社会科学研究项目"新发展格局下数字普惠金融推动经济高质量发展研究"（项目编号：23SKGH193）资助，感谢重庆工商大学金融学院各位领导和同事的支持和帮助。

　　限于作者的水平和精力，本书难免有疏漏，恳请学术界同行和广大读者批评指正，并提出宝贵意见。意见反馈邮箱：lsqwuhan@163.com；zszs2006@126.com。

李双琦　朱沙

2023 年 2 月于重庆

目　　录

| 第 1 章 |

绪 论

1.1 研究背景与意义

从理论上讲，宏观经济基本面会影响上市公司的经营业绩，上市公司经营业绩又会影响股票价格。因此，宏观经济可以通过上市公司经营业绩影响到股票市场走势。同时，股价反映了投资者对上市公司未来盈利能力的预期，而上市公司未来的盈利能力又是经济增长的内在动力。因此，股市也能预测经济的走向，即股票市场具有宏观经济的"晴雨表"功能。在股票市场价格的形成机制中，对于股票是否存在内在价值产生了两种极端的观点，其一是股票价格的内在价值决定论，即股票的内在价值是客观存在的，股票价格是股票内在价值在一级市场和二级市场的体现；其二是股票价格的随机漫步论，即股票的内在价值并不是客观存在的，股票价格的形成是股票市场需求和供给影响因素综合作用的结果，且股票价格在有效市场假定下呈"随机漫步"的形态波动（赵志君，2003）。格雷厄姆和多德（Graham and Dodd，2009）对于股票价格与其内在价值关系的观点并没有那么极端，认为非理性的市场因素会导致股票价格短期偏离股票的内在价值，从长期看，股票价格有向其内在价值回复的倾向。然而，在现实中大量股票的价格长期偏离股票的内在价值。是什么原因导致了股票价格与其内在价值的偏离？在回答该问题时，资产定价模型和定价效率自然也尤为关键。

资产定价模型的起源可以追溯到 1952 年马科维茨（Markowitz）提出的现代投资组合理论，这种通过收益和风险的权衡来选择最优投资组合的均衡模型为资本资产定价模型的发展奠定了坚实的基础。20 世纪 60 年代，夏普（Sharpe，1964）、林特纳（Lintner，1965）和莫森（Mossin，1966）在此基础上正式提出了资本资产定价模型（capital asset pricing model，CAPM）。然而，学者们逐步发现市场因素并不能充分解释资产的价格，以"经济人"为假设前提和以有效市场假说为理论基础的资本资产定价模型在各种证券市场异象面前遭遇了较大的挑战。当资产价格在 CAPM 中无法得到充分解释时，学者们一方面在 CAPM 基础上增加公司层面的因素，另一方面引入行为金融学因素以增强资产定价的解释力度。例如，班兹（Banz，1981）、巴苏（Basu，1983）发现小规模上市公司的平均风险调整收益比大规模公司高，这种"规模效应"是 CAPM 无法解释的。罗森博格等（Rosenberg et al.，1985）、陈等（Chan et al.，1991）、法玛和弗伦奇（Fama and French，1992）发现高账面市值比的上市公司的平均收益高，这种"账面市值比效应"是 CAPM 无法解释的。法玛和弗伦奇（Fama and French，1993）在 CAPM 中融入规模效应和账面市值比效应，形成了由市值因子、规模因子和账面市值比因子组成的 Fama-French 三因子模型。费尔菲尔德等（Fairfield et al.，2003）、蒂特曼等（Titman et al.，2004）、法玛和弗伦奇（Fama and French，2006）、阿罗尼等（Aharoni et al.，2013）的研究结果表明企业投资与股票平均收益显著负相关，这种"投资效应"的异象是 CAPM 无法解释的。部分学者的研究结果也表明应计利润与企业未来的盈利能力或者盈利质量呈负相关关系，从而出现应计利润越高，股票回报率越低的"盈利效应"的异象（Xie，2001；Fairfield et al.，2003；Richardson et al.，2005；Chan，2006）。然而，这种"盈利效应"的异象是 CAPM 无法解释的。法玛和弗伦奇（Fama and French，2015）在 Fama-French 三因子模型中融入投资效应和盈利效应，形成了由市值因子、规模因子、账面市值比因子、投资因子和盈利因子组成的 Fama-French 五因子模型。

此外，投资者的行为可能并非是完全理性的，可能是有限理性的，甚至可能是非理性的。股票市场的投资者可能对信息存在反应过度的现象

（De Bondt and Thaler，1985），股票市场的投资者也可能对信息存在反应不足的现象（Ikenberry et al.，1995）。德邦特和泰勒（De Bondt and Thaler，1987）进一步发现，从短期来看，股票市场的反应过度会造成过去的赢家投资组合的收益显著高于过去的输家投资组合的收益，即市场反应过度会使得股票收益在短期内出现动量效应的异象，杰格迪什和蒂特曼（Jegadeesh and Titman，1993）发现，从长期来看，股票市场反应不足会造成过去的输家投资组合的收益显著高于过去的赢家投资组合的收益，即市场反应不足从长期看会使得股票收益出现反转效应的异象。巴维里斯等（Barberis et al.，1998）的研究也进一步提出投资者的心理和情绪起到了相应的作用，即投资者的保守性偏差会造成市场反应不足，投资者的过度自信倾向会造成市场反应过度。卡哈特（Carhart，1997）在 Fama-French 三因子模型中融入动量效应，形成了由市值因子、规模因子、账面市值比因子、动量因子组成的 Carhart 四因子模型。舍夫林和斯坦特曼（Shefrin and Statman，1994）将市场中的交易者分为噪声交易者（使用非贝叶斯规则估计收益，并容易犯认知错误的非理性交易者）与信息交易者（使用贝叶斯规则估计收益，不会出现认知错误的理性交易者），构建了噪声交易者和信息交易者共存的理论分析框架，在此基础上导出了存在噪声交易者的情况下价格效率存在的充要条件，并分析了噪声交易者对价格效率、异常收益、股票价格波动率、交易量的影响，提出了行为资产定价模型（behavioral asset pricing model，BAPM）。实质上，这既是对 CAPM 中交易者完全理性和有效市场假说的理论假设条件的放松和进一步发展，也是对市场有效性和行为金融学框架下的有限理性假说进行有限度的融合。由此可见，证券市场异象与 CAPM 中"经济人"完全理性的假设是相违背的，这使 CAPM 的理性分析范式无法充分解释证券市场异象。而将"经济人"完全理性的条件逐步放松到有限理性，甚至非理性，并赋予其行为金融理论中的心理、行为等因素，推动了资产定价研究领域的理论模型和实证模型的发展。

　　中国股票市场从建立至今发展超过 30 年，仍处于新兴资本市场的发展阶段。与西方发达国家的成熟资本市场相比，中国股票市场的市场结构、市场规则和市场制度还不够完善，同时中国上市公司的管理制度、治理结构、信息披露制度、内部控制制度和监管制度也存在不足之处，在市场化发展进程中诸多问题亟待解决。第一，中国股票市场的市场结构不合理。一方面，从投资者结构占比来看，个人投资者和机构投资者占比分别约为 40%、20%，而美国股票市场的个人投资者和机构投资者占比均约为 40%。从与发达资本市场的比较结果来看，我国股票市场的机构投资者占比偏低，需要进一步培育机构投资者，并加强机构投资者投资行为的合法性监管，以稳定市场；另一方面，从投资者的交易结构来看，个人投资者持股市值虽然仅占流通股市值的 20% 左右，但是其交易量的占比却高达市场总交易量的 80%，我国大多数个人投资者的投资专业素养不高，被视为非理性投资者，其非理性行为会扰乱股票市场的价格走势，增大市场的波动，从而降低市场的定价效率。第二，中国上市公司的整体质量有待提高，制约机制不够完善。管理制度、治理结构、内部控制制度的部分缺位会使管理者在经营过程中为获取个人利益而做出有损公司价值最大化的决策（包括投资决策、融资决策等）；内部监督和外部监督制度的不完善也容易使管理者为达到既定的经营绩效目标而粉饰财务报告，以误导投资者对公司基本面的看法，盈余管理就是其典型做法。在中国股票市场制度和中国上市公司制度环境并不完善的背景下，投资者和上市公司管理者分别作为股票市场的交易主体和上市公司的决策主体，其心理偏差及非理性行为可能对股票市场资产定价产生重要影响。而投资者情绪与管理者过度自信分别是投资者和公司管理者最常见的非理性因素。

因此，在有效市场假说并不完全适用于中国股票市场的背景下，CAPM 的假设前提需要进一步修正。CAPM、Fama-French 系列因子模型、BAPM 等资产定价模型的不断扩展在一定程度上增强了证券市场的解释力度。从现有学者的研究来看，反映公司基本面的解释因子（例如，Fama-French 五因子模型中的投资因子和盈利因子）也逐步引起了学者们的广泛关注。然而，反映公司基本面的重要指标——企业盈利和企业投资往往容易受到投资者和管理者行为的影响。在中国股票市场制度和中国上市公司制度环境不完善的背景下，投资者和管理者的非理性行为均可能对股票市场资产定价的解释力和定价效率产生较大的影响。因此，在行为金融理论的基础上，将投资者行为和管理者行为因素引入资产定价模型中来研究中国股票市场的相关问题是极其必要的。其一，中国股票市场个人投资者的交易量大，其非理性行为对股票市场的影响也是不言而喻的，投资者的乐观或悲观情绪容易影响投资者的投资决策进而导致股票市场定价效率的降低和市场波动的增大。其二，中国上市公司的整体质量与发达国家存在差距，管理者的经营能力和管理能力有待提高，其非理性行为可能会影响经营决策、经营绩效甚至会影响信息披露的质量进而影响投资者对股票市场资产定价的基础——公司基本面的评价和预期。本书试图从投资者行为和管理者行为逻辑出发，研究投资者情绪和管理者过度自信在中国股票市场资产定价中发挥的作用。本书的研究意义主要体现在以下 3 个方面。

（1）本书在投资者权衡投资与消费以实现效用最大化的前提下，放松投资者完全理性假设，进一步假设投资者风险厌恶系数是投资者情绪的函数，将投资者情绪和消费纳入股票市场资产定价理论分析框架，从理论上构建考虑投资者情绪和消费的资产定价模型，并利用中国股票市场、投资者情绪和消费等相关数据样本进行实证研究，进而修正和扩展资产定价模型和理论，从市场交易层面考察了投资者情绪对股票市场资产定价的影响。研究结果基于投资者情绪和消费改善了 Fama-French 模型定价效率，在一定程度上丰富和完善了资产定价理论。这是从行为金融学和传统金融学融合视角展开的研究，对于拓展和创新资产定价理论具有重要的理论和现实意义。

（2）本书将经济主体的非理性行为纳入资产定价的理论分析框架，从公司基本面层面考察了投资者情绪和管理者过度自信对股票市场资产定价的影响：一方面，基于迎合理论研究了投资者情绪通过驱动管理者的盈余管理行为而对股票市场资产定价产生的影响；基于管理者过度自信心理偏好与盈余管理行为之间的内在关系研究了盈余管理在管理者过度自信影响资产定价的机制中发挥的中介效应，揭示了管理者过度自信心理偏好经由盈余管理影响股票市场资产定价的传导机制和路径。另一方面，基于管理者过度自信心理偏好与投资决策行为之间的内在关系，分别实证研究了融资现金流和市场竞争调节下企业投资行为在管理者过度自信与股票市场资产定价关系中发挥的中介效应，揭示了管理者过度自信经由企业投资行为影响股票市场资产定价的传导路径以及融资现金流和市场竞争在其中可能发挥的调节作用。这些研究在一定程度上丰富了资产定价研究领域的相关成果，为投资者投资策略的选择和公司投资政策的制定提供参考和借鉴，对于完善企业管理者选拔机制、规范企业投资决策行为、提高企业经营绩效和保障中国股票市场健康发展具有重要理论意义和应用价值。

（3）本书将投资者情绪和管理者过度自信纳入资产定价的同一分析框架，研究了投资者情绪与管理者过度自信对股票市场资产定价的联合影响，并进一步基于有中介的调节效应模型检验了投资者情绪在管理者过度自信通过盈余管理或者企业投资影响股票收益的影响机制中发挥的调节作用。该研究从投资者行为和管理者行为双重行为视角扩展了资产定价理论，为股票市场健康发展和公司治理提供了经验证据。

综上所述，股票市场的实际运行状况对基于有效市场假说和"经济人"假设的资产定价理论提出了挑战。因此，我们需要重视传统金融学中的资产定价理论，探寻有效市场失灵背后的重要驱动因素。而经济主体的非理性行为可能对资产价格的变化产生重要影响，这与传统金融学中的资产定价理论的假设相悖。进一步而言，在有效市场失灵情况下，放松"经济人"的假设可能是应对挑战的有效途径。从资产定价理论来看，在有效市场失灵的情况下，在资产定价理论中引入经济主体（包括投资者和上市公司管理者）的非理性行为可能在一定程度上有利于资产定价理论与金融市场实际现象的融合，丰富了资产定价理论的研究。从行为金融理论来看，将经济主体（包括投资者和上市公司管理者）的非理性行为融入资产定价理论的研究框架中，丰富了资产定价理论的研究，在一定程度上推动了行为金融学和传统金融学研究的融合发展。从应用视角来看，本书从行为金融视角研究了投资者行为和管理者行为，其结论对投资者的投资策略选择、上市公司管理者的行为规范和证券监管部门的政策制定提供参考和借鉴。

1.2　研究内容与框架

（1）绪论。首先论述了本书的研究背景与意义，其次阐述了本书的研究内容与框架，再次概述了本书的研究方法与技术路线，最后阐明了本书研究的边际贡献。

（2）文献综述。梳理了与本书研究相关的文献，主要包括三个部分：第一部分为资产定价理论相关研究，主要从传统资产定价理论和行为资产定价理论两个方面展开论述；第二部分为考虑投资者情绪的资产定价相关研究，具体包括投资者情绪的定义及衡量方法、投资者情绪与资产定价两个方面；第三部分为考虑管理者过度自信的资产定价相关研究，具体包括管理者过度自信的定义及衡量方法、管理者过度自信与资产定价两个方面。这些相关研究为本书的研究奠定了理论基础，提供了理论依据，也为本书的进一步研究拓展提供了借鉴和支撑。

（3）投资者情绪与股票市场资产定价：考虑消费因素的理论模型与实证检验。先基于现有相关研究成果从理论上建立了考虑投资者情绪与消费的资产定价模型，然后分别对构建的考虑投资者情绪与消费的模型以及 CAPM、Fama-French 三因子和五因子模型进行实证检验和比较分析，在一定程度上丰富和完善了资产定价理论。

（4）投资者情绪与股票市场资产定价：基于盈余管理中介效应视角。考虑应计盈余管理和真实盈余管理两种盈余管理模式，进一步将投资者情绪划分为乐观投资者情绪与悲观投资者情绪，并区分盈余管理的操作方向，基于迎合理论检验盈余管理在投资者情绪与股票收益之间关系中发挥的中介效应。该研究有助于加深对投资者情绪、盈余管理与资产定价关系的认识，为投资者的投资决策和公司治理提供参考和借鉴。

（5）管理者过度自信与股票市场资产定价：基于盈余管理中介效应视角。考虑应计盈余管理和真实盈余管理两种盈余操作模式，实证研究了盈余管理程度（包括应计盈余管理和真实盈余管理程度）在管理者过度自信与股票收益之间关系中发挥的中介效应，并扩展分析了管理者权力、内部控制质量、高质量审计、机构投资者持股比例这些企业内部因素或者外部因素在管理者过度自信通过盈余管理程度影响股票收益的机制中发挥的调节效应。该研究拓展和深化了资产定价的研究，为盈余管理在管理者过度自信对股票资产定价的影响中发挥的中介作用提供了经验证据。

（6）管理者过度自信与股票市场资产定价：基于企业投资中介效应视角。基于中介效应模型研究了管理者过度自信经由企业投资对股票收益的影响，进一步在考虑融资现金流调节效应的视角下，以企业过度投资为中介变量、融资现金流为调节变量构建有中介的调节效应模型，研究了管理者过度自信通过企业投资对资产定价的影响以及融资现金流在其中发挥的调节作用；在考虑市场竞争调节效应的视角下，以企业过度投资为中介变量、市场竞争为调节变量构建有调节的中介效应模型，研究了管理者过度自信通过企业投资对资产定价的影响以及市场竞争在其中发挥的调节作用，并进一步分析这种影响机制在企业生命周期的不同阶段的异质性。该研究为企业在不同融资现金流环境和不同市场竞争环境下制定管理者选拔机制、规范企业投资行为提供了经验证据。

（7）投资者情绪和管理者过度自信对股票市场资产定价的综合影响。在投资者情绪、管理者过度自信共存的资产定价分析框架中研究了投资者情绪与管理者过度自信对股票市场资产定价的联合影响，并进一步基于有中介的调节效应模型检验了投资者情绪在管理者过度自信通过盈余管理或者企业投资影响股票收益的影响机制中发挥的调节作用。该研究从投资者行为和管理者行为双重行为视角扩展了资产定价理论，为股票市场健康发展和公司治理提供了经验证据。

（8）研究结论与研究展望。总结了本书的研究结论，并针对本书的不足之处以及局限性对该研究课题的后续延伸提出了进一步设想和展望。

1.3　研究方法与技术路线

1.3.1　研究方法

本书采用文献梳理、数理建模、实证分析相结合的方法，从投资者和管理者两个视角，并分别以投资者情绪和管理者过度自信作为其行为的代理变量，研究了中国股票市场中的行为资产定价问题。

（1）文献梳理方法。第2章"文献综述"分别从资产定价理论相关研究、考虑投资者情绪的资产定价相关研究和考虑管理者过度自信的资产定价相关研究三个方面梳理了传统资产定价理论、行为资产定价理论、投资

者情绪的定义及衡量方法、投资者情绪与资产定价、管理者过度自信的定
义及衡量方法、管理者过度自信与资产定价方面的文献。第 4 章第 1 节的
"理论分析与研究假设"部分梳理了投资者情绪与资产定价、盈余管理与
资产定价以及投资者情绪、盈余管理与资产定价方面的文献，并提出了相
应的研究假说。第 5 章第 1 节的"理论分析与研究假设"部分梳理了管理
者过度自信与资产定价以及管理者过度自信、盈余管理与资产定价方面的
文献，并提出了相应的研究假说。第 6 章第 1 节的"理论分析与研究假
设"部分梳理了管理者过度自信与企业投资以及管理者过度自信、企业投
资与资产定价方面的文献，并提出了相应的研究假说。第 7 章第 1 节的
"理论分析与研究假设"部分梳理了投资者情绪、管理者过度自信与资产
定价方面的文献，并提出了相应的研究假说。该方法是研究假说的提出和
实证模型构建的基础。

（2）数理建模方法。第 3 章第 1 节的"理论模型"部分在爱泼斯坦和津
（Epstein and Zin，1989 & 1991）提出的最优效用值递归表达式基础上，把投
资者情绪和消费纳入资产定价框架，构建包含投资者情绪和消费因子的资产
定价数理模型。

（3）实证分析方法。计量经济学的方法广泛应用于实证分析研究。第 3
章基于本书构建的考虑投资者情绪与消费的资产定价数理模型，分别对构建
的考虑投资者情绪与消费的模型以及 CAPM、Fama-French 三因子和五因子模
型进行实证检验和比较分析。第 4 章基于迎合理论实证研究了投资者情绪通
过驱动管理者的盈余管理行为而对股票市场资产定价产生的影响。第 5 章基
于管理者过度自信心理偏好与盈余管理行为之间的内在关系，实证研究了盈
余管理在管理者过度自信对资产定价的影响机制中发挥的中介效应。第 6 章
基于中介效应模型研究了管理者过度自信经由企业投资对股票收益的影响，
进一步在考虑融资现金流调节效应的视角下，以企业过度投资为中介变量、
融资现金流为调节变量构建有中介的调节效应模型，实证研究了管理者过度
自信通过企业投资对资产定价的影响以及融资现金流在其中发挥的调节作
用；在考虑市场竞争调节效应的视角下，以企业过度投资为中介变量、市场
竞争为调节变量构建有调节的中介效应模型，实证研究了管理者过度自信通
过企业投资对资产定价的影响以及市场竞争在其中发挥的调节作用。第 7 章

将投资者情绪和管理者过度自信纳入同一分析框架，实证研究了投资者情绪与管理者过度自信对股票市场资产定价的联合影响。

1.3.2　技术路线

本书按照提出问题、分析问题、解决问题的逻辑展开，首先在阐述研究背景与意义的基础上提出本书研究的问题，其次梳理并评述了与研究问题相关的文献，再次在理论分析的基础上对研究问题进行理论与实证分析，最后通过研究结论得到解决问题的启示。特别地，我们对研究分析部分的逻辑框架做如下说明：投资者和上市公司管理者分别作为股票市场的交易主体和上市公司的决策主体，其心理偏差及非理性行为可能对股票市场资产定价产生重要影响。而投资者情绪与管理者过度自信分别是投资者和公司管理者最常见的非理性因素。一方面，投资者情绪可能直接通过市场交易行为影响股票市场资产定价，也可能通过引致管理者经营行为从公司基本面层面间接影响股票市场资产定价。另一方面，管理者过度自信可能通过管理者经营行为从公司基本面层面影响股票市场资产定价，而盈余管理和企业投资恰恰是管理者最重要的决策行为。因此，在投资者做投资决策时权衡投资与消费以实现效用最大化的前提下，投资者情绪可能从市场交易层面影响股票市场资产定价；投资者情绪也可能通过引致管理者的盈余管理行为，从公司基本面层面间接影响股票市场资产定价；管理者过度自信可能直接影响管理者的盈余管理行为，也可能在融资现金流和市场竞争因素的制约下直接影响管理者的企业投资行为，从公司基本面层面影响股票市场资产定价。此外，投资者情绪与管理者过度自信是影响股票市场定价的行为主体的心理偏差，投资者情绪与管理者过度自信存在怎样的联系进而共同影响股票市场资产定价？基于此，本书按照上述逻辑拟基于行为金融理论研究投资者情绪和管理者过度自信对中国股票市场资产定价的影响。本书的技术路线如图1.1所示。

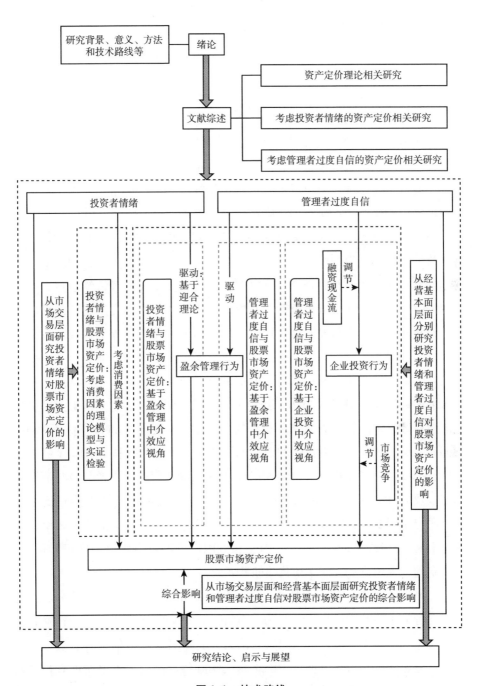

图 1.1　技术路线

1.4　研究的边际贡献

本书在有效市场失灵的背景下，放松了"经济人"的假设，在资产定价理论中引入影响股票市场交易和上市公司基本面的经济主体——投资者和上市公司管理者，基于投资者与管理者的行为金融视角研究了投资者情绪、管理者过度自信在中国股票市场资产定价中发挥的作用，丰富和完善了资产定价理论领域的研究。本研究的边际贡献可能表现在以下 3 个方面。

（1）现有研究在分析投资者情绪对资产定价的影响时，没有考虑投资者情绪与风险厌恶之间的内在联系而将相对风险厌恶系数设定为常数，以至于构建的基于投资者情绪的资产定价模型难以真实反映投资者情绪通过影响投资者风险厌恶、进而影响投资者交易决策行为和股票市场资产定价的理论逻辑；没有在投资者权衡投资与消费以实现效用最大化的前提下将投资者情绪和消费纳入股票市场资产定价的同一分析框架，从理论和实证上对考虑投资者情绪和消费的股票市场资产定价模型进行系统研究。本书在爱泼斯坦和津（Epstein and Zin，1989 & 1991）提出的最优效用值递归表达式基础上，将风险厌恶系数设定为投资者情绪的单调递减函数，构建了定价效率优于 Fama-French 模型的考虑投资者情绪和消费的资产定价模型，并利用中国 A 股上市公司数据以及消费和投资者情绪数据分别对构建的考虑投资者情绪与消费的模型以及 CAPM、Fama-French 三因子和五因子模型进行实证检验和比较分析。研究结果基于投资者情绪和消费改善了 Fama-French 模型定价效率，从理论上对 CAPM、Fama-French 三因子和五因子模型进行了合理修正和拓展，在一定程度上丰富和完善了资产定价理论。

（2）现有的资产定价文献通过融入行为金融元素发展了行为资产定价理论，其行为主要集中于投资者行为，对管理者行为的研究相对较少；鲜有文献从公司基本面层面深入考察投资者情绪和管理者过度自信通过盈余管理和企业投资影响股票市场资产定价的影响机制和传导路径。本书在现有相关研究成果基础上，将经济主体的非理性心理偏好纳入资产定价的理论分析框架，分别基于盈余管理和企业投资中介效应视角考察了投资者情绪和管理者过度自信对股票市场资产定价的影响，阐明了投资者情绪和管理者过度自信各自通过盈余管理和企业投资影响资产定价的传导路径以及融资现金流和市场竞争在管理者过度自信经由企业投资影响资产定价中发挥的调节作用。这些研究基于投资者和管理者行为逻辑对资产定价领域相关研究成果进行了有益补充。

（3）现有资产定价理论分别从投资者行为和管理者行为视角研究了投资者情绪对资产定价的影响、管理者过度自信对资产定价的影响，鲜有文献在同一分析框架中探讨投资者情绪和管理者过度自信共同影响股票市场资产定价的影响机制。本书将投资者情绪和管理者过度自信纳入资产定价的同一分析框架，研究了两者对股票市场资产定价的综合影响，阐明了投资者情绪在管理者过度自信对股票市场资产定价影响中发挥的负向调节作用以及在管理者过度自信经由盈余管理和企业投资对股票市场资产定价影响中发挥的调节效应，从投资者和管理者双重行为视角充实了股票市场资产定价研究成果。

| 第 2 章 |

文献综述

投资者和上市公司管理者是影响股票市场交易和上市公司基本面的经济主体，而投资者情绪与管理者过度自信分别是市场交易主体（投资者）和公司决策主体（管理者）最常见的非理性因素，且投资者和管理者的心理偏差及非理性行为可能对股票市场资产定价产生重要影响。本书拟基于行为金融理论研究投资者情绪和管理者过度自信对中国股票市场资产定价的影响。因此，本章从资产定价理论相关研究、考虑投资者情绪的资产定价相关研究和考虑管理者过度自信的资产定价相关研究三个方面梳理相关文献。

2.1　资产定价理论相关研究

本部分主要从传统资产定价理论和行为资产定价理论两个方面展开论述，该部分内容为研究奠定了坚实的理论基础。

2.1.1　传统资产定价理论

本书界定的传统资产定价理论主要包括资本资产定价模型及其扩展模型、基于消费的资本资产定价模型，其研究框架都是基于投资者理性的假设前提而展开的。20 世纪 50 年代以前，资产定价模型的主流研究方法为现金流贴现法，其缺陷主要表现在未考虑资产定价过程中的风险问题。20 世纪 50 年代，马科维茨（Markowitz，1952）提出了现代投资组合理论，这种以收益率的均值和方差（即收益和风险的权衡）为标准来选择最优投资组合的思想为资本资产定价模型的发展奠定了坚实的基础。20 世纪 60 年代以来，资产定价理论得到了空前的发展，夏普（Sharpe，1964）、林特纳（Lintner，1965）和莫森（Mossin，1966）在现代投资组合理论的基础上正式提出了资本资产定价模型（CAPM）。自 CAPM 提出以来，学者逐渐发现除了市场因子外，其他因素也对资产定价具有重要影响，这推动了资产定价理论和实证研究的不断发展。此后，学者们从不同的研究视角和研究框架延伸了资产定价理论。

资产定价理论发展的一种研究思路是从 CAPM 无法解释的市场异象中提取股票市场资产定价的风险因子。罗斯（Ross，1976）假设市场中无套利机会，并认为资产定价并非仅受市场因子影响，而是会受到多个因子影响，提出了套利定价理论（arbitrage pricing theory，APT），其实质是一个多因子资产定价模型（CAPM 的扩展形式）。APT 虽然进一步发展了 CAPM，但并未确定多因子资产定价模型的具体因子。班兹（Banz，1981）发现公司规模是影响股票收益的重要因素，小规模公司的股票平均收益反而更高的这种"规模效应"引起学者们的关注。班达里（Bhandari，1988）考虑了市场的不完备性和交易成本，将债务权益比率作为公司权益风险的代理变量，研究了其风险在资产定价中的作用，陈等（Chan et al.，1991）、法玛和弗伦奇（Fama and French，1992）在其研究成果的基础上提炼出了"账面市值比效应"，即账面市值比高的上市公司股票平均收益更高。法玛和弗伦奇（Fama and French，1993 & 1995）在 CAPM 的基础上添加规模效应和账面市值比效应，形成了包含市场效应、规模效应、账面市值比效应的 Fama-French 三因子资产定价模型。此后，部分学者发现了上市公司总体上存在"投资效应"，即企业投资越高，其股票平均收益反而越低（Fairfield et al.，2003；Titman et al.，2004；Fama and French，2006；Aharoni et al.，2013）。也有部分学者的研究结果表明上市公司总体上存在"盈利效应"，即应计利润与企业未来的盈利能力或者盈利质量呈负相关关系，从而出现应计利润越高，其股票平均收益反而越低的现象（Xie，2001；Fairfield et al.，2003；Richardson et al.，

2005；Chan et al.，2006；Novy-Marx，2013）。法玛和弗伦奇（Fama and French，2015）在 Fama-French 三因子模型中添加投资效应和盈利效应，形成了包含市值因子、规模因子、账面市值比因子、投资因子和盈利因子的 Fama-French 五因子资产定价模型。此后，国内外学者在相应的股票市场中检验了 Fama-French 五因子资产定价模型的适用性和定价效率（Chiah et al.，2016；高春亭和周孝华，2016；赵胜民等，2016；李志冰等，2017；Fama and French，2017；Guo et al.，2017）。

资产定价理论发展的另一种研究思路是从投资者理性的行为出发，通过投资者的效用最大化来选择最优消费与投资组合，进而推导出含有消费因素和资产均衡价格的定价模型。CAPM 虽然刻画了投资者在资本市场中的均衡，但是模型本身没有涉及理性投资者的行为，资产的均衡价格并没有体现投资者在市场中的参与过程。20 世纪 70 年代，莫顿（Merton，1973）从投资者的跨期消费与投资抉择的最优化问题中发展了跨期的资本资产定价模型（intertemporal capital asset pricing model，ICAPM）。ICAPM 不但将 CAPM 扩展到多期，而且为基于消费的资本资产定价模型（consumption capital asset pricing model，CCAPM）的发展提供了理论基础。卢卡斯（Lucas，1978）在禀赋经济的假设前提下，进一步假设"代表性"投资者的生命周期为无限期，通过可时间累加的多期投资者效用函数推导出了包含消费因素的资产定价一般均衡模型。布里登（Breeden，1979）在一个消费品价格和投资机会具有不确定性的多期连续时间研究框架下推导了基于消费的单贝塔资产定价的一般均衡模型。以上具有代表性且包含消费因素的资产定价一般均衡模型实际上是在 CAPM 和 ICAPM 的研究成果基础上基于均衡思想提出的消费资本资产定价模型。因此，这一类 CCAPM 都是假定投资者在追求效用最大化过程中，消费与投资的权衡是为了实现投资者的消费效用最大化，从而消费与投资将要素市场、产品市场和金融市场关联起来，以体现投资者参与的资产市场定价，进而得到实现消费和投资最优决策后的资产定价一般均衡模型。

2.1.2　行为资产定价理论

虽然在有效市场假说和"经济人"假设的研究框架下，传统资产定价理论的研究取得了一系列突破性进展，但是仍有一些金融市场"异象"不能被传统资产定价理论所解释。格罗斯曼和斯蒂格利茨（Grossman and Stigliz，1980）基于价格是正确的（或者说市场是有效的）和搜索信息是有成本（需要耗费时间和精力）的两个假设，对它们之间的逻辑关系提出了疑问，即如果价格是正确的（或者说市场是有效的），为什么要耗费时间和精力去搜索信息呢？如果价格是正确的（或者说市场是有效的），因此不需要耗费时间和精力去搜索信息，那么价格是如何从初始值到正确值的？这是一个有趣的悖论，即格罗斯曼和斯蒂格利茨悖论，它实际上是对强有效市场提出了质疑。希勒（Shiller，1981）分别对 1871～1979 年标准普尔综合指数的真实价格和 1928～1979 年道琼斯工业指数的真实价格与其相应的事后理性价格进行对比，发现股票价格存在过度波动的现象。有效市场假说指出股票价格应该按照市场有效性的程度反映所有相应的信息，而新的信息传播才会造成股票价格发生变化，投资者的理性预期不至于使股票价格产生过度的波动。显然，股票价格的过度波动也无法从有效市场假说得到解释。

就金融市场"异象"而言，在投资者对信息的反应方面，投资者在处理信息过程中可能会产生反应过度或者反应不足的结果。当投资者对信息反应过度时，其对近期资产价格的过多关注导致了基于近期资产价格的预测偏离长期资产价格的均值。特别是，投资者过分关注当前信息而忽视历史信息会导致资产价格上涨时投资者过度乐观而资产价格下降时投资者过度悲观，进而市场价格在利多（利空）信息下过度上涨（下跌）。大量实验心理学的研究表明多数人倾向于对未预期或者戏剧性的新闻事件产生过度反应而违背贝叶斯法则，部分学者基于股票收益率数据的实证结果与过度反应假说一致，并发现了市场效率为弱式有效的证据（De Bondt and Thaler，1985 & 1987）。有研究表明经历了巨大正回报或利多消息的股票在此之后的 50 周内表现不佳，平均回报率比市场平均回报率约低 30%，而经历了利空消息的股票价格会大幅度下跌，随后出现一波反弹。反弹大部分发生在此后的五周内且更有可能出现在第一周，这些证据与过度反应假说是一致的（Howe，1986）。布朗和哈罗（Brown and Harlow，1988）通过关注单个证券的剩余损失和收益分离出投资者对大小和强度不同的事件的响应，分析了投资者对极端事件反应过度的趋势。结果表明，市场参与者对极端价格变动的反应方式主要取决于初始变化的方向。对于积极事件，投资者以有效方式以外的其他方式设定了股价，即期和长期的反应都是如此；相反，对负面事件进行短期纠正的证据与过度反应假说的三个预测（方向、幅度和强度效应）强烈一致，即除了立即做出反应外，累积残差的移动方向与初始价格下跌的方向相同，平均长期反应的发生量足以抵消事件发生后第一个月的纠正措施。因此，股票市场的过度反应趋势可视为一种不对称的短期现象。当投资者对信息反应不足时，影响资产价格变化的信息发布后，资产价格虽有所变化，但在强度方面未达到应有水平，在速度方面未及时达到应有水平。因此在价格变化过程中可以通过接收利多（利空）信息时买入（卖出）资产而获取超额收益。阿巴巴内尔和伯纳德（Abarbanell and Bernard，1992）研究了证券分析师是否对先前的收益信息反应不足或反应过度以及是否有任何此类行为可以解释先前记录的股价异常变动，其结果表明证券分析师的行为充其量只是股价对收益反应不足的部分解释，可能与股价反应过度无关。阿米尔和甘扎克（Amir and Ganzach，1998）研究了行为决策理论中关于导致分析师对收益预测的过度反应和反应不足的条件，提出宽容性、代表性和锚定与调整三种启发式共同影响了分析师对收益的预测：预测变化有过度反应的趋势，预测修正有反应不足的趋势；正向预测修正有过度反应的倾向，负向预测修正有反应不足的倾向；这些偏差随着预测范围的增加而增加。伊肯伯里和拉姆纳特（Ikenberry and Ramnath，2002）通过关注最简单的公司交易之一（股票拆分）来重新审视市场对新闻事件反应不足以及为什么或如何发生反应不足的问题，使用最近的案例分析发现，一次拆分公告后的一年中股票收益出现了9%的漂移，而经营业绩的基本面是反应不足的根源，且拆分公司的未来收益收缩的可能性异常低。此外，在拆分公告发布时，分析师的盈利预测相对较低，并且随着时间的推移会缓慢修正。弗拉齐尼（Frazzini，2006）使用共同基金持有量的数据构建了一个新的衡量个股参考购买价格的指标，检验了"处置效应"（即投资者承受亏损并实现收益的趋势）是否会诱发投资者对新闻事件的"反应不足"，从而导致收益的可预测性，结果表明只要资本收益和新闻事件表现出趋同的信号，公告后的价格漂移最为严重，漂移的大小取决于股东在事件发生之日所经历的资本利得（损失）。

在动量与反转效应方面，德邦特和泰勒（De Bondt and Thaler，1987）发现从短期来看，股票市场的反应过度会造成过去的赢家投资组合的收益显著高于过去的输家投资组合的收益，即市场的反应过度会使股票收益在短期内出现动量效应的异象。杰格迪什和蒂特曼（Jegadeesh and Titman，1993）发现从长期来看，股票市场的反应不足会造成过去的输家投资组合的收益显著高于过去的赢家投资组合的收益，即市场的反应不足会使得股票收益在长期内出现反转效应的异象。卡哈特（Carhart，1997）在 Fama-French 三因子模型中引入动量因子，形成了四因子资产定价模型，发现这四个风险因子几乎能充分解释股权共同基金平均收益和风险调整收益的动量现象。

在日历效应方面，大量学者的研究结果表明股票市场非正常收益的均值、方差及高阶矩与特定日期存在较大的关联性且普遍显著高于其他日期，研究主要包括节假日效应（Merrill，1966；Pettengill，1989；Liano et al.，1992；Kim and Park，1994；Vergin and McGinnis，1999）、周内效应（French，1980；Lakonishok and Levi，1982；Keim and Stambaugh，1984；Jaffe and Westerfield，1985；Harris，1986）、月份效应（Ariel，1987；Jones et al.，1987；Lakonishok and Smidt，1988；Jaffe and Westerfield，1989；Ogden，1990）和年份效应（Roll，1983；Lakonishok and Smidt，1984；Schultz，1985；Rogalski and Tinic，1986；Ritter，1988）。

在股权溢价方面，梅拉和普雷斯科特（Mehra and Prescott，1985）发现一类一般均衡模型对股票和国库券平均回报率的限制与美国 1889～1978 年的数据是严重违背的，例如基于消费的资产定价模型股权溢价最大为 0.35%，而现实中标准普尔 500（S&P 500）的平均实际年收益率为 6.98%，短期债权的平均实际年收益率不到 0.80%，这就产生了较高的股权溢价 6.18%，即"股权溢价之谜"，并指出最有可能提高解释力的均衡模型不是从没有摩擦的 Arrow-Debre 经济中抽象出的均衡模型，而考虑交易成本、流动性约束和其他摩擦的均衡模型可将历史上观察到的高平均股本回报率和低平均无风险回报率的现象合理化。

在封闭式基金折价方面，大量学者的研究发现了封闭式基金的折价现象且成为不易解释的谜团，即封闭式基金在经历了封闭期后，其在交易所的交易价格低于基金净值。例如，从 24 周的交易情况来看，美国股票型封闭式基金的平均折价率为 10%（Weiss，1989）；从 200 天的交易情况来看，英国股票型封闭式基金的平均折价率为5%（Levis and Thomas，1995）。迪姆森和米尼奥·科泽斯基（Dimson and Minio-Kozerski，1999）试图在有效市场假说的框架下用交易成本、管理费用、资本利得税、基金管理水平、基金中选取资产的流动性等理性因素去解释封闭式基金折价的现象。然而，即使对上述理性因素加以考虑，封闭式基金在交易所的交易价格仍然低于基金净值，且这种折价现象依旧长期持续存在。李等（Lee et al.，1991）检验了封闭式基金折价是否由个人投资者情绪变化驱动，该理论意味着不同基金的折价是同时发生的，当基金溢价或小幅折价出售时，新基金就开始运作，而且折价与受相同投资者情绪影响的其他证券的价格相关，实证结果支持这些预测。特别地，研究发现封闭式基金和小盘股都倾向于由个人投资者持有，当小盘股表现良好时，封闭式基金的折价会缩小。

在投资者过度交易方面，卡尼曼和特沃斯基（Kahneman and Tversky，1979）对将期望效用理论作为风险决策描述模型进行了批判，并发展了前景理论。特别地，相比于确定性结果，人们容易低估非确定性结果，这种模式也被称为"确定性效应"，而这种趋势有助于投资者在获得确定性收益时选择风险规避，在获得确定性损失时选择风险追逐。舍夫林和斯坦特曼（Shefrin and Statman，1985）将这种行为模式置于一个更广泛的理论框架中，一方面引入了其他要素，即心理会计、后悔厌恶、自我控制和税务考虑，另一方面提出了"处置效应"的概念，即投资者倾向于过早地出售"赢家组合"，过久地持有"输家组合"。奥丁（Odean，1998）通过分析大型经纪商的10000个折扣经纪账户交易记录检验了处置效应，发现投资者对实现"赢家组合"而非"输家组合"表现出强烈的偏好，且投资者的这种行为似乎并不是出于重新平衡投资组合的愿望，也不是出于不愿承担低价股票更高的交易成本。尽管税收激励会导致卖出投资组合可能成为投资者占优决策，但这种投资行为与随后的投资组合表现不符。事实上会导致更低的回报，特别对应纳税账户而言也是如此。奥丁（Odean，1999）同样通过对10000个折扣经纪账户的进一步分析发现，投资者买入投资并非优于覆盖交易成本的卖出投资，并提出这种现象是由投资者过度自信引致的过度交易造成的。事实上，过度交易既有可能存在于成熟资本市场，又可能存在于新兴资本市场，从相应市场的换手率来看，全球股票市场中投资者的过度交易行为是一种普遍现象。金和诺夫辛格（Kim and Nofsinger，2008）指出文化因素可能是导致过度交易的重要因素，亚洲集体主义导向的社会文化可能造成个体更加过度自信，进而更易于产生过度交易。因此，过度交易现象从侧面反映了有些交易可能是无效的，减少无效的过度交易反而能提高投资收益。

在羊群效应方面，金融市场中投资者跟风投资的行为广泛存在，即羊群效应。金融市场上个人投资者和机构投资者都有可能表现出羊群效应，在信息非对称条件下，一方面，个人投资者既可能效仿其他个人投资者的投资行为，也可能效仿机构投资者的投资行为；另一方面，机构投资者之间可能也出现投资跟风的行为。此外，羊群效应的主体既有可能是理性的，又有可能是非理性的。德文诺和韦尔奇（Devenow and Welch，1996）总结了金融市场中理性羊群效应的研究进展，发现一些模型可以完美地预测羊群行为，在这种模式下，理性主体都可以在没有任何反作用力的情况下发挥相同的作用，而这种羊群效应通常产生于直接支付外部性、委托代理问题或信息学习。埃弗里和泽穆斯基（Avery and Zemsky，1998）研究了资产价格和羊群行为之间的关系，发现当仅考虑交易者在一维不确定性（资产价值受到冲击的影响）维度上获取私人信息时，价格调整会阻止羊群行为；当存在二维不确定性（冲击的存在和影响）时，会发生羊群效应；当存在三维不确定性（交易者信息的质量）时，羊群行为可能导致显著的短期误定价。赫舒拉发和泰奥（Hirshleifer and Teoh，2003）提供了一种简单的效应分类方法，并在考虑各方参与羊群或级联的动机和各方保护他人免受或利用他人的羊群或级联的动机情况下评估该理论如何帮助解释有关投资者、公司和分析师的行为。克莱门特和谢（Clement and Tse，2005）将分析师的盈利预测分为羊群型和大胆型，其研究表明与羊群预测相比，大胆预测更全面地整合了分析师的私人信息，为投资者提供了更多相关信息，进而大胆预测比羊群预测更准确。蒋和郑（Chiang and Zheng，2010）通过 18 个国家和地区 1988 年 5 月 25 日～2009 年 4 月 24 日的日度数据研究了全球股票市场上的羊群行为，发现发达股票市场（美国股票市场除外）和亚洲市场存在羊群效应，拉丁美洲股票市场没有发现羊群效应。西普里亚尼和瓜里诺（Cipriani and Guarino，2014）发展了一种可以用金融交易数据估计的信息羊群模型以及金融市场中的羊群行为，并使用 1995 年纽约证交所股票的数据对该模型进行估计，发现羊群效应普遍存在，平均而言，羊群行为买家的比例为2%，羊群行为的比例为4%，且羊群效应也会导致市场信息效率低下。

在"经济人"理性的研究框架下，传统资产定价理论虽然仍在不断发展，并取得了一定程度的进步，但是上述与有效市场假说相违背的因素和金融异象依然无法在传统资产定价理论中得到解释。实际上，投资者的心理发生变化时，其偏好和对资产价格的判断也会随之变化，进而会引发投资者的非理性行为。部分实验和实证研究结果表明，投资者的行为并非与冯·诺依曼—摩根斯坦（von Neumann-Morgenstern）的期望效用理论保持一致（Daniel et al.，2002；Barberis and Thaler，2003；Hirshleifer，2001）。自然地，考虑投资者非理性因素的研究方法与冯·诺依曼—摩根斯坦的期望效用最大化和传统的经典研究方法有所差异。卡尼曼和特沃斯基（Kahneman and Tversky，1979）通过放松"经济人"假设，从人的心理特征和行为特征中提炼出了影响经济主体行为的非理性因素，将非理性的心理因素引入经济学的研究中发展了前景理论，在一定程度上为不确定条件下经济主体的非理性决策提供了理论基础。在前景理论中，经济主体在决策过程中往往会设置一个心理预期的参考点，然后将决策后的结果与心理预期的参考点做比较，当决策产生收益并高于心理预期的参考点时，经济主体往往有风险厌恶的倾向，偏好于获取低于理论的确定性收益；当决策产生损失并低于心理预期的参考点时，经济主体往往有风险偏好的倾向，偏好于期望通过处置效应来挽回损失。自从前景理论提出以后，部分学者在此基础上进一步深入地研究，构建了一些具有代表性的行为金融理论模型。总体而言，这些理论模型是基于以下三种代表性思路发展起来的。

第一种思路是在放松"经济人"假设的前提下将行为金融理论和经典资产定价理论进行适度融合，其代表性模型主要包括行为资产定价模型（behavioral asset pricing model，BAPM）和行为投资组合理论（behavioral portfolio theory，BPT）。舍夫林和斯坦特曼（Shefrin and Statman，1994）将投资者分成两类，即噪声交易者和信息交易者，并在噪声交易者与信息交易者相互作用的市场中提出了一种行为资本资产定价模型（BAPM）。其中，噪声交易者是一类会犯认知错误的交易者，而信息交易者是一类免于认知错误的交易者。他们在BAPM中推导出了价格效率存在的充分必要条件，并分析了噪声交易者对价格效率、波动率、收益异常和噪声交易者生存的影响。当资产价格有效时，新信息是一个充分的统计量，是证券价格及其波动单一的驱动因素，而这个单一的驱动因素驱动着均值 – 方差有效前沿、市场投资组合的收益分布、风险溢价、期限结构和期权价格；当资产价格无效时，新信息不再是一个充分的统计量，历史信息继续影响价格、波动性、风险溢价、期限结构和期权价格。因此，BAPM 既是将市场有效性和行为金融学框架下的有限理性假说进行有限度的融合，也是对 CAPM 的扩展。舍夫林和斯坦特曼（Shefrin and Statman，2000）发展了一个积极投资策略的行为投资组合理论（BPT），提出了两个版本的 BPT，即单一心理账户的行为投资组合理论（BPT – SA）和多元心理账户的行为投资组合理论（BPT – MA）。其中，BPT – SA 与马科维茨（Markowitz）的资产组合理论一样考虑资产间的协方差，从而将投资组合整合在单一心理账户中；BPT – MA 类似于分层金字塔，其中的每一层心理账户都与特定的期望参照水平相关联，从而将投资组合分散在多元心理账户中。由于 BPT – MA 忽略了各层心理账户之间的协方差，它们可能将一层中的空头头寸证券与同一证券中的多头头寸证券结合起来。进一步将 BPT – MA 简化为两层模式，低期望层旨在脱贫，高期望层旨在致富。因此，BPT 是马科维茨的现代资产组合理论的进一步发展。

　　第二种思路是在放松"经济人"假设的前提下从心理偏差角度出发研究经济主体行为对资产定价的影响，其代表性模型主要包括 DSSW 模型、BHW 模型、BSV 模型、DHS 模型以及 HS 模型。德隆等（De Long et al.，1990）将投资者分为理性交易者和噪声交易者，并建立了 DSSW 模型，其研究表明即使噪声交易会导致股票价格严重偏离其基本价值，但是噪声交易风险的存在限制了短视的理性交易者的套利行为，使得噪声交易者得到比理性交易者更高的期望收益。比克昌丹尼等（Bikhchandani et al.，1992）基于追随决策主体在信息传递过程中是否依赖其他先行决策主体的决策行为构建了 BHW 模型。他们提出该模型实质上是一种信息叠层模型，当先行决策主体根据自己获取的私人信息做出决策时，追随决策主体会根据先行决策主体的决策行为推测信息，并依据推测信息修正其先验信息，倘若追随决策主体在修正信息的过程中赋予其先验信息较小的权重甚至忽略其先验信息，会易于产生模仿先行决策主体的行为。而追随决策主体赋予其先验信息的权重大小源于其对先验信息的可靠性的信心。特别地，在市场处于剧烈波动的情形下，对先验信息缺乏信心的追随决策主体极易产生羊群效应。巴维里斯等（Barberis et al.，1998）在 BSV 模型中提出投资者投资时往往存在选择性偏差和保守性偏差，进而对市场信息做出反应过度和反应不足的投资决策，进一步导致股票市场价格失真而偏离有效市场情况下的价格。丹尼尔等（Daniel et al.，1998）提出的 DHS 模型认为投资者对信息做出反应时易于产生过度自信和归因偏差，从而导致投资者高估预测能力和低估预测误差，这两种偏差可以解释股票价格短期的动量效应和长期的反转效应。洪和斯坦（Hong and Stein，1999）提出的 HS 模型将投资者分成信息关注投资者和动量交易投资者，而信息关注投资者和动量交易投资者分别基于获取的有关股票价值预期的私人信息和股票价格的历史信息进行投资交易。他们假设这两类投资者均为有限理性且产生相互影响，私人信息的传播在信息关注投资者之间非常缓慢，构建了包括反应过度、反应不足和动量交易的理论模型。HS 模型实质上是将投资者在中期会出现反应不足、在长期会出现反应过度的投资行为纳入同一理论框架，信息关注投资者实际上充当套利者的角色，一旦发现股票价值预期的利好私人信息且认为股价被低估的情况下，立即采取买入投资策略；动量交易者实际上充当噪声交易者的角色，会采取跟随套利者的投资策略。信息关注投资者实际上对股票价格反应不足，动量交易者实际上对股票价格反应过度，而两类投资者的投资行为会导致股票价格上涨过度。

第三种思路是在不改变"经济人"假设或者放松"经济人"假设的前提下从 CCAPM 角度出发修正经济主体的行为以使其更合理和符合现实情况。为此，学者们一方面通过改变时间与状态可分离的效用函数，以增强理论与现实切合度。在时间可分的常相对风险厌恶（constantly relative risk averse，CRRA）效用函数中，相对风险厌恶系数是跨期替代弹性的倒数，大量实证研究结果表明，设定较高的相对风险厌恶系数才能保证理论与现实实证数据的吻合度（Mehra and Prescott，1985）。为解决此问题，爱泼斯坦和津（Epstein and Zin，1989）提出了一种时间不可分的递归效用函数以使相对风险厌恶系数与跨期替代弹性分离。另一方面，也有学者尝试在 CCAPM 中引入习惯、财富偏好、赶时髦、嫉妒、损失厌恶与私房钱效应等行为因素，以使随机贴现因子的刻画更加精确。例如，对习惯因素而言，康斯坦丁尼德斯（Constantinides，1990）将内部消费习惯引入 CCAPM 中构建了基于内部消费习惯的资产定价模型，发现在理性预期情形下，一旦冯·诺依曼—摩根斯坦偏好的时间可分离性被放宽到允许消费相邻互补（这种特性也被称为习惯持续性），就可以解决股权溢价难题。坎贝尔和科克伦（Campbell and Cochrane，1999）将外部消费习惯引入 CCAPM 中构建了基于外部消费习惯的资产定价模型，研究结果表明该模型有助于解释短期和长期股权溢价难题。对财富偏好因素而言，巴克希和陈（Bakshi and Chen，1996）认为投资者获得财富不仅仅是为了其隐含的消费，而是为了由此产生的社会地位。当投资者关心相对社会地位时，其消费倾向和风险承担行为取决于社会标准，股票价格会出现波动。因此，资本主义精神似乎是股票市场波动和经济增长的驱动力。史密斯（Smith，2001）的研究结果表明资本主义精神影响资产价格的方式除了规避风险外，还取决于耐心、长期替代意愿、消费和地位之间的有序偏好的相互作用。资本主义精神的增强，可能会增加或减少风险厌恶，实际上可能会降低风险资产的价格。对赶时髦因素而言，艾贝尔（Abel，1990）提出了一个时间可分的赶时髦的 CRRA 效用函数，该效用函数取决于消费者的消费水平相对于滞后一期的平均消费水平，且赶时髦的消费行为并不影响股票的资产定价而会影响无风险债券的定价。对嫉妒因素而言，加利（Gali，1994）认为投资组合决策的社会性质来自消费外部性，代理人根据其自身消费以及经济中的平均消费定义偏好，允许家庭关心相对生活水平（嫉妒消费心理），并进一步在静态 CAPM 和多期资产定价模型两个标准模型中引入了这种消费外部性因素，分析了它对最优投资组合决策和均衡资产价格的影响。对损失厌恶与私房钱效应因素而言，巴维里斯等（Barberis et al.，2001）认为投资者不仅从消费中获得直接效用，而且从其金融财富值的波动中获得直接效用，且投资者对资产价格波动是损失厌恶的，损失厌恶程度取决于前期的投资表现。研究结果表明该理论框架有助于解释股票收益的高均值、过度波动性和可预测性以及它们与消费增长的低相关性。

从上述传统资产定价理论与行为资产定价理论，我们不难发现，行为资产定价理论并不排斥"经济人"假定，也没有完全否定理性市场参与者的存在，而只是对理性市场参与者进行了约束。因此，传统资产定价理论与行为资产定价理论并不是割裂的，也就是说，行为资产定价理论与传统资产定价理论可进行适度融合，可视为传统资产定价理论的扩展和延伸。

2.2 考虑投资者情绪的资产定价相关研究

本部分主要从投资者情绪的定义及衡量方法、投资者情绪与资产定价两个方面梳理文献。这些文献为投资者情绪视角的资产定价研究提供了研究思路、扩展空间以及理论借鉴和参考。

2.2.1 投资者情绪的定义及衡量方法

随着各种金融异象的出现，基于"经济人"假设的经典金融学理论受到了质疑和挑战。此时，学者们放松"经济人"的假设，将心理学的概念引入金融学研究领域来刻画经济主体的非理性行为，以解决经典金融学理论无法解释的问题，这促进了行为金融学理论的逐步发展。投资者情绪是行为金融学的重要概念之一，学者们并未对其做出统一的定义。而投资者情绪描述的是投资者对金融市场的乐观或者悲观的看法，对投资者的投资决策具有重要影响，自然地与资产价格存在紧密联系。因此，学者们对投资者情绪所下的定义大多数是基于资产价格给出的。

投资者情绪概念的源起可以追溯到"动物精神"（animal spirit）概念的提出。凯恩斯（Keynes，1936）不但引入了动物精神的概念，而且认为市场在投资者的"动物精神"驱动下可能产生剧烈波动，这会进一步导致资产价格与其内在价值的偏离。而德隆等（De Long et al.，1990）将股票价格严重偏离其基本价值的噪声交易归咎于投资者情绪。现代金融学理论认为资产的内在价值由现金流的预期和贴现率决定，且在个体的偏好一致并连续的假定下贴现率是常数。行为金融学理论放松了上述假定，即个体的偏好不是一致并连续的，进而贴现率呈现随机状态（也被称为随机贴现因子），其受到个体主观心理偏差的影响。因此，贝克尔和穆利根（Becker and Mulligan，1997）

将主观的随机贴现因子视为投资者情绪。

也有学者从心理学中提炼出的偏好（preference）和信念（belief）角度定义投资者情绪。就偏好而言，投资者进行投资决策时，往往难以完全按照预期效用的最大化原则行事，而自身的主观偏好可能会对投资决策的评估和抉择造成偏差。例如，锚定效应（anchoring effect）（Tversky and Kahneman，1974；Chapman and Johnson，1999；卿志琼，2005；王书平等，2012）、框架效应（framing effect）（Kahneman and Tversky，1982；Gonzalez et al.，2005；刘玉珍等，2010；任广乾等，2011；刘扬和孙彦，2014）、处置效应（disposition effect）（Shefrin and Statman，1985；Odean，1998；Odean，1999；池丽旭和庄新田，2011；李建标等，2019；陈浪南和陈文博，2020）、损失厌恶（loss aversion）（Tversky and Kahneman，1991；Benartzi and Thaler，1995；Köbberling and Wakker，2005；Tom et al.，2007；胡昌生，2009；刘家和等，2018）、后悔厌恶（regret aversion）（Humphrey，1995；Zeelenberg et al.，1996；Zeelenberg and Beattie，1997；Humphrey，2004；文凤华等，2007；Hayashi，2008；Reb，2008；于超和樊治平，2016）、心理账户（mental accounting）（Thaler，1999；Barberis and Huang，2001；Grinblatt and Han，2005；王冀宁和干甜，2008；金荣学等，2010；曹兵兵等，2015）。这类偏差实质上也可看作是一种投资者情绪。就信念而言，投资者投资时往往存在选择性偏差和保守性偏差，而这种对预期收益的先验信念偏差就是投资者情绪（Barberis et al.，1998）。当投资者一旦违反预期效用准则或者正确的贝叶斯法则而形成一种信念，此时投资者情绪以一种非完全理性的形式存在（Lee et al.，1991）。因此，投资者情绪也可以定义为投资者对无法被基本面解释的现金流和投资风险预期形成的信念（Beer and Zouaoui，2013）。布朗和克利夫（Brown and Cliff，2004）将投资者对看涨（看跌）的期望回报率高于（低于）平均回报水平，进而形成乐观或者悲观市场预期信念的过程定义为投资者情绪。部分学者进一步将投资者情绪的概念定义为投资者是否出于与资产有直接联系的原因，形成对资产价格在某一情形下乐观或悲观的评价（Baker and Wurgler，2006；Yu and Yuan，2011；Antoniou et al.，2013）。

尽管学者们对投资者情绪定义的表述和出发点有所差异，但是实质上它们都体现了偏离理性的特征。而在有关投资者情绪的实证研究中，多数学者倾向于从信念的角度定义投资者情绪，并将投资者情绪视为投资者对资产预期收益的非理性信念。总而言之，在广义上，投资者情绪实质上反映的是人们在认知上的一种偏差。

通过梳理有关投资者情绪衡量方法的研究文献，发现投资者情绪的测度主要可分为七类：其一，将基于投资者或消费者调查的主观数据作为投资者情绪的代理变量。例如，盖洛普（Gallup）投资者调查（Qiu and Welch，2004）、美国个人投资者协会调查（Brown and Cliff，2005）、Graham-Harvey CFO调查、希勒（Shiller）问卷调查、投资通信的投资者情报调查（Green-wood and Shleifer，2014）、央视看盘指数（王美今和孙建军，2004）、好淡指数（于全辉和孟卫东，2010；陈其安和雷小燕，2017）、中国股票市场的投资者信心指数调查（陈玮光等，2014）、消费者信心指数调查（Lemmon and Portniaguina，2006；池丽旭和庄新田，2009；Antoniou et al.，2013）。其二，将基于股票市场、公司层面的客观数据作为投资者情绪的代理变量。就股票市场数据而言，IPO首日收益（Ljungqvist and Wilhelm，2003；韩立岩和伍燕然，2007）、封闭式基金折价（Neal and Wheatley，1998；伍燕然和韩立岩，2007）、交易量（Scheinkman and Xiong，2003）、市场流动性（Baker and Stein，2004）、换手率和市盈率（罗斌元，2017）、波动率指标VIX（Whaley，2000；许海川和周炜星，2018）可用来刻画投资者情绪。部分学者也利用公司层面数据构造了投资者情绪变量（Goyal and Yamada，2004；谭跃和夏芳，2011；刘娥平等，2017；程晨和陈青，2020）。其三，将基于空气质量、天气等影响投资者心态变化的外生变量数据作为投资者情绪的代理变量（陆静，2011；Novy-Marx，2014；Goetzmann et al.，2015；陈康等，2018）。其四，基于主成分分析框架构建投资者情绪综合指数（Baker and Wurgler，2006；易志高和茅宁，2009；Beer and Zouaoui，2013；向诚和陆静，2018；赵汝为等，2019；耿中元等，2021）。其五，基于网络数据挖掘构建投资者情绪指数（Tetlock，2007；Loughran and Mcdonald，2016；杨晓兰等，2016；梅立兴等，2019）。其六，基于大数据背景，将离散型数据进行函数化处理以使其呈现出连续性和动态性特征，构建函数型投资者情绪指数（王德青等，2021）。其七，分解Tobin's Q构建企业层面的投资者情绪（Goyal and Yamada，2004；花贵如等，2010；高庆浩等，2019；程晨和陈青，2020）。

2.2.2　投资者情绪与资产定价

德隆等（De Long et al.，1990）构建的 DSSW 模型是投资者情绪影响资产定价的经典理论模型，其研究表明非理性情绪会影响噪声交易行为从而影响资产定价。在投资者情绪过度乐观（悲观）情况下，噪声交易会造成投资者对风险资产的需求过度（不足），从而影响风险资产的价格。贝克和伍格勒（Baker and Wurgler，2006）构建 BW 投资者情绪指数，实证研究发现，投资者情绪对未来股票收益变化有重要影响。自贝克和伍格勒（Baker and Wurgler，2006）构建复合的 BW 投资者情绪指数，并提供投资者情绪与股票收益之间关系的经验证据以来，投资者情绪与资产定价之间的关系受到了国内外学者的广泛关注。

在国内的研究方面，投资者情绪对资产定价的影响表现为乐观的投资者情绪会推高股票的定价（徐斌和俞静，2010），悲观的投资者情绪拉低股票的定价（陆静和周媛，2015）。部分学者进一步将投资者情绪细分为个人投资者情绪和机构投资者情绪，研究两种投资者情绪对资产定价影响的差异，其研究都表明相比于个人投资者，机构投资者的投资行为更加理性。机构投资者情绪能够预测股票市场未来走势，而个人投资者情绪对股票市场未来走势不具有预测性（余佩琨和钟瑞军，2009）。刘维奇和刘新新（2014）对比研究了个人投资者情绪和机构投资者情绪对股票收益率的影响，发现机构投资者比个人投资者更理性，且机构投资者情绪预测后市的能力更强。杨晓兰等（2016）在利用与投资者相关的网络信息构建投资者情绪指标的基础上研究发现，投资者情绪与股票收益率显著正相关，这种相关关系有助于提高投资者对股票价格的预测能力。曾燕等（2016）将投资者划分为理性投资者与情绪投资者，构建了具有投资者异质性的动态资产定价模型，研究发现投资者情绪是影响股票收益的重要因素。向诚和陆静（2018）通过技术分析指标和主成分分析方法构建了市场层面的投资者情绪指数，并证实这种投资者情绪能增强交叉上市公司为何出现股价价差现象的解释力。史永东和程航（2019）发现条件 CAPM 中引入投资者情绪能更好地解释资产定价异象。

在国外的研究方面，阿克尔洛夫和希勒（Akerlof and Shiller，2009）从行为金融视角解释了股票市场价格波动与宏观经济基本面背离的现象，并将其驱动源归咎于非理性的投资者情绪。瓦格尔和阿加瓦尔（Waggle and Agrrawal，2015）检验了美国股票市场中个人投资者情绪对随后 3 个月和 6 个月股票收益的短期影响，发现投资者情绪与股票短期收益负相关，即积极（消极）的投资者情绪短期内会产生低（高）收益。杨和周（Yang and Zhou，2015）考察了投资者交易行为和投资者情绪对资产价格的影响，研究结果表明除了 Fama-French 三因子定价模型的三个因素外，投资行为和投资者情绪对超额收益有显著影响。孙等（Sun et al.，2016）探讨了高频视角下投资者情绪与股票收益之间的关系，证明了高频的投资者情绪可预测日内的股票收益。周和杨（Zhou and Yang，2019）构建了包含随机投资者情绪和投资跟风的资产定价理论模型，以解释随机投资者情绪如何影响投资者投资跟风以及随机投资者情绪和投资跟风如何影响资产价格，这也为资产价格偏离基本面和投资者的特殊风险提供了有效解释，其研究结果表明乐观（悲观）投资者情绪和由乐观（悲观）投资者引起的长期（短期）投资跟风可以推动资产价格高于（低于）基本价值。陈等（Chen et al.，2019）的研究结果表明，与在情绪低落时期相比，在情绪高涨时期进行股票增发的公司在增发前后经历的短期价格下跌不那么严重，但在发行后长期表现不佳更为严重，且投资者情绪对股价影响在小规模、年轻化和高市盈率的公司表现得更为强烈。杨和吴（Yang and Wu，2019）提出了追逐投资者情绪的资产定价模型，发现投资者情绪对资产价格的影响不仅取决于情绪投资者的数量，还取决于追逐者的数量，且追逐者会放大乐观（悲观）投资者情绪对提高（降低）股票价格的影响。此外，侯和黄（Ho and Hung，2009）将投资者情绪作为条件信息加入资产定价模型中，构建了基于投资者情绪的条件资产定价模型，发现股票内在价值、流动性和动量效应对股票收益具有显著影响，而规模对股票收益的影响不显著。巴提亚和布雷丁（Bathia and Bredin，2018）进一步在条件资产定价模型中加入不同的投资者情绪指标，发现引入投资者情绪的条件资产定价模型能较好地解释规模、内在价值、流动性和动量效应对股票收益的影响，并增强股票收益的预测效果，说明投资者情绪在条件资产定价模型中也扮演着重要角色。

综合以上国内外文献，我们不难发现投资者情绪在资产定价过程中占据着不同程度的影响地位。在不同发展程度的股票市场、不同研究对象或者不同研究时间的相关研究中，可根据实际情况和研究需要酌情考虑是否在资产定价模型中引入投资者情绪因素。

2.3 考虑管理者过度自信的资产定价相关研究

本部分主要从管理者过度自信的定义及衡量方法、管理者过度自信与资产定价两个方面梳理文献。这些文献为管理者过度自信视角的资产定价研究提供了研究思路、扩展空间以及理论借鉴和参考。

2.3.1 管理者过度自信的定义及衡量方法

源于古希腊神话中的傲慢（Hubris）一词常常作为过度自信的另外一种表述（Graves，1985）。尽管古希腊神话故事中有关傲慢主题的内容不尽相同，其结果终以悲剧结束（Bollaert and Petit，2010）。20 世纪 60 ~ 70 年代，过度自信的概念开始受到心理学领域的学者的广泛关注（Skala，2008）。过度自信作为一个心理学概念，后来逐步被学者引入行为经济学、行为金融学、行为管理学等研究领域中。

现有文献对管理者过度自信的内涵表述虽然可能存在差异，但是管理者的傲慢（hubris）（Roll，1986）、乐观主义（optimism）（Heaton，2002）和过度自信（overconfidence）（Malmendier and Tate，2005）是管理者过度自信最为广泛的表述。然而，它们的内涵也存在相似之处，从不同角度描述的同一现象。实质上，管理者过度自信是管理者高估自身的能力（Frank，1935）而对企业做出相应的决策，或者高估自己所掌握的知识和信息的精确程度（Fischhoff et al.，1977）而对企业的会计信息做出预测，从而导致管理者做出的决策或者预测偏离理性状态下的水平或者理论水平。

通过梳理有关管理者过度自信衡量方法的研究文献，发现管理者过度自信的测度主要可分为六类：其一，将管理者对公司持股状况作为管理者过度自信的参照标准（Malmendier and Tate，2005；郝颖等，2005；饶育蕾和王建新，2010；Ahmed and Duellma，2013；孙光国和赵健宇，2014；刘柏和梁超，2016；王铁男等，2017；郑培培和陈少华，2018）。其二，将管理者在任职期内的某些确定时间点是否执行股票期权作为管理者过度自信的参照标准（Malmendier and Tate，2005；Malmendier and Tate，2008；Lee et al.，2017）。其三，将管理者对公司盈利会计信息预测的准确性和精准性作为管理者是否过度自信的代理变量（Lin et al.，2005；余明桂等，2006；Ben-David et al.，2007；王霞等，2008；姜付秀等，2009）。其四，将管理者的薪酬作为管理者过度自信的代理变量（Hayward and Hambrick，1997；Brown and Sarma，2007；姜付秀等，2009；马春爱和易彩，2017；刘柏等，2020）。其五，将连续收购、并购作为管理者过度自信的代理变量（Roll，1986；Doukas and Petmezas，2007；Billett and Qian，2008；Malmendier and Tate，2008；吴超鹏等，2008；Aktas et al.，2009；谢玲红等，2011；Aktas et al.，2013）。其六，将媒体对公司管理者的评价或者文本分析作为管理者过度自信的参照标准（Hayward and Hambrick，1997；Malmendier and Tate，2005；Chatterjee and Hambrick，2007；侯巧铭等，2015；Hribar and Yang，2016；Aktas et al.，2019）。

2.3.2 管理者过度自信与资产定价

过度自信本源于心理学概念，其表现为高估经济主体的能力或者获取信息的精确性。而通过过度自信心理对资产定价造成影响的经济主体可能是投资者，也能是管理者。过度自信的投资者会提高股票价格的预期和波动性，从而降低了股票价格的信息含量和总体收益（陈其安等，2011）。在企业投资决策过程中，过度自信的管理者倾向于高估投资项目的回报而增加投资净现值为负的投资项目的风险，并弱化投资项目的负面信息；在信息披露过程中，过度自信的管理者也倾向于过度乐观地预测公司的经营业绩，在一定程度上干扰了信息传递的真实性、准确性和及时性，而股票价格最终会向真实地反映公司状况的方向运动。此外，在上市公司的股利分配决策过程中，管理者的过度自信心理会提高公司的股利分配水平（陈其安等，2010），而这也可能会影响投资者对股票价格的预期。

过度自信的管理者为了顺利地实施激进的投资或者融资计划，易于过度乐观地向市场传递企业经营绩效的预测信息。而当投资或者融资决策执行后，企业经营绩效"变脸"时，管理者常常被指责过于自信，其股票价格在此过程中也会发生较大的波动。戈尔和撒克（Goel and Thakor，2008）、巴拉蒂等（Bharati et al.，2016）分别用理论模型和实证模型证明了相比于非过度自信管理者，过度自信管理者有时会做出破坏企业价值的投资决策，这导致通过更高的股票回报激励过度自信管理者为企业创造最大化价值时需要承担更大的风险。安德里科普洛斯（Andrikopoulos，2009）解释了为何英国企业进行股权再融资后其股票价格在随后相当长的时期内表现不佳，研究结果表明企业的股票市场表现长期低迷与股权再融资后公司经营基本面的恶化密切相关，这一现象在处于快速成长期且拥有过度自信管理者的公司中尤为突出。哈比布和哈桑（Habib and Hasan，2017）分析了管理能力对公司层面投资效率以及未来股价崩盘风险的影响，发现"管理能力更强"的公司普遍存在过度投资，其低下的投资效率增加了股价的崩溃风险，而这种所谓的"管理能力更强"实质上是管理者过度自信的表现。

也有部分学者从其他视角研究管理者过度自信与资产定价之间的关系，例如，过度自信的 CEO 的任命会对公司的股价产生重大的负面影响，其原因在于过度自信的 CEO 未来采取的行动可能会降低公司价值（Yilmaz and Mazzeo，2014）。博尔顿和坎贝尔（Boulton and Campbell，2016）的研究表明信息不对称在管理者过度自信与 IPO 结果之间的关系中发挥催化剂的作用，过度自信的管理者在上市前往往过度提供信息，试图向不太知情的市场参与者传达他们的信念，并在管理者和投资者意见分歧较低的时期以抑价的方式发行股票，但未能成功地在 IPO 后获得更大的市场价值，这进一步暗示了管理者过度自信可能对公司不利。金等（Kim et al.，2016）研究了 CEO 过度自信与未来股价崩盘风险之间的关系，发现过度自信的经理往往会高估他们所投资的项目的回报，或将负净现值项目作为价值创造，并忽视其负面反馈，而负净现值项目的长期积累可能导致股价崩盘。蒋等（Jiang et al.，2019）基于公司财务信息披露的文本语气构建了管理者情绪，并发现管理者情绪是股票未来收益的一个强有力的负向预测因子。国内学者对管理者过度自信与资产定价的研究相对较少，且有关股票价格崩盘风险视角的研究相对较多。例如，部分学者基于不同的视角研究了管理者过度自信对企业市场价值的影响，发现过度自信管理者倾向于加强定向增发（俞军等，2015）、股票回购（向秀莉等，2018）、企业税收规避（周晓光和黄安琪，2019），这些决策都会损害企业的市场价值。在股价崩盘风险方面，曾爱民等（2017）分析了CEO过度自信及其权力配置对公司股价崩盘风险的影响，结果表明CEO过度自信会增加股价的崩盘风险，且随着CEO权力的增大，CEO过度自信对公司股价崩盘的影响更为显著。曾春华等（2017）分别从管理者过度自信与代理冲突视角研究了企业的高溢价并购对股票价格崩盘风险的影响及其内在作用机理，结果表明企业的高溢价并购与未来股票价格崩盘风险显著正相关，管理者过度自信而非代理冲突是造成这种正相关关系的主要原因。吴定玉和詹霓（2020）的研究表明管理者过度自信能通过并购提升企业商誉进而加剧股价崩盘风险。

2.4 文献评述

综合上述国内外相关研究文献，我们不难发现学者们虽然对资产定价、投资者行为、管理者行为进行了理论和实证研究，并得到了很多创新性研究成果，但仍存在如下一些不足之处和改进的空间。

（1）在研究投资者情绪与资产定价之间的关系时，没有考虑投资者情绪与风险厌恶之间的内在联系，也就难以在所建的基于投资者情绪的资产定价模型中真实反映投资者情绪通过影响投资者风险厌恶，进而影响投资者交易决策行为和股票市场资产定价的理论逻辑；没有考虑投资者在做投资决策时权衡投资与消费以实现效用最大化，也就没有将投资者情绪和消费纳入股票市场资产定价的同一分析框架，从理论和实证上对考虑投资者情绪和消费的股票市场资产定价模型进行系统研究。本研究基于现有相关研究成果基础，在投资者做投资决策时权衡投资与消费以实现效用最大化的前提下，在假设投资者风险厌恶是投资者情绪的函数的条件下，将投资者情绪和消费纳入股票市场资产定价理论分析框架，从理论上构建考虑投资者情绪和消费的资产定价模型，并利用中国股票市场、投资者情绪和消费等相关数据样本进行实证研究，进而修正和扩展资产定价模型和理论，从市场交易层面考察了投资者情绪对股票市场资产定价的影响。

（2）现有的资产定价文献通过融入行为金融元素发展了行为资产定价理论，其行为主要集中于投资者行为，对管理者行为的研究相对较少；鲜有文献从公司基本面层面深入考察投资者情绪和管理者过度自信通过盈余管理和企业投资影响股票市场资产定价的影响机制和传导路径。本研究在现有相关研究成果基础上，将经济主体的非理性行为纳入资产定价的理论分析框架，从公司基本面层面考察了投资者情绪和管理者过度自信对股票市场资产定价的影响，即分别基于盈余管理和企业投资中介效应视角考察了投资者情绪和管理者过度自信对股票市场资产定价的影响，阐明了投资者情绪和管理者过度自信各自通过盈余管理和企业投资影响资产定价的传导路径以及融资现金流和市场竞争在管理者过度自信经由企业投资影响资产定价中发挥的调节作用。

（3）现有资产定价理论分别从投资者行为和管理者行为视角研究了投资者情绪对资产定价的影响、管理者过度自信对资产定价的影响，鲜有文献将投资者情绪和管理者过度自信纳入资产定价的同一分析框架。本研究在现有相关研究成果基础上，研究了投资者情绪与管理者过度自信对股票市场资产定价的联合影响，并进一步基于有中介的调节效应模型分析了投资者情绪在管理者过度自信通过盈余管理或者企业投资影响股票收益的影响机制中发挥的调节作用。

2.5　本章小结

本章首先论述了资产定价模型的相关文献，包括传统资产定价理论和行为资产定价理论。其次，根据资产定价的最新理论成果和本书研究的需要，梳理了投资者情绪和管理者过度自信的相关文献，考虑投资者情绪的资产定价的相关文献主要包括投资者情绪的定义及衡量方法、投资者情绪与资产定价，考虑管理者过度自信的相关文献主要包括管理者过度自信的定义及衡量方法、管理者过度自信与资产定价。最后，评述了以上相关文献。

| 第3章 |

投资者情绪与股票市场资产定价：考虑消费因素的理论模型与实证检验

自夏普（Sharpe，1964）、林特纳（Lintner，1965）和莫森（Mossin，1966）于20世纪60年代基于资产组合理论建立CAPM以来，基于各种影响因素对资产定价模型进行理论拓展和实证检验已经成为资产定价领域研究的重要内容（Fama and French，1995；Carhart，1997；Fama and French，2015；Fama and French，2017；Skočir and Lončarski，2018）。现有文献分别研究了投资者情绪、消费对股票市场资产定价的影响。在投资者情绪方面，德隆等（De Long et al.，1990）构建的DSSW模型是投资者情绪影响资产定价的经典理论模型，尤其是贝克和伍格勒（Baker and Wurgler，2006）构建BW投资者情绪指数并论证投资者情绪是资产定价的重要影响因素后，国内外学者进一步从不同的角度建立了考虑投资者情绪的资产定价模型，并分析了投资者情绪对资产定价的影响（Ho and Hung，2009；Yang and Zhang，2014；Waggle and Agrrawal，2015；Sun et al.，2016；Li，2017；Bathia and Bredin，2018；刘维奇和刘新新，2014；杨晓兰等，2016；曾燕等，2016；许海川和周炜星，2018）；在消费方面，莫顿（Merton，1973）、卢卡斯（Lucas，1978）和布里登（Breeden，1979）将消费引入CAPM中建立了CCAPM，此后众多学者也从理论和实证研究角度分析消费对资产定价的影响（Weil，1989；Constantinides，1990；Campbell and Cochrane，1999；Parker，2003；Yogo，2006；Malloy，2009；Hasseltoft，2012；Márquez et al.，2014；Black et al.，2015；熊和平，2005；熊和平等，2012；陈国进和黄伟斌，2014；陈国进等，2017）。这些证据表明投资者情绪和消费都可能是影响资产定价的重要因素。

投资者权衡投资与消费以实现效用最大化是资产定价的重要前提。此外，研究投资者情绪与资产定价之间的关系时，不考虑投资者情绪与风险厌恶之间的内在联系，难以在所构建的基于投资者情绪的资产定价模型中真实反映投资者情绪通过影响投资者风险厌恶进而影响投资者交易决策行为和股票市场资产定价的理论逻辑。基于此，本章拟在现有相关研究成果基础上，在假设投资者风险厌恶是投资者情绪的函数的条件下，将投资者情绪和消费纳入股票市场资产定价理论分析框架，从理论上构建考虑投资者情绪与消费的资产定价模型，并利用中国股票市场、投资者情绪和消费等相关数据样本进行实证研究，进而修正和扩展资产定价模型和理论，从市场交易层面考察投资者情绪对股票市场资产定价的影响。

3.1　理论模型

3.1.1　假设条件

爱泼斯坦和津（Epstein and Zin，1989 & 1991）在克雷普斯和波蒂厄斯（Kreps and Porteus，1978）研究的基础上，将投资者的最优效用值（optimal value of utility）V_t设定为当前财富W_t和当前信息I_t的函数，提出了如下的最优效用值递归表达式（Bellman 方程）：

$$V_t = V_t(W_t, I_t) \equiv \max_{C_t, \omega_{it}} \left\{ (1-\beta) C_t^{1-1/\varepsilon} + \beta \left\{ E_t \left[V_{t+1}(W_{t+1}, I_{t+1}) \right]^{1-\gamma} \right\}^{\frac{1-1/\varepsilon}{1-\gamma}} \right\}^{\frac{1}{1-1/\varepsilon}}$$

$$(3.1)$$

其中，V_t为最优效用值，W_t为当前财富水平，I_t为当前信息，ω_{it}为第 i 种风险资产占财富的比重，C_t为当前消费水平，E_t为条件期望算子，$0 < \beta < 1$，为主观贴现因子，γ为相对风险厌恶系数，ε为跨期替代弹性，γ 和 ε 相互独立且为常数。

爱泼斯坦和津（Epstein and Zin，1991）根据规划问题的齐次性，进一步将最优效用值设定为如下表达式：

$$V_t(W_t, I_t) = \phi_t(I_t)W_t \equiv \phi_t W_t \qquad (3.2)$$

本章拟在爱泼斯坦和津（Epstein and Zin，1989 & 1991）提出的最优效用值递归表达式基础上，把消费和投资者情绪纳入资产定价框架，构建包含消费和投资者情绪因子且在理论模型和实证方法方面与 CAPM 及其扩展形式相统一的一般化的资产定价模型。基于此研究目的，为了便于建模，本章在相关研究成果基础上提出如下合理假设。

（1）投资者将财富投资于无风险资产和 n 种风险资产，其总财富收益率可表示为 $r_{Wt+1} = r_f + \sum_{i=1}^{n} \omega_{it}(r_{it+1} - r_f)$，其中，$r_{Wt+1}$、$r_{it+1}$ 和 r_f 分别为总财富收益率、风险资产 i 的收益率和无风险资产收益率。记 $R_{Wt+1} = 1 + r_{Wt+1}$，$R_{it+1} = 1 + r_{it+1}$，$R_f = 1 + r_f$，可将上式表示为：

$$R_{Wt+1} = R_f + \sum_{i=1}^{n} \omega_{it}(R_{it+1} - R_f) \qquad (3.3)$$

（2）根据科克伦（Cochrane，2005）的研究，在市场均衡状态下，可以将市场组合收益率 r_{mt+1} 作为财富收益率 r_{Wt+1} 的代理变量，以解决财富收益率 r_{Wt+1} 无法准确测算的问题，即：

$$W_{t+1} = R_{Wt+1}(W_t - C_t) = R_{mt+1}(W_t - C_t) \qquad (3.4)$$

（3）在爱泼斯坦和津（Epstein and Zin，1989 & 1991）的理论框架和新古典金融学的分析框架中，相对风险厌恶系数 γ 被设定为常数，这难以真实反映投资者风险偏好及其变化情况，目前已有若干相关文献探讨了投资者风险厌恶的可变性问题。例如，戈登和圣阿穆尔（Gordon and St-Amour，2004）在假设投资者风险厌恶具有状态依存性的基础上改进了基于消费的资本资产定价模型。崔（Chue，2005）认为投资者风险厌恶具有时变性，投资者在利空条件下会更加厌恶风险。布鲁纳迈尔和纳格尔（Brunnermeier and Nagel，2008）的研究表明投资者习惯、消费承诺和生活水平都会引起风险厌恶程度变化，进而使投资者的风险资产投资比例与其流动财富水平同向变化。于和袁（Yu and Yuan，2011）认为投资者情绪将对其风险厌恶产生直接影响，乐观情绪会使投资者不太关注风险，进而降低其风险厌恶程度；悲观情绪会使投资者特别关注风险，进而提高其风险厌恶程度。陈其安等（2012）在于和袁（Yu and Yuan，2011）研究成果基础上，将投资者风险厌恶系数设定为投资者情绪的单调递减函数。根据本章研究目的，借鉴陈其安等（2012）的研究成果，将风险厌恶系数 γ 与投资者情绪 IS 之间的关系设定为：

$$\gamma(\mathrm{IS}) = \gamma_0 e^{-b \times \mathrm{IS}}, b > 0 \tag{3.5}$$

$$\gamma'(\mathrm{IS}) = -b\,\gamma_0 e^{-b \times \mathrm{IS}} < 0 \tag{3.6}$$

在式（3.5）和式（3.6）中，b 为一个正常数。IS > 0 表示投资者情绪乐观，IS 越大，投资者乐观情绪程度就越高；IS < 0 表示投资者情绪悲观，IS 越小，投资者悲观情绪就越强；IS = 0 表示投资者是理性的，此时其风险厌恶系数退化为一个常数，即 $\gamma(0) = \gamma_0$。可见，不考虑投资者情绪的风险厌恶系数实质上是考虑投资者情绪的风险厌恶系数的一种特殊情况，后者能够更加全面地反映投资者风险厌恶随投资者情绪的动态变化，更具合理性。式（3.6）进一步阐明了投资者风险厌恶系数随投资者情绪的单调递减关系。

（4）假设风险资产收益率、总财富收益率（市场收益率）、消费增长率均服从对数正态分布，其对数形式可分别表示为：

$$\ln(\mathrm{R}_{\mathrm{it}+1}) \equiv \ln(1 + r_{\mathrm{it}+1}) \approx r_{\mathrm{it}+1}, \ln(\mathrm{R}_{\mathrm{mt}+1}) \equiv \ln(1 + r_{\mathrm{mt}+1}) \approx r_{\mathrm{mt}+1},$$

$$w_t \equiv \ln(\mathrm{W}_t), c_t \equiv \ln(\mathrm{C}_t), \ln(\mathrm{C}_{t+1}) - \ln(\mathrm{C}_t) \equiv \ln(1 + \Delta c_{t+1}) \approx \Delta c_{t+1}$$

根据概率统计理论，如果随机变量 X 满足对数正态分布，$\ln(\mathrm{X}) \sim \mathrm{N}(\mu, \sigma^2)$，则 $\mathrm{E}(\mathrm{X}) = e^{\mu + \frac{1}{2}\sigma^2}$，$\ln\mathrm{E}(\mathrm{X}) = \mu + \frac{1}{2}\sigma^2 = \mathrm{E}(\ln(\mathrm{X})) + \frac{1}{2}\mathrm{Var}(\ln(\mathrm{X}))$。其中，随机变量 X 分别为风险资产收益率、总财富收益率和消费增长率，μ 和 σ^2 分别为相应随机变量的期望和方差。

3.1.2　模型推导

在上述假设条件下，式（3.1）转化为：

$$V_t = V_t(W_t, I_t) \equiv \max_{C_t, \omega_{i,t}} \left\{ (1-\beta)C_t^{1-1/\varepsilon} + \beta \left\{ E_t \left[V_{t+1}(W_{t+1}, I_{t+1}) \right]^{1-\gamma(\mathrm{IS})} \right\}^{\frac{1-1/\varepsilon}{1-\gamma(\mathrm{IS})}} \right\}^{\frac{1}{1-1/\varepsilon}}$$

$$\text{s. t. } W_{t+1} = R_{\mathrm{mt}+1}(W_t - C_t) \tag{3.7}$$

其中，$\gamma(IS)$ 为与投资者情绪相关的相对风险厌恶系数，ε 为跨期替代弹性，且 $\gamma(IS)$ 和 ε 是两个相互独立的参数。

令 $\theta = \dfrac{1 - \gamma(IS)}{1 - 1/\varepsilon}$，将式（3.7）分别对 C_t 和 ω_{it} 求偏导，可得如下欧拉方程：

$$E_t\{[\beta(C_{t+1}/C_t)^{-1/\varepsilon}R_{mt+1}]^\theta\} = 1 \qquad (3.8)$$

$$E_t\{[\beta(C_{t+1}/C_t)^{-1/\varepsilon}]^\theta[1/R_{mt+1}]^{1-\theta}R_{it+1}\} = 1 \qquad (3.9)$$

进而由此可得如下随机贴现因子：

$$M_{t+1} = [\beta(C_{t+1}/C_t)^{-1/\varepsilon}]^\theta(R_{mt+1})^{\theta-1}$$

由随机贴现因子对无风险资产的基本定价方程 $E_t\{M_{t+1}R_f\} = 1$，得：

$$E_t\{[\beta(C_{t+1}/C_t)^{-1/\varepsilon}]^\theta(R_{mt+1})^{\theta-1}\} = 1/R_f \qquad (3.10)$$

对式（3.9）两边对数线性化，得：

$$\theta\ln\beta - \frac{\theta}{\varepsilon}E_t(\Delta c_{t+1}) + (\theta-1)E_t\ln(R_{mt+1}) + E_t\ln(R_{it+1})$$

$$+ \frac{1}{2}Var_t\left[\frac{\theta}{\varepsilon}\Delta c_{t+1} - (\theta-1)\ln(R_{mt+1}) - \ln(R_{it+1})\right] = 0 \qquad (3.11)$$

对式（3.10）两边对数线性化，得：

$$-\ln(R_f) = \theta\ln\beta - \frac{\theta}{\varepsilon}E_t(\Delta c_{t+1}) + (\theta-1)E_t\ln(R_{mt+1})$$

$$+ \frac{1}{2}Var_t\left[\frac{\theta}{\varepsilon}\Delta c_{t+1} - (\theta-1)\ln(R_{mt+1})\right] \qquad (3.12)$$

将式（3.11）加式（3.12），并根据对数正态变量性质，可得：

$$E_t\ln(R_{it+1}) - \ln(R_f) + \frac{1}{2}Var_t\left[\ln(R_{it+1})\right]$$

$$= \ln E_t(R_{it+1}) - \ln(R_f)$$

$$= \frac{\theta}{\varepsilon}Cov_t(\Delta c_{t+1}, \ln(R_{it+1})) + (1-\theta)Cov_t\left[\ln(R_{it+1}), \ln(R_{mt+1})\right]$$

$$(3.13)$$

对式（3.13）进行对数近似转换，得：

$$E_t(r_{it+1}) - r_f = \frac{\theta}{\varepsilon} Cov_t(\Delta c_{t+1}, r_{it+1}) + (1 - \theta) Cov_t(r_{it+1}, r_{mt+1}) \quad (3.14)$$

将式（3.14）进一步转化为：

$$E_t(r_{it+1}) - r_f = \frac{\theta}{\varepsilon} \frac{Cov_t(\Delta c_{t+1}, r_{it+1})}{Var_t(\Delta c_{t+1})} Var_t(\Delta c_{t+1}) + (1 - \theta) \frac{Cov_t(r_{it+1}, r_{mt+1})}{Var_t(r_{mt+1})}$$

$Var_t(r_{mt+1})$，则有：

$$E_t(r_{it+1}) - r_f = \frac{\theta}{\varepsilon} \beta_{i,\Delta c} Var_t(\Delta c_{t+1}) + (1 - \theta) \beta_{i,m} Var_t(r_{mt+1}) \quad (3.15)$$

其中，$\beta_{i,\Delta c} = \dfrac{Cov_t(\Delta c_{t+1}, r_{it+1})}{Var_t(\Delta c_{t+1})}$ 和 $\beta_{i,m} = \dfrac{Cov_t(r_{it+1}, r_{mt+1})}{Var_t(r_{mt+1})}$ 分别为风险资产 i 相对于消费因子和市场因子的贝塔系数。

当风险资产 i 的收益率与市场收益率相等时，由式（3.14）可得：

$$E_t(r_{mt+1}) - r_f = \frac{\theta}{\varepsilon} Cov_t(\Delta c_{t+1}, r_{mt+1}) + (1 - \theta) Cov_t(r_{mt+1}, r_{mt+1})$$

进而有：

$$Var_t(r_{mt+1}) = \frac{1}{1 - \theta} \left[E_t(r_{mt+1}) - r_f - \frac{\theta}{\varepsilon} Cov_t(\Delta c_{t+1}, r_{mt+1}) \right] \quad (3.16)$$

同理可得：

$$Var_t(\Delta c_{t+1}) = \frac{\varepsilon}{\theta} \left[E_t(\Delta c_{t+1}) - r_f - (1 - \theta) Cov_t(\Delta c_{t+1}, r_{mt+1}) \right] \quad (3.17)$$

将式（3.16）和式（3.17）代入式（3.15），得：

$$E_t(r_{it+1}) - r_f = \beta_{i,\Delta c} \left[E_t(\Delta c_{t+1}) - r_f \right] + \beta_{i,m} \left[E_t(r_{mt+1}) - r_f \right]$$
$$- (1 - \theta) \beta_{i,\Delta c} Cov_t(\Delta c_{t+1}, r_{mt+1})$$
$$- \frac{\theta}{\varepsilon} \beta_{i,m} Cov_t(\Delta c_{t+1}, r_{mt+1}) \quad (3.18)$$

将 $\theta = \dfrac{1 - \gamma(IS)}{1 - 1/\varepsilon}$ 代入式（3.18），可得：

$$E_t(r_{it+1}) - r_f = \frac{\beta_{i,\Delta c} - \beta_{i,m}}{\varepsilon - 1} Cov_t(\Delta c_{t+1}, r_{mt+1}) + \beta_{i,m}[E_t(r_{mt+1}) - r_f]$$

$$+ \beta_{i,\Delta c}[E_t(\Delta c_{t+1}) - r_f] + Cov_t(\Delta c_{t+1}, r_{mt+1})$$

$$\left(\frac{1}{\varepsilon - 1}\beta_{i,m} - \beta_{i,\Delta c}\frac{\varepsilon}{\varepsilon - 1}\right)\gamma_0 e^{-b \times IS} \tag{3.19}$$

根据坎贝尔和维塞拉（Campbell and Viceira，1999）的研究结果，可将第 i 种风险资产占财富的比重表示为：

$$\omega_{it} = \frac{1}{\gamma(IS)}\frac{E_t(r_{it+1}) - r_f}{Var_t(r_{it+1})} - \left(\frac{1}{1-\varepsilon}\right)\left(1 - \frac{1}{\gamma(IS)}\right)\frac{Cov_t(c_{t+1} - w_{t+1}, r_{it+1})}{Var_t(r_{it+1})} \tag{3.20}$$

将式（3.20）对 IS 求偏导，得：

$$\frac{\partial \omega_{it}}{\partial IS} = \frac{\partial \omega_{it}}{\partial \gamma(IS)}\frac{\partial \gamma(IS)}{\partial IS}$$

$$= \left\{\frac{-1}{[\gamma(IS)]^2}\right\}(-b)\gamma_0 e^{-b \times IS}\left[\frac{E_t(r_{it+1}) - r_f}{Var_t(r_{it+1})}\right.$$

$$\left. + \frac{1}{1-\varepsilon}\frac{Cov_t(c_{t+1} - w_{t+1}, r_{it+1})}{Var_t(r_{it+1})}\right] \tag{3.21}$$

根据班萨尔和亚龙（Bansal and Yaron，2004）的研究结果，跨期替代弹性 ε 应该大于 1。一般来说，风险资产的风险溢价预期应该大于 0，即 $E_t(r_{it+1}) - r_f > 0$。投资者的跨期替代弹性大于 1 可能导致投资者倾向于推迟消费而新增投资于风险资产。当投资者持有乐观情绪时，风险资产预期价格上涨，预期财富增加，且预期财富增加幅度比预期消费增加幅度更大，预期消费占预期财富的比重会减小；当投资者持有悲观情绪时，风险资产预期价格下跌，预期财富减少，在消费棘轮效应作用下，预期消费占预期财富的比重会增大。可见，风险资产预期收益与预期消费占预期财富的比重负相关，即 $Cov_t(c_{t+1} - w_{t+1}, r_{it+1}) < 0$，进而可以得到 $\frac{\partial \omega_{it}}{\partial IS} > 0$，即投资者投资于风险资产的比重是投资者情绪的单调增函数，这表明乐观（悲观）的投资者情绪会增加（减小）投资者对风险资产的需求，从而提高（降低）风险资产价格。

将 $e^{-b \times IS}$ 进行一阶泰勒公式展开，并对式（3.19）进行化简整理后，可以得到如下基于消费和投资者情绪的三因子模型（简称 CS 三因子模型）：

$$E_t(r_{it+1}) - r_f = \alpha_i + \beta_{i,m}[E_t(r_{mt+1}) - r_f] + \beta_{i,\Delta c}[E_t(\Delta c_{t+1}) - r_f] + \beta_{i,IS}IS$$

$$(3.22)$$

其中，$E_t(r_{mt+1}) - r_f$ 为市场因子产生的风险溢价；$E_t(\Delta c_{t+1}) - r_f$ 为消费因子产生的消费风险溢价；IS 为投资者情绪因子。该模型既可以看作是基于消费和投资者情绪对标准 CAPM 的拓展，也可以看作是用消费因子和投资者情绪因子替代规模因子和账面市值比因子后对 Fama-French 三因子模型（简称 FF 三因子模型）的修正。

进一步，分别在 Fama-French 三因子模型和五因子模型（简称 FF 五因子模型）中增加消费因子和投资者情绪因子，可以得到如下考虑消费和投资者情绪因子的五因子模型（简称 CS 五因子模型）和七因子模型（简称 CS 七因子模型）：

$$\begin{aligned} E_t(r_{it+1}) - r_f = &\alpha_i + \beta_{i,m}[E_t(r_{mt+1}) - r_f] + \beta_{i,\Delta c}[E_t(\Delta c_{t+1}) - r_f] \\ &+ \beta_{i,IS}IS + \beta_{i,s}SMB_t + \beta_{i,h}HML_t \end{aligned}$$

$$(3.23)$$

$$\begin{aligned} E_t(r_{it+1}) - r_f = &\alpha_i + \beta_{i,m}[E_t(r_{mt+1}) - r_f] + \beta_{i,\Delta c}[E_t(\Delta c_{t+1}) - r_f] \\ &+ \beta_{i,IS}IS + \beta_{i,s}SMB_t + \beta_{i,h}HML_t + \beta_{i,r}RMW_t + \beta_{i,c}CMA_t \end{aligned}$$

$$(3.24)$$

其中，SMB_t、HML_t、RMW_t、CMA_t 分别为规模、账面市值比、盈利、投资差异产生的风险溢价。

为了验证上述 CS 三因子、CS 五因子和 CS 七因子模型的定价效率，有必要利用中国 A 股上市公司以及投资者情绪和消费数据对其进行实证检验，并将其与 CAPM、FF 三因子和 FF 五因子模型进行比较分析。

3.2　研究设计

3.2.1　样本选取和数据处理

2005 年 4 月我国股票市场实施了旨在消除流通股和非流通股流通性差

异的股权分置改革，为了减小制度效应对研究结果的影响，本部分选取 2005 年 5 月～2018 年 4 月为样本区间。然后，从国泰安数据库收集样本区间内的一年定期存款月利率、沪深 300 指数月度收益率以及沪深两市所有非金融类 A 股上市公司的月度收益率、流通股市值、所有者权益、营业利润、总资产增长率等数据，以经 CPI 调整的一年定期存款月实际利率为无风险利率 r_f，经 CPI 调整的沪深 300 指数月度实际收益率为市场收益率 r_m。基于沪深两市非金融类 A 股上市公司数据，以第 t－1 年 12 月的沪深两市所有非金融类 A 股上市公司为初始样本，从中剔除第 t 年 5 月到第 t＋1 年 4 月期间被 ST 或 *ST 的公司、所有者权益为负的异常公司以及数据缺失的公司后得到有效公司样本。针对每个有效样本公司，以第 t－1 年末的流通股市值表示公司规模（Size），以第 t－1 年末的所有者权益合计与流通股市值之比表示账面市值比（B/M），以第 t－1 年的营业利润与第 t－1 年末的所有者权益合计之比表示盈利（OP），以第 t－1 年的总资产增长率表示投资（INV）。

对于本部分模型中引入的关键变量——投资者情绪，贝克和伍格勒（Baker and Wurgler，2006）提出的 BW 指数得到了广泛应用，国内学者根据中国股票市场实际情况对其进行了调整和优化，本部分参考易志高和茅宁（2009）对 BW 指数的改进方法，在控制生产者价格指数、工业增加值、消费者价格指数和经济景气指数等宏观经济变量的基础上，选取股票交易量、IPO 股票首日收益及数量、封闭式基金折价、投资者新增开户数量和消费者信息指数相关数据构建了中国股票市场投资者情绪综合指数 IS 的月度指标。相关数据来源于国泰安数据库。

对于本部分模型中引入的另一个变量——消费增长率，本部分首先从国泰安数据库、中国统计年鉴和国家统计局网站收集社会消费品零售总额月度数据、CPI 环比月度数据和全国年度总人口数据。其次，由于经济指标时间序列观测值一般都会表现出月度或季度循环变动，这种循环变动（季节性变动）可能会掩盖经济现象的客观规律，有必要对其进行季节调整。社会消费品零售总额月度数据在直观上呈现出长期趋势的同时，还伴随着季节性变动，为了消除季节波动对社会消费品零售总额的影响，本部分采用 Census X12 方法对社会消费品零售总额月度数据进行季节调整，使用 CPI 月度环比数据将其转化为实际的社会消费品零售总额月度数据。最后，利用指数增长模型将全国年度总人口换算成月度总人口，用经过季节调整的月度实际社会消费品零售总额除以全国月度总人口得到实际的人均社会消费品零售额，用实际人均社会消费品零售额计算得到实际人均消费增长率 Δc，并以此作为代表性投资者的消费增长率。

3.2.2　研究设计

（1）因子计算。法玛和弗伦奇（Fama and French，2015）的研究采取 2×2、2×3、$2 \times 2 \times 2 \times 2$ 三种分组方式计算各因子。为了减少误差，使构建各因子的资产组合中尽可能包含更多股票，本部分选取 2×2 分组方式。具体而言，首先将第 t 年 5 月至第 t + 1 年 4 月期间的所有有效样本公司按第 t − 1 年末的规模（Size）分成大（B）和小（S）两组，其次以账面市值比（B/M）、盈利（OP）、投资（INV）为分类标准分别将样本公司按 B/M 高（H）和低（L）、OP 强（R）和弱（W）、INV 保守（C）和激进（A）进行分类，最后按照如下方式计算各因子：

$$SMB = (SH + SL + SR + SW + SC + SA)/6$$
$$- (BH + BL + BR + BW + BC + BA)/6$$
$$HML = (SH + BH)/2 - (SL + BL)/2$$
$$RMW = (SR + BR)/2 - (SW + BW)/2$$
$$CMA = (SC + BC)/2 - (SA + BA)/2$$

其中，SH 为小规模（S）、高账面市值比（H）投资组合通过流通股市值加权的月度实际收益率，SL、SR、SW、SC、SA、BH、BL、BR、BW、BC、BA 与 SH 类似，分别表示相应投资组合通过流通股市值加权的月度实际收益率。SMB 为小规模的 6 个投资组合与大规模的 6 个投资组合月度实际收益率平均值之差，HML 为规模不同的 2 个高账面市值比投资组合与 2 个低账面市值比投资组合月度实际收益率平均值之差，RMW 为规模不同的 2 个强盈利投资组合与 2 个弱盈利投资组合月度实际收益率平均值之差，CMA 为规模不同的 2 个保守投资组合与 2 个激进投资组合月度实际收益率平均值之差。

（2）投资组合分组。借鉴法玛和弗伦奇（Fama and French, 2015）研究中采取的投资组合分组方式，本部分采取 5×5 分组方式对投资组合进行分组。具体地说，首先针对第 t 年 5 月至第 t+1 年 4 月期间的每个有效样本公司，用其月度实际收益率减去月度无风险实际收益率得到月度实际超额收益率；其次将第 t 年 5 月至第 t+1 年 4 月期间的所有有效样本公司按第 t-1 年末的规模（Size）、账面市值比（B/M）、盈利（OP）、投资（INV）数值大小分成五组，分别构建 Size-B/M、Size-OP 和 Size-INV 分组的 5×5 投资组合；最后将每个投资组合中的各个上市公司在第 t 年 5 月至第 t+1 年 4 月期间的月度实际超额收益率按第 t-1 年 12 月流通股市值加权平均，得到 25 个投资组合的月度实际超额收益率。

表 3.1 报告了 5×5 投资组合在 Size-B/M、Size-OP 和 Size-INV 分组方式下的月度平均实际超额收益率。结合法玛和弗伦奇（Fama and French, 2015）针对美国股票市场的研究结果可以看到，相比于美国股票市场，中国股票市场各投资组合的月度平均实际超额收益率更高，各投资组合超额收益率之间的差异更小。这可能源于中国股票市场发展不成熟，市场效率和信息传递效率不高，导致投资者对公司基本价值的评估相对困难，从而产生较大的投资羊群效应。另外，从表 3.1 中各投资组合实际超额收益率变化情况可以看到：①中国股票市场的 Size 效应比较显著，即规模越小的投资组合平均实际超额收益率越高（如 Panel A、B、C 所示）。②所有规模的投资组合均在总体上表现出一定程度的 B/M 效应，即账面市值比越高的投资组合，平均实际超额收益率越高（如 Panel A 所示）。③除规模最小的投资组合外，其他规模的投资组合均表现出一定程度的 OP 效应，即盈利越强的投资组合，平均实际超额收益率越高（如 Panel B 所示）。④除规模第二小和规模第二大的投资组合外，其他规模的投资组合均表现出一定程度的 INV 效应，即投资越保守的投资组合平均实际超额收益率越高（如 Panel C 所示）。由此可见，中国股票市场存在一定程度的 Size、B/M、OP、INV 效应，可以利用本部分构建的基于消费和投资者情绪的资产定价模型进行实证研究。

表 3.1　　　　　　　　　5×5 投资组合的月度平均实际超额收益率　　　　　　单位:%

项目		Low	2	3	4	High
Panel A Size-B/M 组合	Small	**2.0535**	**2.4318**	**2.4874**	**2.6167**	2.3975
	2	**1.7631**	2.2082	2.1124	**2.0752**	**2.1791**
	3	**1.3821**	1.7597	**1.4805**	**1.8379**	**2.1783**
	4	**1.4031**	1.3218	1.5913	**1.5428**	**1.6680**
	Big	1.0982	1.3475	**1.0317**	**1.0980**	**1.2368**
Panel B Size-OP 组合	Small	2.4965	2.4736	2.3623	2.3760	2.2949
	2	2.0386	**1.9591**	**2.2087**	**2.2945**	1.7368
	3	1.9132	**1.6912**	**1.7223**	**1.9133**	1.5370
	4	1.3836	**1.3014**	1.7261	**1.4151**	**1.6267**
	Big	1.3052	**1.1751**	0.8024	**1.2383**	**1.2888**
Panel C Size-INV 组合	Small	2.4713	**2.5336**	**2.4720**	**2.2507**	**2.1738**
	2	1.8408	2.0864	2.1688	2.1926	1.8961
	3	**1.8613**	**1.8318**	**1.7424**	**1.6692**	1.6759
	4	1.4701	1.3559	1.5637	1.5449	1.5859
	Big	**1.1991**	1.0193	**1.1348**	1.3986	**1.1286**

注：加粗数据表示符合 B/M、OP 或 INV 效应。

3.3　实证分析

3.3.1　描述性统计

表 3.2 报告了 2×2 分组方式下各因子的描述性统计结果，可以看到，市场实际超额收益（$r_m - r_f$）的均值为 0.98%，投资者情绪因子 IS 的均值接近 0，账面市值比因子 HML 的均值为 0.11%，盈利因子 RMW 的均值为 0.02%，投资因子 CMA 的均值为 0.01%，它们在统计上都不显著异于 0；消费因子（$\Delta c - r_f$）的均值为 -1.69%，规模因子 SMB 的均值为 0.83%，它们在 5% 水平上显著异于 0。

表 3.2　　　　　　　　　　　　　　描述性统计

	$r_m - r_f$	$\Delta c - r_f$	IS	SMB	HML	RMW	CMA
均值	0.0098	− 0.0169	− 6.29E − 09	0.0083	0.0011	0.0002	0.0001
标准差	0.0900	0.0258	0.4582	0.0460	0.0284	0.0266	0.0152
t 统计量	1.38	− 8.24 ***	− 1.7E − 07	2.26 **	0.50	0.11	0.11

注：1%、5%、10% 显著性水平下 t 统计量临界值的绝对值分别为 2.58、1.96、1.65。

3.3.2　冗余因子检验

从表 3.3 的检验结果可以看到，CS 三因子模型中的投资者情绪因子、CS 五因子模型中的投资者情绪因子和账面市值比因子、CS 七因子模型中的投资者情绪因子和投资因子都为冗余因子。为了考察冗余因子是否只在本部分所建模型中存在，本部分在表 3.4 中报告了 FF 三因子模型和 FF 五因子模型冗余因子检验结果，发现 FF 三因子模型中的账面市值比因子和 FF 五因子模型中的投资因子都是冗余因子。同时，法玛和弗伦奇（Fama and French，2015）的五因子模型中账面市值比因子也是冗余因子。这表明冗余因子在一些经典资产定价模型中都是存在的。针对冗余因子，法玛和弗伦奇（Fama and French，2015）的处理方法不是将冗余因子（账面市值比 HML）从模型中直接删除，而是将 HML 做正交化处理变成 HMLO 后，再用 HMLO 替换模型中的账面市值比因子。法玛和弗伦奇（Fama and French，2015）对冗余因子的处理方法及其研究结果表明，直接删除冗余因子未必是资产定价模型实证研究中解决冗余因子问题的好办法。基于此，本部分参照法玛和弗伦奇（Fama and French，2015）对冗余因子的处理过程，先分别对相应模型中的冗余因子——投资者情绪因子 IS、账面市值比因子 HML、投资因子 CMA 做正交化处理，然后将得到的正交化冗余因子 ISO、HMLO、CMAO 分别替换 CS 三因子、CS 五因子和 CS 七因子模型中相应的冗余因子 IS、HML、CMA，进而得到如下经冗余因子正交化修正的 CS 三因子、CS 五因子和 CS 七因子模型：

$$r_{it} - r_f = \alpha_i + \beta_{i,m}(r_{mt} - r_f) + \beta_{i,\Delta c}(\Delta c_t - r_f) + \beta_{i,IS}ISO + e_{it} \quad (3.25)$$

$$r_{i,t} - r_f = \alpha_i + \beta_{i,m}(r_{mt} - r_f) + \beta_{i,\Delta c}(\Delta c_t - r_f) + \beta_{i,IS}ISO$$
$$+ \beta_{i,s}SMB_t + \beta_{i,h}HMLO_t + e_{it} \tag{3.26}$$

$$r_{it} - r_f = \alpha_i + \beta_{i,m}(r_{mt} - r_f) + \beta_{i,\Delta c}(\Delta c_t - r_f) + \beta_{i,IS}ISO + \beta_{i,s}SMB_t$$
$$+ \beta_{i,h}HML_t + \beta_{i,r}RMW_t + \beta_{i,c}CMAO_t + e_{it} \tag{3.27}$$

表 3.3　　CS 三因子、CS 五因子和 CS 七因子模型冗余因子检验结果

	$r_m - r_f$	$\Delta c - r_f$	IS	SMB	HML	RMW	CMA
CS 三因子 αi	0.0213 ** (2.53)	−0.017 *** (−8.56)	−0.012 (−0.27)	—	—	—	—
CS 五因子 αi	0.018 ** (2.19)	−0.017 *** (−8.36)	−0.013 (−0.29)	0.009 ** (2.27)	0.002 (0.83)	—	—
CS 七因子 αi	0.020 ** (2.45)	−0.017 *** (−7.84)	−0.024 (−0.51)	0.009 *** (3.65)	0.0037 ** (2.03)	0.004 *** (2.62)	−0.0002 (−0.18)

注：括号内为 t 统计量，***、**、* 分别表示在 1%、5%、10% 显著性水平下异于 0。

表 3.4　　　　FF 三因子和 FF 五因子模型冗余因子检验结果

	$r_m - r_f$	SMB	HML	RMW	CMA
FF 三因子 αi	0.0067 * (1.94)	0.0086 *** (2.67)	0.0028 (1.42)	—	—
FF 五因子 αi	0.0105 ** (2.48)	0.0096 *** (4.59)	0.0040 *** (2.71)	0.0047 *** (3.54)	0.0001 (0.11)

注：括号内为 t 统计量，***、**、* 分别表示在 1%、5%、10% 显著性水平下异于 0。

3.3.3　实证结果分析

借鉴法玛和弗伦奇（Fama and French，2015）的研究方法，首先利用 2005 年 5 月～2018 年 4 月的相关月度数据样本，按照 3.3.2 小节的研究设计过程，得到分别按 Size-B/M、Size-OP 和 Size-INV 分组的 5×5 投资组合，并利用 2×2 因子构造方法得到各因子数据。其次利用上述 CS 三因子模型（3.25）、CS 五因子模型（3.26）和 CS 七因子模型（3.27）将每个投资组合的收益率对各因子进行回归，得到表 3.5～表 3.7 的实证结果。在

表 3.5～表 3.7 中，左半部分报告了截距项和系数，右半部分报告了相应的 t 统计量。为了将本部分引入消费因子和投资者情绪因子构建的资产定价模型与经典的同类模型进行比较分析，本部分在表 3.8 至表 3.10 中报告了 CAPM、FF 三因子模型和 FF 五因子模型的实证结果。在得到的实证结果中，市场因子和规模因子效应非常显著，为了节省篇幅，在报告的结果中予以省略。

从表 3.5 和表 3.6 可以看到，5×5 投资组合在 Size-B/M 分组方式下，CS 三因子模型、CS 五因子模型和 CS 七因子模型截距项绝对值的最大值分别为 2.08%、0.49% 和 0.74%，至少在 10% 水平显著异于 0 的截距项个数分别为 16 个、1 个、6 个；与之对应的 CAPM、FF 三因子模型和 FF 五因子模型截距项绝对值的最大值分别为 1.68%、0.5%、0.54%，至少在 10% 水平显著异于 0 的截距项个数分别为 12 个、3 个、3 个；CS 五因子模型显著异于 0 的截距项个数最少。这表明在 Size-B/M 分组下，FF 三因子模型和 FF 五因子模型都优于 CAPM；CS 五因子模型既优于 CS 三因子和 CS 七因子模型，也优于 CAPM、FF 三因子和 FF 五因子模型；CS 七因子模型弱于 CS 五因子模型，但优于 CS 三因子模型。在 CS 五因子模型中添加盈利因子和投资因子，或删除规模因子和账面市值比因子，或删除消费因子和投资者情绪因子，或将 CS 五因子模型中的消费因子和投资者情绪因子替换为盈利因子和投资因子，都可能会降低模型因子解释力度，难以对模型进行优化。

表 3.5　　　　　基于 Size-B/M 分组的 CS 三因子、CS 五因子
和 CS 七因子模型回归结果

B/M	低	2	3	4	高	低	2	3	4	高
Panel A　CS 三因子模型截距: $r_m - r_f$, $\Delta c - r_f$, ISO										
	αi					$t(\alpha i)$				
小	0.0168	0.0191	0.0198	0.0208	0.0181	2.06 **	2.37 **	2.46 **	2.72 ***	2.40 **
2	0.0139	0.0157	0.0141	0.0146	0.0151	1.93 *	2.24 **	1.97 **	2.16 **	2.38 **
3	0.0085	0.0113	0.0090	0.0125	0.0143	1.24	1.77 *	1.41	2.04 **	2.46 **
4	0.0108	0.0107	0.0076	0.0068	0.0087	1.73 *	1.79 *	1.39	1.36	1.93 *
大	0.0056	0.0051	-0.001	0.0024	0.0021	1.31	1.47	-0.20	0.82	0.61

续表

B/M	低	2	3	4	高	低	2	3	4	高
Panel B　CS 五因子模型系数：$r_m - r_f$, $\Delta c - r_f$, ISO, SMB, HMLO										
		α_i						$t(\alpha_i)$		
小	0.0008	0.0027	0.0034	0.0049	0.0022	0.27	1.13	1.34	1.87 *	0.77
2	0.0004	0.0019	-0.0003	0.0005	0.0019	0.16	0.79	-0.11	0.21	0.73
3	-0.004	-0.001	-0.003	0.0001	0.0026	-1.23	-0.22	-0.84	0.04	0.92
4	0.0012	0.0004	-0.002	-0.003	0.0006	0.38	0.12	-0.69	-0.89	0.21
大	0.0022	0.0029	-0.004	-0.001	0.0021	0.87	1.02	-1.56	-0.32	0.74
		$\beta_i, \Delta c$						$t(\beta_i, \Delta c)$		
小	0.1680	0.0971	0.1053	0.1067	0.1156	1.92 *	1.25	1.28	1.26	1.25
2	0.1781	0.0749	0.0296	0.0930	0.0850	2.10 **	1.00	0.34	1.15	1.02
3	0.1327	0.0648	0.1104	0.1286	0.0617	1.42	0.74	1.05	1.44	0.68
4	0.2274	0.2962	0.0249	0.0143	0.0739	2.33 **	3.04 ***	0.26	0.16	0.83
大	0.1174	0.0455	-0.087	0.0882	-0.036	1.45	0.49	-1.05	1.07	-0.40
		β_i, ISO						$t(\beta_i, ISO)$		
小	0.0038	0.0025	0.0020	0.0063	0.0069	0.78	0.59	0.44	1.34	1.35
2	0.0042	0.0062	0.0064	0.0067	0.0104	0.90	1.48	1.32	1.49	2.24 **
3	-0.004	0.0050	0.0078	0.0057	0.0081	-0.78	1.04	1.34	1.15	1.61
4	0.0068	0.0035	0.0066	0.0052	0.0048	1.25	0.64	1.24	1.05	0.97
大	0.0132	0.0117	0.0100	0.0048	-0.003	2.94 ***	2.29 **	2.18 **	1.04	-0.52
		β_i, h						$t(\beta_i, h)$		
小	-0.157	-0.028	0.0292	0.2998	0.6776	-1.71 *	-0.35	0.34	3.38 ***	6.95 ***
2	-0.358	-0.140	0.1260	0.3980	0.5990	-4.02 ***	-1.77 *	1.38	4.67 ***	6.82 ***
3	-0.449	-0.209	0.0692	0.4637	0.8371	-4.59 ***	-2.28 **	0.63	4.95 ***	8.83 ***
4	-0.732	-0.288	-0.068	0.2948	0.7652	-7.13 ***	-2.82 ***	-0.68	3.11 ***	8.22 ***
大	-1.012	-0.563	-0.128	0.4470	0.8383	-11.88 ***	-5.81 ***	-1.47	5.17 ***	8.82 ***
Panel C　CS 七因子模型系数：$r_m - r_f$, $\Delta c - r_f$, ISO, SMB, HML, RMW, CMAO										
		α_i						$t(\alpha_i)$		
小	0.0039	0.0045	0.0048	0.0074	0.0051	1.54	1.87 *	1.83 *	2.89 ***	1.83 *
2	0.0019	0.0034	0.0023	0.0028	0.0044	0.72	1.43	0.87	1.14	1.71 *
3	-0.002	0.0012	-0.001	0.0030	0.0059	-0.55	0.43	-0.44	1.15	2.23 **
4	0.0022	0.0022	-0.0001	0.0005	0.0037	0.69	0.74	-0.03	0.17	1.40
大	0.0034	0.0047	-0.003	0.0005	0.0023	1.33	1.63	-1.06	0.20	0.78

B/M	低	2	3	4	高	低	2	3	4	高
	$\beta i, \Delta c$					$t(\beta i, \Delta c)$				
小	0.1453	0.0871	0.0999	0.1116	0.1313	1.82 *	1.15	1.23	1.34	1.50
2	0.1552	0.0616	0.0223	0.0995	0.0998	1.87 *	0.84	0.27	1.29	1.25
3	0.1028	0.0471	0.1074	0.1349	0.0823	1.13	0.55	1.03	1.64	0.99
4	0.1905	0.2744	0.0123	0.0126	0.0926	1.95 *	2.88 ***	0.13	0.15	1.13
大	0.0671	0.0121	−0.098	0.1014	−0.001	0.84	0.13	−1.21	1.24	−0.002
	$\beta i, ISO$					$t(\beta i, ISO)$				
小	0.0055	0.0036	0.0029	0.0085	0.0102	1.24	0.87	0.65	1.92 *	2.11 **
2	0.0044	0.0068	0.0084	0.0090	0.0132	0.96	1.67 *	1.82 *	2.10 **	2.99 ***
3	−0.004	0.0057	0.0088	0.0085	0.0120	−0.73	1.21	1.52	1.86 *	2.61 ***
4	0.0059	0.0040	0.0077	0.0078	0.0083	1.08	0.77	1.48	1.67 *	1.84 *
大	0.0119	0.0117	0.0105	0.0066	−0.001	2.68 ***	2.33 **	2.33 **	1.45	−0.15
	$\beta i, h$					$t(\beta i, h)$				
小	−0.449	−0.190	−0.093	0.0692	0.4160	−4.50 ***	−2.02 **	−0.92	0.69	2.11 **
2	−0.489	−0.272	−0.112	0.1941	0.3830	−4.72 ***	−2.96 ***	−1.09	2.01 **	3.85 ***
3	−0.635	−0.366	−0.041	0.2022	0.5357	−5.61 ***	−3.44 ***	−0.32	1.96 **	5.18 ***
4	−0.819	−0.457	−0.247	0.2351	0.4858	−6.70 ***	−3.84 ***	−2.10 **	0.22	4.76 ***
大	−1.116	−0.722	−0.2324	0.3271	0.8262	−11.12 ***	−6.39 ***	−2.28 **	3.21 ***	7.31 ***
	$\beta i, r$					$t(\beta i, r)$				
小	−0.648	−0.358	−0.271	−0.509	−0.577	−5.37 ***	−3.14 ***	−2.20 **	−4.20 ***	−4.37 ***
2	−0.292	−0.293	−0.527	−0.450	−0.476	−2.34 **	−2.63 ***	−4.22 ***	−3.85 ***	−3.96 ***
3	−0.413	−0.348	−0.245	−0.577	−0.664	−3.02 ***	−2.70 ***	−1.55	−4.63 ***	−5.31 ***
4	−0.193	−0.375	−0.395	−0.599	−0.616	−1.30	−2.61 ***	−2.78 ***	−4.72 ***	−4.98 ***
大	−0.235	−0.233	−0.190	−0.264	−0.024	−1.94 *	−2.60 ***	−1.89 *	−2.14 **	−0.17
	$\beta i, c$					$t(\beta i, c)$				
小	0.3107	0.2454	0.0764	−0.025	0.2786	1.72 *	1.44	0.42	−0.14	1.41
2	0.3453	0.2158	0.0492	0.2278	0.1831	1.84 *	1.30	0.26	1.30	1.02
3	0.3479	0.3175	0.3198	0.4437	0.1984	1.70 *	1.65 *	1.35	2.38 **	1.06
4	0.1950	0.3565	0.2521	0.2802	0.3346	0.88	1.66 *	1.19	1.48	1.81 *
大	−0.174	−0.138	0.2996	0.0185	0.3341	−0.96	−0.68	1.63	0.10	1.63

注：由于部分系数较小，为节省空间将显著性标注于 t 统计量后。

**表 3.6　　　　　　基于 Size-B/M 分组的 CAPM、FF 三因子
和 FF 五因子模型回归结果**

B/M	低	2	3	4	高	低	2	3	4	高
Panel A　CAPM 系数：$r_m - r_f$										
	αi					$t(\alpha i)$				
小	0.0117	0.0152	0.0158	0.0168	0.0141	1.74 *	2.30 **	2.39 **	2.68 ***	2.27 **
2	0.0089	0.0125	0.0116	0.0112	0.0119	1.50	2.16 **	1.98 **	2.00 **	2.28 **
3	0.0045	0.0085	0.0054	0.0087	0.0118	0.81	1.62	1.04	1.72 *	2.47 **
4	0.0053	0.0041	0.0058	0.0053	0.0065	1.03	0.82	1.30	1.30	1.75 *
大	0.0027	0.0037	0.0003	0.0005	0.0030	0.76	1.30	0.11	0.21	1.05
Panel B　FF 三因子模型系数：$r_m - r_f$, SMB, HMLO										
	αi					$t(\alpha i)$				
小	− 0.002	0.0010	0.0016	0.0028	− 0.0004	− 0.92	0.51	0.73	1.25	− 0.17
2	− 0.002	0.0006	− 0.001	− 0.001	− 0.0002	− 1.12	0.30	− 0.44	− 0.70	− 0.08
3	− 0.005	− 0.002	− 0.005	− 0.003	0.0008	− 2.27 **	− 0.73	− 1.77 *	− 1.10	0.32
4	− 0.002	− 0.005	− 0.003	− 0.003	− 0.001	− 0.90	− 1.79 *	− 1.02	− 1.31	− 0.60
大	0.0008	0.0024	− 0.003	− 0.003	0.0021	0.37	1.02	− 1.17	− 1.29	0.90
	$\beta i, h$					$t(\beta i, h)$				
小	− 0.164	− 0.033	0.0240	0.2935	0.6695	− 1.78 *	− 0.41	0.28	3.30 ***	6.82 ***
2	− 0.365	− 0.143	0.1241	0.3921	0.5927	− 4.09 ***	− 1.81 *	1.36	4.57 ***	6.64 ***
3	− 0.454	− 0.211	0.0636	0.4558	0.8310	− 4.64 ***	− 2.32 **	0.57	4.84 ***	8.70 ***
4	− 0.741	− 0.301	− 0.069	0.2930	0.7588	− 7.16 ***	− 2.89 ***	− 0.69	3.11 ***	8.14 ***
大	− 1.014	− 0.563	− 0.123	0.4411	0.8369	− 11.74 ***	− 5.79 ***	− 1.40	5.10 ***	8.88 ***
Panel C　FF 五因子模型系数：$r_m - r_f$, SMB, HML, RMW, CMAO										
	αi					$t(\alpha i)$				
小	0.0012	0.0029	0.0030	0.0054	0.0025	0.56	1.40	1.35	2.46 **	1.06
2	− 0.001	0.0021	0.0017	0.0008	0.0023	− 0.43	1.04	0.76	0.39	1.02
3	− 0.003	0.0001	− 0.004	0.0004	0.0042	− 1.38	0.05	− 1.27	0.16	1.82 *
4	− 0.001	− 0.003	− 0.001	− 0.00003	0.0018	− 0.49	− 1.01	− 0.22	− 0.01	0.79
大	0.0020	0.0043	− 0.0014	− 0.001	0.0022	0.92	1.73 *	− 0.64	− 0.63	0.90

B/M	低	2	3	4	高	低	2	3	4	高
			$\beta_{i,h}$					$t(\beta_{i,h})$		
小	− 0.460	− 0.196	− 0.101	0.0613	0.4064	− 4.57 ***	− 2.09 **	− 0.99	0.61	3.67 ***
2	− 0.501	− 0.277	− 0.114	0.1867	0.3757	− 4.80 ***	− 3.00 ***	− 1.10	1.91 *	3.68 ***
3	− 0.643	− 0.369	− 0.049	0.1923	0.5297	− 5.69 ***	− 3.48 ***	− 0.38	1.84 *	5.03 ***
4	− 0.832	− 0.477	− 0.248	0.0226	0.4790	− 6.76 ***	− 3.93 ***	− 2.11 **	0.21	4.65 ***
大	− 1.121	− 0.723	− 0.225	0.3196	0.8262	− 10.98 ***	− 6.33 ***	− 2.18 **	3.12 ***	7.37 ***
			$\beta_{i,r}$					$t(\beta_{i,r})$		
小	− 0.656	− 0.363	− 0.277	− 0.515	− 0.584	− 5.38 ***	− 3.18 ***	− 2.25 **	− 4.20 ***	− 4.36 ***
2	− 0.301	− 0.296	− 0.529	− 0.456	− 0.482	− 2.38 **	− 2.65 ***	− 4.21 ***	− 3.85 ***	− 3.90 ***
3	− 0.419	− 0.350	− 0.251	− 0.585	− 0.669	− 3.06 ***	− 2.73 ***	− 1.58	− 4.63 ***	− 5.25 ***
4	− 0.203	− 0.390	− 0.396	− 0.600	− 0.621	− 1.36	− 2.65 ***	− 2.79 ***	− 4.72 ***	− 4.98 ***
大	− 0.239	− 0.356	− 0.227	− 0.270	− 0.024	− 1.93 *	− 2.58 ***	− 1.82 *	− 2.18 **	− 0.17
			$\beta_{i,c}$					$t(\beta_{i,c})$		
小	0.2964	0.2368	0.0669	− 0.035	0.2657	1.63	1.40	0.36	− 0.19	1.33
2	0.3300	0.2096	0.0471	0.2180	0.1736	1.75 *	1.25	0.25	1.23	0.94
3	0.3376	0.3125	0.3090	0.4302	0.1903	1.65 *	1.63	1.30	2.28 **	1.00
4	0.1766	0.3300	0.2505	0.2785	0.3252	0.79	1.50	1.18	1.46	1.75 *
大	− 0.180	− 0.139	0.3084	0.0088	0.3335	− 0.97	− 0.67	1.65 *	0.05	1.64

注: 由于部分系数较小, 为节省空间将显著性标注于 t 统计量后。

如表 3.7 和表 3.8 所示, 5 ×5 投资组合在 Size-OP 分组方式下, CS 三因子模型、CS 五因子模型、CS 七因子模型截距项绝对值的最大值分别为 1.98% 、0.52% 、0.65% , 至少在 10% 水平显著异于 0 的截距项个数分别为 19 个、3 个、5 个; 与之对应的 CAPM、FF 三因子模型、FF 五因子模型截距项绝对值的最大值分别为 1.56% 、0.7% 、0.44% , 至少在 10% 水平显著异于 0 的截距项个数分别为 13 个、5 个、3 个; CS 五因子模型和 FF 五因子模型拥有最少的显著异于 0 的截距项个数。这表明在 Size-OP 分组下, CAPM、FF 三因子模型、FF 五因子模型随着因子增多而逐步优化; CS 五因子模型优于, 至少不弱于其他五个模型; CS 七因子模型介于 CS 三因子模型与 CS 五因子模型之间。在 CS 五因子模型中添加盈利因子和投资因子，或删除规模因子和账面市值比因子，或删除消费因子和投资者情绪因子都可能降低模型因子解释力度，难以产生模型优化效果。

表 3.7　　　　　　　　基于 Size-OP 分组的 CS 三因子、CS 五因子

和 CS 七因子模型回归结果

OP	低	2	3	4	高	低	2	3	4	高
Panel A　CS 三因子模型截距：$r_m - r_f$, $\Delta c - r_f$, ISO										
	α_i					$t(\alpha_i)$				
小	0.0198	0.0182	0.0196	0.0189	0.0177	2.43 **	2.29 **	2.37 **	2.53 **	2.40 **
2	0.0137	0.0134	0.0152	0.0176	0.0141	1.83 *	1.89 *	2.19 **	2.67 ***	2.33 **
3	0.0134	0.0115	0.0122	0.0122	0.0068	1.93 *	1.70 *	1.94 *	2.11 **	1.30
4	0.0070	0.0080	0.0111	0.0090	0.0099	1.12	1.43	1.93 *	1.87 *	2.15 **
大	0.0035	0.0039	0.0009	0.0057	0.0048	0.57	0.87	0.27	2.09 **	2.23 **
Panel B　CS 五因子模型系数：$r_m - r_f$, $\Delta c - r_f$, ISO, SMB, HMLO										
	α_i					$t(\alpha_i)$				
小	0.0029	0.0019	0.0029	0.0047	0.0034	1.05	0.76	1.10	1.82 *	0.94
2	− 0.002	− 0.001	0.0011	0.0051	0.0029	− 0.57	− 0.47	0.48	1.90 *	0.99
3	− 0.001	− 0.002	− 0.0001	0.0012	− 0.002	− 0.16	− 0.69	− 0.02	0.46	− 0.86
4	− 0.005	− 0.002	0.0008	0.0005	0.0023	− 1.34	− 0.71	0.24	0.19	0.86
大	− 0.004	− 0.002	− 0.003	0.0039	0.0052	− 0.82	− 0.69	− 1.28	1.45	2.39 **
	$\beta_i, \Delta c$					$t(\beta_i, \Delta c)$				
小	0.1224	0.0266	0.1629	0.1091	0.1359	1.38	0.34	1.92 *	1.32	1.18
2	0.0739	0.0823	0.0484	0.1102	0.2322	0.79	1.00	0.64	1.29	2.51 **
3	0.1330	0.1654	0.1543	0.0553	− 0.048	1.26	1.76 *	1.75 *	0.65	− 0.53
4	0.1107	0.2063	0.1342	0.1752	0.0993	1.00	2.11 **	1.31	2.03 **	1.18
大	− 0.033	0.0909	0.0944	0.1312	0.0553	− 0.21	0.79	1.14	1.54	0.80
	β_i, ISO					$t(\beta_i, ISO)$				
小	− 0.002	0.0096	0.0015	0.0057	0.0127	− 0.46	2.21 **	0.32	1.25	1.98 **
2	0.0109	0.0055	0.0052	0.0064	0.0039	2.10 **	1.21	1.25	1.35	0.77
3	0.0064	0.0058	0.0020	0.0016	0.0044	1.08	1.11	0.41	0.34	0.87
4	0.0143	− 0.001	0.0006	0.0033	0.0055	2.32 **	− 0.17	0.11	0.69	1.17
大	0.0030	− 0.004	0.0032	0.0026	0.0094	0.34	− 0.65	0.71	0.55	2.47 **

续表

OP	低	2	3	4	高	低	2	3	4	高
			$\beta_{i,h}$					$t(\beta_{i,h})$		
小	0.2971	0.1021	−0.024	−0.337	0.3176	3.19***	1.24	−0.27	−3.87***	2.63***
2	0.3675	0.2945	0.0756	−0.171	−0.085	3.75***	3.41***	0.96	−1.91*	−0.88
3	0.5623	0.3126	0.1030	0.0049	−0.091	5.06***	3.17***	1.11	0.06	−0.96
4	0.3919	0.0350	0.0242	−0.029	−0.222	3.35***	0.34	0.23	−0.32	−2.50**
大	1.0787	0.6648	0.4081	0.2087	−0.216	6.46***	5.50***	4.69***	2.34**	−2.99***

Panel C CS 七因子模型系数：$r_m - r_f$, $\Delta c - r_f$, ISO, SMB, HML, RMW, CMAO

OP	低	2	3	4	高	低	2	3	4	高
			α_i					$t(\alpha_i)$		
小	0.0065	0.0045	0.0043	0.0050	0.0036	2.56**	1.91*	1.61	1.86*	0.97
2	0.0025	0.0023	0.0029	0.0046	0.0028	0.94	0.99	1.23	1.68*	0.93
3	0.0036	0.0025	0.0019	0.0023	−0.003	1.18	1.00	0.70	0.86	−0.98
4	0.0006	0.0012	0.0035	0.0017	0.0024	0.21	0.42	1.11	0.62	0.89
大	0.0029	0.0033	−0.002	0.0045	0.0047	0.66	1.06	−0.58	1.64	2.12**
			$\beta_{i,\Delta c}$					$t(\beta_{i,\Delta c})$		
小	0.1173	0.0184	0.1550	0.0934	0.1493	1.48	0.25	1.85*	1.12	1.29
2	0.0698	0.0779	0.0434	0.1056	0.2291	0.85	1.07	0.60	1.23	2.46**
3	0.1372	0.1563	0.1493	0.0503	−0.050	1.44	1.98**	1.75*	0.60	−0.55
4	0.1019	0.1909	0.1216	0.1685	0.0893	1.08	2.12**	1.24	1.98**	1.05
大	−0.021	0.0906	0.1037	0.1378	0.0486	−0.15	0.94	1.28	1.62	0.71
			$\beta_{i,ISO}$					$t(\beta_{i,ISO})$		
小	0.0007	0.0116	0.0023	0.0052	0.0135	0.16	2.84***	0.50	1.12	2.10**
2	0.0143	0.0084	0.0065	0.0057	0.0037	3.16***	2.09**	1.60	1.19	0.71
3	0.0102	0.0094	0.0034	0.0023	0.0039	1.93*	2.14**	0.73	0.49	0.77
4	0.0186	0.0013	0.0024	0.0040	0.0051	3.54***	0.26	0.45	0.84	1.08
大	0.0098	0.0010	0.0053	0.0034	0.0087	1.27	0.19	1.18	0.72	2.27**
			$\beta_{i,h}$					$t(\beta_{i,h})$		
小	−0.040	−0.132	−0.150	−0.353	0.3068	−0.40	−1.45	−1.44	−3.39***	2.12**
2	−0.007	−0.027	−0.078	−0.118	−0.072	−0.07	−0.30	−0.86	−1.10	−0.62
3	0.1813	−0.110	−0.073	−0.092	−0.042	1.52	−1.12	−0.69	−0.88	−0.38
4	−0.090	−0.278	−0.228	−0.131	−0.226	−0.76	−2.47**	−1.86*	−1.23	−2.13**
大	0.4294	0.1158	0.2460	0.1602	−0.165	2.48**	0.96	2.44**	1.51	−1.92*

续表

OP	低	2	3	4	高	低	2	3	4	高
			βi,r					t(βi,r)		
小	-0.744	-0.519	-0.279	-0.037	-0.023	-6.21 ***	-4.68 ***	-2.21 **	-0.30	-0.13
2	-0.828	-0.710	-0.340	0.1174	0.0286	-6.71 ***	-6.48 ***	-3.08 ***	0.91	0.20
3	-0.842	-0.935	-0.390	-0.214	0.1085	-5.83 ***	-7.83 ***	-3.03 ***	-1.69 *	0.80
4	-1.065	-0.693	-0.559	-0.225	-0.010	-7.46 ***	-5.09 ***	-3.76 ***	-1.75 *	-0.08
大	-1.434	-1.213	-0.357	-0.107	0.1138	-6.85 ***	-8.35 ***	-2.92 ***	-0.83	1.10
			βi,c					t(βi,c)		
小	0.2576	0.1683	0.2234	0.1214	-0.272	1.44	1.02	1.18	0.64	-1.04
2	0.1985	0.2768	0.2772	0.1374	-0.029	1.08	1.69 *	1.69 *	0.71	-0.14
3	0.2615	0.2363	0.3615	0.3216	0.4603	1.21	1.32	1.88 *	1.70 *	2.26 **
4	0.3170	0.4094	0.2046	0.3619	0.2026	1.49	2.01 **	0.92	1.88 *	1.06
大	0.5500	0.0527	0.2116	0.2868	-0.239	1.76 *	0.24	1.16	1.50	-1.54

注：由于部分系数较小，为节省空间将显著性标注于 t 统计量后。

表 3.8　　基于 Size-OP 分组的 CAPM、FF 三因子和 FF 五因子模型回归结果

OP	低	2	3	4	高	低	2	3	4	高
Panel A　CAPM 系数：$r_m - r_f$										
			αi					t(αi)		
小	0.0156	0.0155	0.0146	0.0150	0.0134	2.33 **	2.37 **	2.14 **	2.44 **	2.20 **
2	0.0103	0.0101	0.0125	0.0140	0.0085	1.68 *	1.73 *	2.19 **	2.56 **	1.70 *
3	0.0093	0.0069	0.0079	0.0098	0.0063	1.63	1.24	1.53	2.06 **	1.48
4	0.0034	0.0031	0.0074	0.0048	0.0071	0.67	0.67	1.57	1.20	1.85 *
大	0.0033	0.0017	-0.001	0.0032	0.0037	0.66	0.46	-0.49	1.42	2.06 **
Panel B　FF 三因子模型系数：$r_m - r_f$, SMB, HMLO										
			αi					t(αi)		
小	0.0006	0.0012	0.0001	0.0030	0.0006	0.25	0.58	0.03	1.40	0.20
2	-0.003	-0.003	0.0002	0.0032	-0.001	-1.38	-1.38	0.08	1.44	-0.48
3	-0.003	-0.005	-0.003	0.0002	-0.002	-1.23	-2.13 **	-1.25	0.10	-0.68
4	-0.007	-0.006	-0.002	-0.003	0.0006	-2.42 **	-2.26 **	-0.60	-1.14	0.29
大	-0.004	-0.005	-0.005	0.0014	0.0042	-1.08	-1.53	-2.47 **	0.62	2.34 **

续表

OP	低	2	3	4	高	低	2	3	4	高
			$\beta i,h$					$t(\beta i,h)$		
小	0.2901	0.1005	− 0.032	− 0.341	0.3099	3.12 ***	1.21	− 0.36	− 3.92 ***	2.53 **
2	0.3626	0.2894	0.0730	− 0.176	− 0.096	3.66 ***	3.35 ***	0.93	− 1.96 **	− 0.98
3	0.5538	0.3034	0.0952	0.0022	− 0.089	4.97 ***	3.06 ***	1.03	0.03	− 0.94
4	0.3851	0.0249	0.0177	− 0.038	− 0.226	3.25 ***	0.24	0.16	− 0.41	− 2.55 **
大	1.0763	0.6579	0.4020	0.2016	− 0.218	6.50 ***	5.47 ***	4.62 ***	2.25 **	− 2.99 ***

Panel C FF 五因子模型系数: $r_m - r_f$, SMB, HML, RMW, CMAO

			αi					$t(\alpha i)$		
小	0.0044	0.0038	0.0015	0.0032	0.0008	2.04 **	1.90 *	0.67	1.42	0.25
2	0.0008	0.0007	0.0019	0.0026	− 0.001	0.37	0.34	0.95	1.12	− 0.49
3	0.0009	− 0.0004	− 0.001	0.0013	− 0.002	0.36	− 0.20	− 0.37	0.58	− 0.91
4	− 0.002	− 0.002	0.0013	− 0.001	0.0007	− 0.63	− 0.90	0.48	− 0.61	0.30
大	0.0029	0.0017	− 0.003	0.0019	0.0037	0.76	0.64	− 1.59	0.83	1.96 **
			$\beta i,h$					$t(\beta i,h)$		
小	− 0.048	− 0.134	− 0.162	− 0.360	0.2958	− 0.49	− 1.43	− 1.54	− 3.45 ***	2.02 **
2	− 0.012	− 0.033	− 0.081	− 0.125	− 0.089	− 0.12	− 0.36	− 0.89	− 1.17	− 0.75
3	0.1712	− 0.122	− 0.084	− 0.095	− 0.039	1.42	− 1.21	− 0.79	− 0.92	− 0.35
4	− 0.097	− 0.292	− 0.237	− 0.143	− 0.232	− 0.80	− 2.57 **	− 1.94 *	− 1.34	− 2.19 **
大	0.4309	0.1092	0.2384	0.1501	− 0.168	2.50 **	0.91	2.36 **	1.41	− 1.94 *
			$\beta i,r$					$t(\beta i,r)$		
小	− 0.751	− 0.520	− 0.288	− 0.042	− 0.031	− 6.26 ***	− 4.60 ***	− 2.26 **	− 0.34	− 0.18
2	− 0.832	− 0.715	− 0.342	0.1115	0.0158	− 6.56 ***	− 6.45 ***	− 3.10 ***	0.86	0.11
3	− 0.849	− 0.943	− 0.398	− 0.216	0.1112	− 5.81 ***	− 7.74 ***	− 3.08 ***	− 1.72 *	0.82
4	− 1.071	− 0.704	− 0.566	− 0.234	− 0.015	− 7.23 ***	− 5.12 ***	− 3.81 ***	− 1.81 *	− 0.11
大	− 1.433	− 1.218	− 0.363	− 0.114	0.111	− 6.86 ***	− 8.42 ***	− 2.96 ***	− 0.89	1.06
			$\beta i,c$					$t(\beta i,c)$		
小	0.2461	0.1662	0.2084	0.1123	− 0.286	1.37	0.99	1.10	0.60	− 1.08
2	0.1915	0.2689	0.2726	0.1272	− 0.051	1.01	1.62	1.65 *	0.66	− 0.24
3	0.2481	0.2211	0.3467	0.3163	0.4642	1.14	1.21	1.79 *	1.68 *	2.29 **
4	0.3068	0.3906	0.1927	0.3454	0.1938	1.39	1.90 *	0.87	1.78 *	1.01
大	0.5510	0.0441	0.2014	0.2733	− 0.243	1.76 *	0.20	1.10	1.42	− 1.55

注: 由于部分系数较小, 为节省空间将显著性标注于 t 统计量后。

从表3.9和表3.10可见，5×5投资组合在Size-INV分组方式下，CS三因子模型、CS五因子模型、CS七因子模型截距项绝对值的最大值分别为1.98%、0.35%、0.63%，至少在10%水平显著异于0的截距项个数分别为17个、0个、4个；与之对应的CAPM、FF三因子模型、FF五因子模型截距项绝对值的最大值分别为1.63%、0.60%、0.44%，至少在10%水平显著异于0的截距项个数分别为11个、1个、3个；CS五因子模型拥有最少的显著异于0的截距项个数。这表明在Size-INV分组下，FF三因子模型优于CAPM和FF五因子模型，CS五因子模型优于其他五个模型，CS七因子模型介于CS三因子模型与CS五因子模型之间。在CS五因子模型中添加盈利因子和投资因子，或删除规模因子和账面市值比因子，或删除消费因子和投资者情绪因子，或将CS五因子模型中的消费因子和投资者情绪因子替换为盈利因子和投资因子都可能会降低模型因子解释力度，难以达到模型优化目标。

表3.9 **基于Size-INV分组的CS三因子、CS五因子和CS七因子模型回归结果**

INV	低	2	3	4	高	低	2	3	4	高
Panel A CS三因子模型截距：$r_m - r_f$, $\Delta c - r_f$, ISO										
			αi					$t(\alpha i)$		
小	0.0198	0.0197	0.0189	0.0182	0.0172	2.52 **	2.51 **	2.27 **	2.34 **	2.25 **
2	0.0119	0.0148	0.0156	0.0153	0.0141	1.77 *	2.04 **	2.26 **	2.16 **	2.17 **
3	0.0123	0.0133	0.0116	0.0088	0.0107	1.86 *	2.14 **	1.85 *	1.49	1.81 *
4	0.0082	0.0086	0.0082	0.0092	0.0106	1.63	1.52	1.58	1.93 *	1.83 *
大	0.0035	0.0021	0.0021	0.0057	0.0043	1.03	0.63	0.74	2.25 **	1.47
Panel B CS五因子模型系数：$r_m - r_f$, $\Delta c - r_f$, ISO, SMB, HMLO										
			αi					$t(\alpha i)$		
小	0.0034	0.0035	0.0022	0.0027	0.0021	1.34	1.40	0.80	1.02	0.77
2	-0.002	0.0001	0.0015	0.0012	0.0017	-0.68	0.02	0.61	0.47	0.59
3	-0.001	0.0012	-0.001	-0.002	-0.0004	-0.34	0.41	-0.29	-0.86	-0.16
4	-0.001	-0.002	-0.001	0.0010	0.0010	-0.41	-0.66	-0.48	0.36	0.31
大	-0.0003	-0.0003	0.0010	0.0034	0.0030	-0.09	-0.06	0.36	1.45	1.22
			$\beta i, \Delta c$					$t(\beta i, \Delta c)$		
小	0.1271	0.0785	0.0794	0.1540	0.1295	1.55	0.98	0.89	1.83 *	1.52
2	0.0777	0.0860	0.0716	0.0532	0.1698	0.91	0.95	0.92	0.65	1.89 *
3	0.1056	0.1585	0.1040	0.0080	0.1307	1.07	1.70 *	1.23	0.09	1.53
4	0.1159	0.1996	0.0380	0.1302	0.1692	1.27	2.08 **	0.44	1.46	1.68 *
大	0.0382	0.0472	0.0091	0.0419	0.1214	0.40	0.48	0.10	0.55	1.55

INV	低	2	3	4	高	低	2	3	4	高
	$\beta i,ISO$					$t(\beta i,ISO)$				
小	0.0028	0.0024	0.0050	0.0059	0.0046	0.62	0.53	1.00	1.26	0.98
2	0.0102	0.0064	0.0027	0.0047	0.0093	2.16 **	1.27	0.61	1.02	1.86 *
3	0.0076	0.0021	0.0025	0.0065	-0.001	1.38	0.40	0.52	1.26	-0.26
4	0.0061	0.0051	0.0012	0.0047	0.0073	1.20	0.95	0.26	0.95	1.31
大	0.0019	0.0076	0.0043	0.0002	0.1049	0.36	1.40	0.87	0.07	2.42 **
	$\beta i,h$					$t(\beta i,h)$				
小	0.2771	0.1865	-0.030	-0.038	-0.090	3.21 ***	2.22 **	-0.32	-0.43	-1.01
2	0.2779	0.2389	0.2013	0.0084	-0.072	3.10 ***	2.52 **	2.45 **	0.10	-0.76
3	0.6038	0.1810	0.1045	0.1223	-0.048	5.81 ***	1.85 *	1.18	1.26	-0.54
4	0.2777	0.1721	0.0169	-0.065	-0.336	2.89 ***	1.71 *	0.19	-0.69	-3.17 ***
大	0.3761	0.5514	0.2721	0.0777	-0.559	3.73 ***	5.38 ***	2.92 ***	0.97	-6.80 ***

Panel C CS 七因子模型系数: $r_m - r_f$, $\Delta c - r_f$, ISO, SMB, HML, RMW, CMAO

INV	低	2	3	4	高	低	2	3	4	高
	αi					$t(\alpha i)$				
小	0.0063	0.0059	0.0045	0.0041	0.0029	2.58 ***	2.44 **	1.63	1.54	1.07
2	0.0013	0.0026	0.0037	0.0023	0.0024	0.51	0.95	1.54	0.86	0.81
3	0.0029	0.0047	0.0012	-0.001	0.0003	1.04	1.73 *	0.46	-0.24	0.12
4	0.0014	0.0014	0.0009	0.0028	0.0025	0.50	0.48	0.33	0.99	0.77
大	0.0014	0.0019	0.0021	0.0041	0.0035	0.45	0.65	0.74	1.73 *	1.45
	$\beta i,\Delta c$					$t(\beta i,\Delta c)$				
小	0.1254	0.0749	0.0669	0.1452	0.1213	1.66 *	0.99	0.78	1.75 *	1.43
2	0.0753	0.0848	0.0695	0.0484	0.1635	0.97	1.02	0.93	0.59	1.81 *
3	0.1130	0.1494	0.0989	0.0047	0.1247	1.30	1.78 *	1.21	0.05	1.45
4	0.1159	0.1907	0.0281	0.1187	0.1472	1.34	2.16 **	0.34	1.36	1.47
大	0.0467	0.0622	0.0162	0.0413	0.0940	0.49	0.70	0.18	0.56	1.24
	$\beta i,ISO$					$t(\beta i,ISO)$				
小	0.0052	0.0043	0.0064	0.0068	0.0050	1.25	1.02	1.33	1.46	1.06
2	0.0128	0.0084	0.0045	0.0054	0.0096	2.97 ***	1.82 *	1.08	1.18	1.91 *
3	0.0114	0.0047	0.0039	0.0079	-0.001	2.35 **	1.00	0.87	1.56	-0.17
4	0.0083	0.0076	0.0026	0.0057	0.0076	1.72 *	1.55	0.58	1.17	1.37
大	0.0037	0.0100	0.0055	0.0010	0.0098	0.71	2.02 **	1.13	0.23	2.32 **
	$\beta i,h$					$t(\beta i,h)$				
小	0.0197	-0.031	-0.236	-0.170	-0.168	0.21	-0.33	-2.20 **	-1.64	-1.58
2	0.0063	0.0230	-0.0004	-0.087	-0.130	0.06	0.22	-0.004	-0.85	-1.15
3	0.2483	-0.136	-0.075	-0.037	-0.121	2.28 **	-1.29	-0.73	-0.33	-1.12
4	0.0518	-0.134	-0.179	-0.224	-0.470	0.48	-1.22	-1.74 *	-2.05 **	-3.74 ***
大	0.2273	0.3781	0.1806	0.0044	-0.610	1.92 *	3.39 ***	1.65 *	0.05	-6.45 ***

续表

INV	低	2	3	4	高	低	2	3	4	高
			$\beta i,r$					$t(\beta i,r)$		
小	-0.569	-0.482	-0.457	-0.292	-0.172	-4.97***	-4.22***	-3.52***	-2.33**	-1.33
2	-0.600	-0.477	-0.446	-0.211	-0.127	-5.12***	-3.78***	-3.95***	-1.70*	-0.93
3	-0.785	-0.701	-0.348	-0.339	-0.161	-5.96***	-4.48***	-2.65***	-2.34**	-1.24
4	-0.499	-0.678	-0.435	-0.353	-0.297	-3.81***	-5.07***	-3.48***	-2.66***	-1.96**
大	-0.328	-0.382	-0.202	-0.162	-0.116	-2.30**	-2.83***	-1.52	-1.44	-1.01
			$\beta i,c$					$t(\beta i,c)$		
小	0.3549	0.3179	0.1617	-0.213	0.0115	2.07**	1.86*	0.83	-1.13	0.06
2	0.4259	0.6680	0.1678	-0.049	-0.092	2.43**	3.54***	0.99	-0.26	-0.45
3	0.5873	0.4889	0.2614	0.1419	0.0647	2.98***	2.57**	1.41	0.69	0.33
4	0.4356	0.3612	0.4525	0.2176	0.0442	2.23**	1.81*	2.43**	1.10	0.19
大	0.2861	0.9931	0.3579	-0.480	-0.574	1.34	4.93***	1.81*	-2.86***	-3.35***

注：由于部分系数较小，为节省空间将显著性标注于 t 统计量后。

表 3.10　　　　　**基于 Size-INV 分组的 CAPM、FF 三因子和 FF 五因子模型回归结果**

INV	低	2	3	4	高	低	2	3	4	高
Panel A　CAPM 系数：$r_m - r_f$										
			αi					$t(\alpha i)$		
小	0.0155	0.0163	0.0152	0.0134	0.0129	2.40**	2.52**	2.23**	2.10**	2.05**
2	0.0087	0.0114	0.0125	0.0125	0.0094	1.57	1.90*	2.21**	2.15**	1.75*
3	0.0088	0.0090	0.0081	0.0072	0.0069	1.61	1.75*	1.58	1.47	1.44
4	0.0050	0.0038	0.0063	0.0058	0.0062	1.19	0.80	1.48	1.47	1.30
大	0.0024	0.0010	0.0018	0.0047	0.0018	0.87	0.36	0.78	2.26**	0.72
Panel B　FF 三因子模型系数：$r_m - r_f$, SMB, HMLO										
			αi					$t(\alpha i)$		
小	0.0010	0.0020	0.0008	-0.00005	-0.0002	0.45	0.95	0.34	-0.02	-0.09
2	-0.004	-0.002	0.00004	0.0002	-0.001	-1.57	-0.73	0.02	0.11	-0.57
3	-0.003	-0.002	-0.003	-0.003	-0.003	-1.35	-0.71	-1.23	-1.18	-1.19
4	-0.003	-0.006	-0.002	-0.001	-0.002	-1.46	-2.26**	-0.89	-0.55	-0.69
大	-0.001	-0.002	0.0006	0.0027	0.0012	-0.51	-0.64	0.24	1.35	0.57
			$\beta i,h$					$t(\beta i,h)$		
小	0.2699	0.1821	-0.033	-0.046	-0.096	3.12***	2.17**	-0.36	-0.51	-1.08
2	0.2731	0.2339	0.1971	0.0058	-0.080	3.02***	2.47**	2.41**	0.07	-0.84
3	0.5965	0.1727	0.0991	0.1215	-0.054	5.71***	1.76*	1.12	1.26	-0.60
4	0.2711	0.1618	0.0150	-0.071	-0.343	2.81***	1.59	0.17	-0.76	-3.22***
大	0.3729	0.5471	0.2707	0.0754	-0.563	3.73***	5.33***	2.93***	0.95	-6.78***

INV	低	2	3	4	高	低	2	3	4	高
Panel C FF 五因子模型系数：$r_m - r_f$, SMB, HML, RMW, CMAO										
			αi					$t(\alpha i)$		
小	0.0039	0.0044	0.0031	0.0015	0.0007	1.88 *	2.16 **	1.35	0.67	0.31
2	−0.0005	0.0007	0.0023	0.0013	−0.0006	−0.22	0.30	1.15	0.60	−0.26
3	0.0005	0.0018	−0.0007	−0.0010	−0.0018	0.21	0.80	−0.30	−0.42	−0.77
4	−0.0009	−0.0022	0.0002	0.0005	−0.0003	−0.40	−0.91	0.09	0.23	−0.09
大	0.0004	0.0002	0.0016	0.0035	0.0019	0.15	0.10	0.66	1.78 *	0.89
			$\beta i, h$					$t(\beta i, h)$		
小	0.0105	−0.037	−0.241	−0.181	−0.177	0.11	−0.39	−2.24 **	−1.73 *	−1.66 *
2	0.0008	0.0167	−0.005	−0.090	−0.142	0.01	0.16	−0.06	−0.88	−1.24
3	0.2400	−0.147	−0.082	−0.038	−0.130	2.17 **	−1.39	−0.80	−0.33	−1.21
4	0.0433	−0.148	−0.181	−0.233	−0.480	0.40	−1.32	−1.77 *	−2.12 **	−3.81 ***
大	0.2238	0.3736	0.1794	0.0014	−0.617	1.91 **	3.33 ***	1.64	0.01	−6.43 ***
			$\beta i, r$					$t(\beta i, r)$		
小	−0.576	−0.486	−0.460	−0.300	−0.178	−4.99 ***	−4.25 ***	−3.54 ***	−2.37 **	−1.38
2	−0.605	−0.482	−0.450	−0.214	−0.136	−5.03 ***	−3.79 ***	−3.98 ***	−1.72 *	−0.98
3	−0.791	−0.709	−0.402	−0.353	−0.168	−5.90 ***	−5.54 ***	−3.25 ***	−2.57 **	−1.29
4	−0.506	−0.689	−0.436	−0.359	−0.305	−3.83 ***	−5.07 ***	−3.52 ***	−2.70 **	−2.00 **
大	−0.331	−0.385	−0.203	−0.164	−0.121	−2.33 **	−2.83 ***	−1.53	−1.47	−1.04
			$\beta i, c$					$t(\beta i, c)$		
小	0.3424	0.3103	0.1550	−0.226	0.00002	1.99 **	1.82 *	0.80	−1.20	0.0001
2	0.4180	0.6588	0.1609	−0.053	−0.108	2.33 **	3.47 ***	0.95	−0.29	−0.52
3	0.5756	0.4739	0.2516	0.1412	0.0528	2.87 ***	2.48 **	1.36	0.69	0.27
4	0.4239	0.3425	0.4490	0.2060	0.0302	2.15 **	1.69 *	2.42 **	1.04	0.13
大	0.2811	0.9855	0.3557	−0.483	−0.582	1.32	4.85 ***	1.80 *	−2.90 ***	−3.35 ***

注：由于部分系数较小，为节省空间将显著性标注于 t 统计量后。

另外，在如表3.5、表3.7、表3.9所示的考虑投资者情绪与消费的资产定价模型实证结果中，至少在10%水平显著异于0的消费因子系数和投资者情绪因子系数均为正。产生这种现象的可能原因在于当人均消费增长率提高时，社会总需求增加，刺激企业生产更多产品和创造更多财富，推动企业经营绩效和内在价值提升，企业基本面向好可能带动其股票价格上涨和收益率增加，进而可能使消费因子对投资组合收益率产生正向影响。同样，根据贝克和伍格勒（Baker and Wurgler，2006）的研究成果，乐观的投资者情绪可能使投资者降低风险厌恶程度而买入或买空更多股票，进而推动股票价格上涨和收益率提升；悲观的投资者情绪可能使投资者提高风险厌恶程度而卖出股票离场或持币观望，进而推动股票价格下跌和收益率下降。在这种情况下，投资者情绪因子与投资组合收益率之间呈现出正相关关系就是可能的事情了。至少在 10% 水平显著异于 0 的账面市值比因子系数在不同分组下表现出不同的特征，具体地说，在 Size-B/M 分组下，低（高）B/M 投资组合的账面市值比因子系数为负（正）；在 Size-INV 分组下，保守（激进）INV 投资组合的账面市值比因子系数为正（负）；在 Size-OP 分组下，各种不同盈利水平投资组合的账面市值比因子系数不存在显著规律。该实证结果与表 3.8 ～表 3.10 中 FF 三因子模型和 FF 五因子模型在不同分组下的实证结果一致。至少在 10% 水平显著异于 0 的盈利因子系数均为负，投资因子系数除个别为负外，大多数均为正，这与表 3.6、表 3.8、表 3.10 中 FF 五因子模型在不同分组下的实证结果一致。

3.3.4　模型总体定价效率评价

吉本斯等（Gibbons et al. ，1989）在检验投资组合效率时提出了 GRS 统计量，法玛和弗伦奇（Fama and French，2015）用该方法评价了资产定价模型的定价效率。GRS 检验的原假设 H_0 为截距项 $\alpha_i = 0$，$\forall i = 1$，2，3，…，N。其中，N 表示投资组合的个数。当资产定价模型有 L 个定价因子时，基于定价模型回归的截距项和残差项构建的 GRS 统计量，具体可表示为：

$$GRS = \frac{T}{N} \times \frac{T - N - L}{T - L - 1} \times \frac{\vec{\alpha} \sum^{-1} \vec{\alpha}}{\vec{\mu} \Omega^{-1} \vec{\mu}} \qquad (3.28)$$

其中，T 表示投资组合时间序列的观测期数，$\vec{\alpha}$ 表示由截距项构成的 N 维列向量，$\sum$ 表示残差项的协方差矩阵，$\vec{\mu}$ 表示定价因子的均值构成的 N 维列向量，Ω 表示定价因子均值的协方差矩阵。GRS 统计量服从自由度为 $T - N - L$ 和 $T - L - 1$ 的 F 分布。当 GRS 统计量越小时，说明定价模型中不能由定价因子解释的成分越少，定价效率越高。基于 3.3.2 小节的 2×2 分组因子计算方法和 5×5 分组投资组合构造方法，利用式（3.28）可以计算出 2×2 分组因子与 5×5 投资组合下各模型的 GRS 统计量（见表 3.11）。

表 3.11   **2×2 分组因子与 5×5 投资组合下各模型的 GRS 统计量**

模型	SIZE-BM 组合	SIZE-OP 组合	SIZE-INV 组合
CS 三因子模型	1.4945	1.2307	0.7757
CS 五因子模型	1.2678	0.8754	0.6931
CS 七因子模型	1.4064	1.1884	0.7477
CAPM	2.1188	1.8183	1.0879
FF 三因子模型	1.8330	1.8078	0.9628
FF 五因子模型	1.8138	1.2712	0.8280

从表 3.11 可以看到，CS 五因子模型、CS 七因子模型、CS 三因子模型的资产定价效率依次降低，这说明在 CS 三因子模型中加入规模因子和账面市值比因子能增强资产定价效率，而在 CS 五因子模型中加入盈利因子和投资因子反而会降低资产定价效率；CAPM、FF 三因子模型、FF 五因子模型的资产定价效率依次增强，基于中国股票市场数据印证了 Fama-French 模型逐步改进的合理性；CS 三因子模型的资产定价效率高于 FF 三因子模型，表明在中国股票市场中用消费因子和投资者情绪因子替代 FF 三因子模型中的规模因子和账面市值比因子能提高资产定价效率；CS 五因子模型的资产定价效率高于 FF 五因子模型，说明在中国股票市场中用消费因子和投资者情绪因子替代 FF 五因子模型中的盈利因子和投资因子能提高资产定价效率；CS 五因子模型的资产定价效率优于 CS 三因子模型和 CS 七因子模型，说明在考虑投资者情绪和消费因子后，盈利和投资因子不再能提高资产定价效率。考虑投资者情绪与消费的资产定价模型的定价效率均高于不考虑投资者情绪与消费的资产定价模型，这说明引入消费因子和投资者情绪因子能对资产定价模型进行有价值的修正和改善。

3.3.5   稳健性检验

为了检验结论的稳健性，本部分在使用 2×3 分组方式计算定价因子、用 5×5 分组方式对投资组合进行分组的基础上，利用式（3.28）计算 2×3 分组因子与 5×5 投资组合下各模型的 GRS 统计量（见表 3.12）。

表 3.12　　　　　**2×3 分组因子与 5×5 投资组合下各模型的 GRS 统计量**

模型	SIZE-BM 组合	SIZE-OP 组合	SIZE-INV 组合
CS 三因子模型	1.4945	1.2307	0.7757
CS 五因子模型	1.1857	1.1940	0.6843
CS 七因子模型	1.2115	1.2196	0.6944
CAPM	2.1188	1.8183	1.0879
FF 三因子模型	1.7165	1.7539	1.0511
FF 五因子模型	1.5407	1.3760	0.8730

比较表 3.12 和表 3.11 中各模型 GRS 统计量可以看到，2×3 分组因子与 5×5 投资组合下各模型的资产定价效率比较结果类似于 2×2 分组因子与 5×5 投资组合下各模型的资产定价效率比较结果，二者之间没有本质差异，这说明本部分得到的实证结果是具有稳健性的。

3.4　本章小结

本章基于现有相关研究成果从理论上建立了考虑投资者情绪与消费的资产定价模型，然后选取 2005 年 5 月～2018 年 4 月期间的中国 A 股上市公司数据以及投资者情绪和消费数据，分别对构建的考虑投资者情绪与消费的模型以及 CAPM、Fama-French 三因子模型和五因子模型进行实证检验和比较分析。研究结果表明：（1）在资产定价模型中引入投资者情绪和消费因子能够在理论上对 CAPM、Fama-French 三因子模型和五因子模型进行合理拓展和修正。（2）从总体定价效率看，用投资者情绪和消费因子分别替代 Fama-French 三因子模型中的规模和账面市值比因子、Fama-French 五因子模型中的盈利和投资因子，都能够提高资产定价效率；在考虑投资者情绪和消费因子后，Fama-French 五因子模型中的盈利和投资因子不再能提高资产定价效率。本章研究结果基于投资者情绪和消费改善了 Fama-French 模型定价效率，在一定程度上丰富和完善了资产定价理论。

投资者情绪与股票市场资产定价：基于盈余管理中介效应视角

第3章在权衡投资与消费以实现效用最大化前提下，建立了考虑投资者情绪与消费的资产定价模型，从市场交易层面考察了投资者情绪对股票市场资产定价的影响。然而，投资者情绪也可能通过引致管理者行为从公司基本面层面间接影响股票市场资产定价。盈余管理作为一种调整的企业盈利形式，是公司基本面重要参考指标。本章试图将投资者层面的行为金融理论和公司层面的盈余管理理论结合起来进一步分析投资者情绪和盈余管理如何影响资产定价。

在行为资产定价理论中，在主观信念驱动下，投资者容易形成对股票市场的乐观情绪或者悲观情绪。而这种非理性的主观信念会导致股票市场价格偏离根植于股票基本面的内在价值。尤其在新兴资本市场中，投资者情绪可能是资产定价效率低下的重要原因。因此，在我国股票市场的资产定价中研究投资者情绪问题具有重要的理论意义和现实意义。

盈余管理（earnings management，EM）是公司在不违背会计准则和会计政策的前提下，为达到经营管理者的某种自身利益最大化目的而对企业实际盈余会计信息的一种调整（Scott，2015）。这种调整可能会误导投资者、债权人及其他利益相关者对财务信息的解读，从而降低资产定价效率。盈余管理一直受到学者的广泛关注，与国外发达资本市场的上市公司类似，国内股票市场上市公司的盈余管理现象也是普遍存在的。因此，在我国股票市场的资产定价中研究盈余管理问题同样具有重要意义。

进一步而言，投资者情绪和盈余管理都可能会影响资产定价，同时考虑两者对资产定价的影响时，两者之间存在怎样的联系？换句话说，投资者情绪、盈余管理与资产定价之间的关系存在怎样的影响机理？贝克和伍格勒（Baker and Wurgler，2004a）在研究股利问题时基于投资者非理性和管理者理性假设提出了迎合理论。同样，投资者情绪、盈余管理与资产定价之间关系的影响机制中，如果投资者带有非理性的投资者情绪，理性的管理者可以通过盈余管理迎合投资者情绪进而对资产定价产生影响。因此，本章拟基于迎合理论的理论框架研究投资者情绪、盈余管理与资产定价之间的关系。

4.1　理论分析与研究假设

4.1.1　投资者情绪与资产定价

当各种金融异象的出现使得基于"经济人"假设的经典金融学理论受到挑战时，学者们开始尝试放松"经济人"的假设，用心理学的概念刻画经济主体的行为，并用经济主体的非理性行为解释金融学问题，逐步发展了行为金融学理论。投资者情绪是行为金融学的重要概念之一，描述的是投资者对股票市场的乐观或悲观的看法。非理性的投资者情绪驱动了股票市场价格波动与宏观经济基本面相背离（Akerlof and Shiller，2009）。自贝克和伍格勒（Baker and Wurgler，2006）构建复合的 BW 投资者情绪指数以来，投资者情绪与资产定价之间的关系受到了学者的广泛关注（Yang and Zhou，2015；Bathia and Bredin，2018）。投资者情绪对资产定价的影响表现为乐观（悲观）的投资者情绪会推高（拉低）股票的价格（徐斌和俞静，2010；陆静和周媛，2015），且投资者情绪对资产价格的影响不仅取决于情绪投资者的数量，还取决于追逐者的数量，追逐者会放大乐观（悲观）投资者情绪对提高（降低）股票价格的影响（Yang and Wu，2019）。从个人投资者情绪和机构投资者情绪的差异来看，相关研究表明相比于个人投资者，机构投资者的投资行为更加理性，其情绪能够预测股票市场未来走势，而个人投资者情绪对股票市场的未来走势不具有预测性（余佩琨和钟瑞军，2009；刘维奇和刘新新，2014）。从投资者情绪的短期效应和长期效应来看，乐观（悲观）的投资者情绪和由乐观（悲观）投资者引起的长期（短期）投资跟风可以推动资产价格高于（低于）基本价值（Zhou and Yang，2019）。此外，与在情绪低落时期相比，在情绪高涨时期进行股票增发的公司在增发前后经历的短期价格下跌不那么严重，但在增发后长期表现不佳更为严重，且投资者情绪对股价影响在小规模、年轻化和高市盈率的公司表现得更为强烈（Chen et al.，2019）。

较之西方成熟的股票市场，中国股票市场仍处于新兴市场的发展阶段，市场机制不够完善，股票市场的投资行为容易受到投资者情绪影响。从投资者结构来看，中国股票市场的个人投资者占比相对于机构投资者而言仍然偏高。个人投资者的专业投资素养有限且获取信息时处于相对劣势，通常依靠主观判断做出投资决策，并根据投资者情绪的变化形成"追涨杀跌"的投资行为；而机构投资者虽然具备专业的知识和能力，但其投资行为并非完全理性，在投资决策过程中容易忽视上市公司的基本面信息而过度关注市场的心理预期，投机成分依然较为严重，其投资者情绪也易于形成"羊群效应"的投资行为。因此，两类投资者的投资者情绪会影响其投资行为进而影响股票市场资产定价。综上所述，本章提出假设4.1：

H4.1：投资者情绪与股票收益显著正相关。

4.1.2 盈余管理与资产定价

资本市场的发展程度决定了资本配置效率，也决定了股票价格中反映的公司层面信息含量大小（Wurgler，2000；Morck et al.，2000）。盈余无疑是公司层面信息中影响股票价格的重要信息。盈余作为上市公司年度财务报告披露的重要会计信息，往往会引起投资者的重点关注。然而，一方面，中国股票市场投资者不能充分识别盈余信息差异所包含的企业价值（姜国华等，2006），另一方面，盈余管理是降低中国股票市场中公司层面信息含量的关键因素（陆瑶和沈小力，2011）。因此，中国股票市场作为新兴资本市场，探究其盈余管理与股票市场资产定价之间的关系对提高股票市场运作效率至关重要。

虽然已有大量学者基于盈余公告效应研究了盈余公告日前后股票价格的变化（Beaver，1968；赵宇龙，1998；Skinner and Sloan，2002；王雪等，2018），但这仅仅是从上市公司公布的盈余信息角度研究了该事件对股票市场定价的短期影响，还没有涉及盈余信息对股票价格的长期影响和盈余管理的层面。应计盈余项目被高估的现象广泛存在于美国上市公司，应计盈余项目水平越低的公司，其股票收益反而更高，即"应计异象"（Solan，1998）。应计盈余项目对股票价格的错误定价为盈余管理与资产定价之间关系的研究奠定了基础。

对于盈余管理与资产定价之间关系，学者们并未达成共识。第一，大多数学者的研究表明盈余管理对资产定价产生负向影响。例如，丁方飞等（2013）的研究表明机构投资者比个人投资者识别盈余管理行为的能力更强，并能将该信息传递到市场价格中，造成其持有股票的收益与正向应计盈余管理显著负相关。李增福等（2012）和王福胜等（2014）分别在上市公司有无定向增发的背景下，将应计盈余管理、真实盈余管理对公司业绩的影响进行对比分析，发现上市公司无论是否进行定向增发，这两种盈余管理都会对公司业绩造成负面影响，其差异在于应计盈余管理带来的主要是短期负面影响，而真实盈余管理带来的主要是长期负面影响。自然地，盈余管理对公司业绩影响可能会进一步反映在股票的价格中。相关学者也证实了 IPO、增发或者定向增发的公司，盈余管理带来了长期低迷的股票市场表现（Teoh et al.，1998a；Teoh et al.，1998b；田昆儒和王晓亮，2014；周晓苏和王磊，2017）。此外，周爱民和遥远（2018）从股价崩盘风险的角度论述了真实盈余管理对资产定价的负面影响。第二，部分学者的研究表明盈余管理对资产定价产生正向影响。例如，研究表明在信息不对称情况下，盈余管理干扰了投资者对企业市场价值的判断，容易造成股票价格的高估（Chaney and Lewis，1995）。宋云玲和李志文（2009）检验了中国股票市场的"应计异象问题"，发现不同于美国股票市场，中国股票市场的应计盈余项目操作与资产的错误定价方向一致。第三，相关研究表明在 IPO 过程中，上市公司有通过盈余管理提高股票发行价格的动机（蔡春等，2013；王文召，2017）。此外，就 IPO 过程中的盈余管理操作而言，IPO 前通过盈余管理处理后的异常应计盈余与初始企业价值呈正相关关系（Du Charme et al.，2001），而在 IPO 年度应计盈余管理程度高的上市公司在此后三年的股票回报率表现不佳（Teoh et al.，1998）。就增发过程中的盈余管理操作而言，负向真实盈余管理会导致股票定价发生两次偏离：发行时定向增发的发行价负向偏离股票的内在价值，发行后股票的市场价格正向偏离定向增发的发行价（宋鑫等，2017）；股票增发年度的盈余管理能预测下一年的盈余变化和市场调整后的股票回报，股票市场暂时高估了发行公司的价值，但发行后的盈余管理会导致股票预期收益下降（Rangan，1998）。基于上述分析，本章提出竞争性假设4.2：

H4.2a：盈余管理与股票收益之间存在显著的负向关系。

H4.2b：盈余管理与股票收益之间存在显著的正向关系。

4.1.3　投资者情绪、盈余管理与资产定价

贝克和伍格勒（Baker and Wurgler，2004a）在投资者非理性和管理者理性假设的研究框架下提出迎合理论以来，国内外学者将迎合理论的研究主题从股利政策（Baker and Wurgler，2004b；Li and Lie，2006；Bulan et al.，2007；严太华和龚春霞，2013；李心丹等，2014；支晓强等，2014；方辰君，2016）扩展到股票拆分（Baker et al.，2009；俞红海等，2014）、企业绩效（Chen and Lin，2011）、企业投资（Polk and Sapienza，2009；朱迪星和潘敏，2012；靳光辉，2015；翟淑萍等，2017）等方面。

对于投资者情绪迎合渠道下盈余管理方面的研究，国内外的相关文献并不多。例如，拉吉戈帕尔等（Rajgopal et al.，2007）提出盈余管理是由投资者对盈余信息的需求驱动的，当投资者将股票价格溢价置于财务报告中收益为正的上市公司时，管理者通过增加异常应计利润来迎合投资者，即正收益公司的股票溢价高（较低）时，管理者通过应计项目增加的异常应计费用的趋势较高（较低）。龙立和龚光明（2017）基于迎合理论研究了投资者情绪对公司业绩披露的影响，也发现公司为了迎合高涨的投资者情绪会在业绩快报中高估盈利信息。陈和林（Chen and Lin，2011）针对管理者通过盈余管理实现对投资者的迎合行为模拟了 ROE 的动态特征，其结果表明投资者情绪对管理者盈余膨胀行为的影响导致 ROE 变动，且投资者对盈利的乐观情绪显著影响异常净资产收益率的变化。部分学者进一步区分盈余管理的异质性，考察了投资者情绪在迎合渠道下如何影响企业的盈余管理策略：从盈余

管理的方向来看，管理者出于机会主义倾向在投资者情绪乐观时期进行正向盈余管理，出于信息主义倾向在投资者情绪悲观时期进行负向盈余管理（龚光明和龙立，2017；王俊秋和张丹彧，2017）。从盈余管理的类型来看，出于成本和监管环境考虑，在投资者情绪乐观时期，管理者更可能进行应计盈余管理操作，在投资者情绪悲观时期，管理者可能同时进行应计盈余管理和真实盈余管理操作（石善冲等，2020）。

在出现利多的盈余信息情况下，股票价格对信息反应的敏感性在投资者情绪乐观时期比投资者情绪悲观时期更高；在出现利空的盈余信息情况下，股票价格对信息反应的敏感性在投资者情绪悲观时期比投资者情绪乐观时期更高（Mian and Sankaraguruswamy，2012）。同时，对投资者而言，投资者情绪乐观时，投资者的风险厌恶程度偏低，投资者易于忽视盈余信息的质量，高估企业的预期绩效；投资者情绪悲观时，投资者的风险厌恶程度偏高，投资者易于重视盈余信息的质量，低估企业的预期绩效。对管理者而言，股票市场价值是衡量其管理能力的重要指标之一，附加股权激励计划更是与其利益密切相关。因此，结合迎合理论，理性的管理者更可能在投资者情绪乐观时期通过正向盈余管理迎合投资者对好消息的偏好，在投资者情绪悲观时期可能通过负向盈余管理引起投资者的关注，通过保守的盈余管理政策向投资者释放糟糕企业绩效见底的信号，以期调增投资者对未来企业绩效预期来迎合投资者对低迷市场中坏消息的重视，也可能通过正向盈余管理粉饰公司业绩，改变投资者对坏消息的看法，以迎合投资者对公司未来绩效增长的预期。此外，H4.2 部分论述了盈余管理对股票收益的影响。基于此，本章提出假设 4.3：

H4.3：投资者情绪可能通过盈余管理影响股票收益，即盈余管理在投资者情绪与股票收益之间的关系中发挥中介作用。

4.2　研究设计

4.2.1　变量与界定

（1）被解释变量。股票收益（R）：为了使股票年度收益尽可能地反映上市公司的年度财务信息，出于中国上市公司第 t 年度的财务报表公布时间（第 t + 1 年 4 月）考虑，本章参考田高良等（2019）的做法，将第 t + 1 年 5 月至第 t + 2 年 4 月的股票月度累乘收益率作为上市公司第 t + 1 年公司年度股票收益，以与上市公司第 t 年度财务信息相对应。

（2）解释变量。对于解释变量投资者情绪（IS），本章参考戈亚尔和山田（Goyal and Yamada，2004）、高庆浩等（2019）、程晨和陈青（2020）的相关研究，利用 Tobin's Q 分解模型分年度和行业进行回归，并取其残差衡量企业层面的投资者情绪，当残差大于 0 时，表示乐观投资者情绪；当残差小于 0 时，表示悲观投资者情绪。其模型如下：

$$Q_{it} = \delta_0 + \delta_1 ROE_{it} + \delta_2 GROI_{it} + \delta_3 LEV_{it} + \delta_4 SIZE_{it} + \varepsilon_{it} \qquad (4.1)$$

其中，Q_{it} 为公司 i 在第 t 年末的 Tobin's Q 值；ROE_{it} 为公司 i 在第 t 年度的净资产收益率；$GROI_{it}$ 为公司 i 在第 t 年度的营业收入增长率；LEV_{it} 为公司 i 在第 t 年末的资产负债率；$SIZE_{it}$ 为公司 i 在第 t 年末总资产的自然对数。

（3）中介变量。盈余管理是公司管理者采取合理会计政策或者构造真实交易等实际经济活动的手段去改变财务报告，以误导部分股东对公司潜在经济表现的看法，或影响依靠公司财务信息的使用者的契约结果（Healy and Wahlen，1999）。从定义不难看出，盈余管理既可以通过会计政策调整企业的盈余会计信息，也可以通过构造实际的经济活动调整企业的盈余会计信息。从盈余管理对企业经营活动产生现金流的影响的角度看，盈余管理可分为应计盈余管理（accrued earnings management，AEM）和真实盈余管理（real earnings management，REM）。两者的区别在于，应计盈余管理是运用会计政策和会计估计调整企业的盈余，这种做法影响盈余在时间上的分布而不改变现金流和盈余及其总额；真实盈余管理是运用真实的经济活动调整企业的盈余，这种做法同时影响会计信息报告期的现金流和盈余及其总额。

对于变量应计盈余管理，本章采用章卫东（2010）的方法，即在 Jones 模型（Jones，1991）的基础上考虑企业绩效得到修正的 Jones 模型，运用其来测算上市公司的应计盈余管理，具体计算步骤如下：

首先，计算经第 t – 1 年末总资产标准化的应计盈余总额：

$$TAE_{it} = (NI_{it} - CFO_{it})/A_{it-1}$$

其中，TAE_{it} 为公司 i 在第 t 年度的应计盈余总额，NI_{it} 为公司 i 在第 t 年度的净利润，CFO_{it} 为公司 i 在第 t 年度的经营活动产生的现金流量净额，A_{it-1} 为公司 i 在第 t−1 年末的总资产。

其次，将上市公司按照行业和年度划分出不同年份下各行业的子样本，并利用其横截面数据估计参数 θ_0、θ_1、θ_2、θ_3、θ_4。

$$TAE_{it} = \theta_0 + \theta_1 \times \frac{1}{A_{it-1}} + \theta_2 \times \frac{\Delta OI_{it} - \Delta AR_{it}}{A_{it-1}} + \theta_3 \times \frac{FA_{it}}{A_{it-1}} + \theta_4 \times ROA_{it-1} + \varepsilon_{it}$$

其中，ΔOI_{it} 为公司 i 在第 t 年度的营业收入增量，ΔAR_{it} 为公司 i 在第 t 年末的应收账款增量，FA_{it} 为公司 i 在第 t 年末的固定资产，ROA_{it-1} 为公司 i 在第 t−1 年的总资产收益率，ε_{it} 为残差项。

再次，利用以上参数进一步估计非可操作的应计盈余 $NDAE_{it}$：

$$NDAE_{it} = \theta_0 + \theta_1 \times \frac{1}{A_{it-1}} + \theta_2 \times \frac{\Delta OI_{it} - \Delta AR_{it}}{A_{it-1}} + \theta_3 \times \frac{FA_{it}}{A_{it-1}} + \theta_4 \times ROA_{it-1}$$

最后，计算可操作的应计盈余管理 AEM_{it}：

$$AEM_{it} = TAE_{it} - NDAE_{it}$$

对于变量真实盈余管理，本章先借鉴罗伊乔杜里（Roychowdhury，2006）的模型分别计算出销售操控性盈余管理、生产操控性盈余管理和费用操控性盈余管理，然后参考胥朝阳和刘睿智（2014）的方法合成综合的真实盈余管理指标，具体计算步骤如下：

第一步，运用销售操控模型分行业和年度回归，其残差即为销售操控性盈余管理 $RCFO_{it}$：

$$\frac{CFO_{it}}{A_{it-1}} = \gamma_0 + \gamma_1 \times \frac{1}{A_{it-1}} + \gamma_2 \times \frac{OI_{it}}{A_{it-1}} + \gamma_3 \times \frac{\Delta OI_{it}}{A_{it-1}} + \varepsilon_{it}$$

其中，OI_{it} 为公司 i 在第 t 年度的营业收入，ΔOI_{it} 为公司 i 在第 t 年度的营业收入增量。

第二步，运用生产操控模型分行业和年度回归，其残差即为生产操控性盈余管理 $RPROD_{it}$：

$$\frac{PROD_{it}}{A_{it-1}} = \gamma'_0 + \gamma'_1 \times \frac{1}{A_{it-1}} + \gamma'_2 \times \frac{OI_{it}}{A_{it-1}} + \gamma'_3 \times \frac{\Delta OI_{it}}{A_{it-1}} + \gamma'_4 \times \frac{\Delta OI_{it-1}}{A_{it-1}} + \varepsilon_{it}$$

其中，$PROD_{it}$ 为公司 i 在第 t 年度的营业成本，ΔOI_{it-1} 为公司 i 在第 t – 1 年度的营业收入增量。

第三步，运用费用操控模型分行业和年度回归，其残差即为费用操控性盈余管理 $RDISEXP_{it}$：

$$\frac{DISEXP_{it}}{A_{it-1}} = \gamma''_0 + \gamma''_1 \times \frac{1}{A_{it-1}} + \gamma''_2 \times \frac{OI_{it-1}}{A_{it-1}} + \varepsilon_{it}$$

其中，$DISEXP_{it}$ 为公司 i 在第 t 年度的费用操控，用管理费用与销售费用之和来衡量。

第四步，计算真实盈余管理：

$$REM_{it} = -RCFO_{it} + RPROD_{it} - RDISEXP_{it}$$

（4）控制变量。对于控制变量的选择，本章参考了相关研究（Fama and French，1993；Ho et al.，2011；王铁男和王宇，2017；杨楠，2015；黄蔚和汤湘希，2019；刘圻和王聪聪，2019），将 R_m、BM、SIZE、LEV、GROWTH、ROE、EC、PID 作为控制变量。一方面，市场年收益率（R_m）、账面市值比（BM）、企业规模（SIZE）为 Fama-French 三因子模型中的解释变量，也是资产定价模型中的基础变量；另一方面，资产负债率（LEV）、资产增长率（GROWTH）、净资产收益率（ROE）、股权集中度（EC）、股权制衡（EB）、独立董事占比（PID）分别体现了企业的偿债能力、成长能力、盈利能力、股权结构和治理结构，而这些因素与盈余管理、企业绩效密切相关，进而可能对股票价格产生影响。其中，R_m 用沪深 300 指数月度累乘收益率转化为年度收益率来衡量；BM 用公司年末账面价值与市值的比值衡量；SIZE 用公司年末资产的自然对数衡量；LEV 用企业年末总负债与总资产的比值衡量；GROWTH 用公司年度总资产的同比增长率衡量；ROE 用公司年度净利润与年度所有者权益均值的比值衡量；EC 用公司前三大股东持股比例之和衡量；EB 用公司第二大股东到第五大股东持股比例的总和与第一大股东持股比例之比衡量；PID 用公司独立董事人数在董事总人数中的占比衡量。

本章模型构建所需变量的类型、界定和衡量如表 4.1 所示。

表 4.1　　　　　　　　　　　　**变量的分类、界定及衡量**

变量的类型	变量的界定	变量的衡量
被解释变量	股票年收益率（R）	第 t+1 年 5 月至第 t+2 年 4 月的股票月度累乘收益率
解释变量	投资者情绪（IS）	Tobin's Q 分解模型
中介变量	应计盈余管理（AEM）	修正的 Jones 模型
	真实盈余管理（REM）	Roychowdhury 模型
控制变量	市场年收益率（R_m）	第 t+1 年 5 月至第 t+2 年 4 月的沪深 300 指数月度累乘收益率
	账面市值比（BM）	第 t 年末账面价值与市值之比
	企业规模（SIZE）	第 t 年末总资产的自然对数
	资产负债率（LEV）	第 t 年末总负债/第 t 年末总资产
	总资产增长率（GROWTH）	第 t 年末总资产同比增长额/第 t-1 年资产总额
	净资产收益率（ROE）	第 t 年净利润/第 t 年股东权益年平均额
	股权集中度（EC）	第 t 年公司前三大股东持股比例的总和
	股权制衡（EB）	第 t 年公司第二大股东到第五大股东持股比例的总和与第一大股东持股比例之比
	独立董事占比（PID）	第 t 年公司独立董事人数在董事总人数中的占比
	行业（INDUSTRY）	按中国证监会 2012 行业分类标准生成行业虚拟变量
	年度（YEAR）	按会计年度生成年度虚拟变量

4.2.2　模型构建

根据温忠麟等（2012）提出的中介效应模型检验方法，本章拟构建层次回归模型：控制相关控制变量，考察投资者情绪对股票收益的影响；控制相关控制变量，考察投资者情绪对盈余管理的影响；在模型（4.2）的基础上引入盈余管理变量，以基于迎合理论检验盈余管理在投资者情绪与股票收益之间关系中的中介效应。上述模型的表达式如式（4.2）至式（4.4）所示。

$$R_{it+1} = \alpha_0 + \alpha_1 IS_{it} + \alpha_2 R_{mt+1} + \alpha_3 BM_{it} + \alpha_4 SIZE_{it} + \alpha_5 LEV_{it}$$
$$+ \beta_6 GROWTH_{it} + \beta_7 ROE_{it} + \beta_8 EC_{it} + \beta_9 EB_{it}$$
$$+ \beta_{10} PID_{it} + \sum INDUSTRY + \sum YEAR + \varepsilon_{it+1} \qquad (4.2)$$

$$EM_{it} = \beta_0 + \beta_1 IS_{it} + \beta_2 SIZE_{it} + \beta_3 LEV_{it} + \beta_4 GROWTH_{it} + \beta_5 ROE_{it}$$
$$+ \beta_6 EC_{it} + \beta_7 EB_{it} + \beta_8 PID_{it} + \sum INDUSTRY$$
$$+ \sum YEAR + \varepsilon_{it} \qquad (4.3)$$
$$R_{it+1} = \gamma_0 + \gamma_1 IS_{it} + \gamma_2 EM_{it} + \gamma_3 R_{mt+1} + \gamma_4 BM_{it} + \gamma_5 SIZE_{it}$$
$$+ \gamma_6 LEV_{it} + \gamma_7 GROWTH_{it} + \gamma_8 ROE_{it} + \gamma_9 EC_{it} + \gamma_{10} EB_{it}$$
$$+ \gamma_{11} PID_{it} + \sum INDUSTRY + \sum YEAR + \varepsilon_{it+1} \qquad (4.4)$$

值得注意的是，在实证过程中，盈余管理（EM_{it}）包括应计盈余管理（AEM_{it}）和真实盈余管理（REM_{it}），投资者情绪（IS_{it}）分为乐观投资者情绪（Optimistic IS_{it}）和悲观投资者情绪（Pessimistic IS_{it}），应计盈余管理（AEM_{it}）分为正向应计盈余管理（Positive AEM_{it}）和负向应计盈余管理（Negative AEM_{it}），真实盈余管理（REM_{it}）分为正向真实盈余管理（Positive REM_{it}）和负向真实盈余管理（Negative REM_{it}）。

若系数α_1不显著异于0，暂停式（4.3）和式（4.4）的中介效应检验，说明盈余管理不在投资者情绪与股票收益之间关系中发挥中介作用。若系数α_1显著异于0，根据式（4.3）和式（4.4）进一步进行中介效应检验：（1）如果β_1、γ_2均显著异于0，当γ_1显著异于0时，盈余管理在投资者情绪与股票收益之间关系中发挥部分中介作用；当γ_1不显著异于0时，盈余管理在投资者情绪与股票收益之间关系中发挥完全中介作用；（2）如果β_1、γ_2至少有一个系数不显著异于0，需借助Sobel检验判断中介效应的存在性，当Sobel检验拒绝原假设时，投资者情绪与股票收益之间的关系存在盈余管理的中介效应；当Sobel检验不能拒绝原假设时，投资者情绪与股票收益之间的关系不存在盈余管理的中介效应。

4.2.3　样本与数据

鉴于研究所需变量的可得性，本章以2012～2017年的中国A股市场的上市公司作为初始样本，并按照以下原则进一步筛选研究样本：第一，剔除金融行业的上市公司样本；第二，剔除ST、*ST的上市公司；第三，剔除数据缺失的上市公司样本；第四，剔除账面价值为负的异常上市公司样本；第五，剔除 2012 中国证监会行业分类中行业内上市公司数量过少而无法分行业和年份估计盈余管理变量的上市公司样本。最终筛选出 1927 个上市公司样本。

对应于 2012～2017 年的财务信息，本章首先收集 2013 年 5 月～2019 年4 月的 1927 个中国 A 股上市公司的股票月度收益率和沪深 300 指数的月度收益率，然后将 2012～2017 年第 t+1 年 5 月至第 t+2 年 4 月的股票月度累乘收益率作为上市公司第 t+1 年公司年度股票收益，以保证股票收益完全反映上市公司第 t 年度财务信息。

此外，为消除极端值对研究结论的影响，本章对所有连续变量左右两端1% 分位的数据进行了缩尾处理。书中所用上市公司数据来源于 CSMAR 数据库和 CCER 数据库。

4.3　实证分析

4.3.1　描述性统计

表 4.2 报告了各变量的描述性统计结果。由表 4.2 可得，上市公司个股的年度收益（R）的平均值（0.2051）、标准差（0.6560）、最大值（2.8839）远远高于 A 股市场的年度收益（R_m）的平均值（0.1435）、标准差（0.4942）、最大值（1.2004），且上市公司个股的年度收益（R）的最小值（-0.5614）又远远低于 A 股市场的年度收益的最小值（-0.3354），说明相比于 A 股市场的总体水平，个股的上涨空间、下跌幅度以及波动更大，这意味着个股的高收益暗含着高波动风险。对比应计盈余管理（AEM）和真实盈余管理（REM）的数据可知，其平均值均接近 0，但是应计盈余管理（AEM）的标准差（0.0964）、最大值（2.3559）分别小于真实盈余管理（REM）的标准差（0.2824）、最大值（6.3728），且应计盈余管理（AEM）的最小值（-2.2113）大于真实盈余管理（REM）的最小值（-6.0728），说明应计盈余管理（AEM）的操作空间更容易受到限制。投资者情绪（IS）的平均值、标准差、最小值、最大值分别为 1.62e-09、1.5448、-4.8150、56.8537，

说明投资者情绪的波动区间较大，乐观情绪与悲观情绪差异显著。此外，中国上市公司在企业规模（SIZE）、偿债能力（LEV）、成长能力（GROWTH）和盈利能力（ROE）等方面也表现出较强异质性。

表 4.2　　　　　　　　　　　变量的描述性统计

变量	平均值	标准差	最小值	最大值
R	0.2051	0.6560	−0.5614	2.8839
AEM	−4.80e−10	0.0964	−2.2113	2.3559
REM	7.65e−10	0.2824	−6.0728	6.3728
IS	1.62e−09	1.5448	−4.8150	56.8537
R_m	0.1435	0.4942	−0.3354	1.2004
BM	0.4341	0.2722	0.0670	1.4718
SIZE	22.3091	1.2633	20.0013	26.1053
LEV	0.4347	0.2051	0.0509	0.8631
GROWTH	0.1747	0.2946	−0.2244	1.8069
ROE	0.0724	0.0846	−0.2593	0.3316
EC	0.4794	0.1542	0.0843	0.9829
EB	0.6653	0.5947	0.0031	3.9217
PID	0.3736	0.0558	0	0.8000

4.3.2　实证结果与分析

本章首先用应计盈余管理（AEM）和真实盈余管理（REM）两种盈余操作方式衡量盈余管理（EM），然后进一步将投资者情绪划分为乐观投资者情绪与悲观投资者情绪，并区分应盈余管理的方向（包括正向盈余管理和负向盈余管理），并基于迎合理论检验盈余管理在投资者情绪与资产定价之间关系中的中介作用。

（1）投资者情绪通过盈余管理影响股票市场收益的实证结果。表 4.3 基于迎合理论检验了盈余管理（包括应计盈余管理和真实盈余管理）在投资者情绪与股票收益之间关系中发挥的中介效应，报告了投资者情绪通过盈余管理影响股票市场收益的实证结果。

表 4.3   投资者情绪通过盈余管理影响股票收益的实证结果

变量	应计盈余管理			真实盈余管理		
	R	AEM	R	R	REM	R
IS	0.0171 ***	0.0013 **	0.0172 ***	0.0171 ***	0.0084 ***	0.0172 ***
	(6.02)	(2.28)	(6.04)	(6.02)	(5.27)	(6.04)
AEM			−0.0753 *			
			(−1.76)			
REM						−0.0089 *
						(−1.72)
Rm	0.9261 ***		0.9261 ***	0.9261 ***		0.9267 ***
	(107.69)		(107.69)	(107.69)		(107.72)
BM	−0.1122 ***		−0.1112 ***	−0.1122 ***		−0.1116 ***
	(−5.49)		(−5.44)	(−5.49)		(−5.45)
SIZE	−0.0626 ***	−0.0002	−0.0627 ***	−0.0626 ***	−0.0085 ***	−0.0629 ***
	(−12.04)	(−0.02)	(−12.06)	(−12.04)	(−3.32)	(−12.09)
LEV	0.1757 ***	−0.0034	0.1757 ***	0.1757 ***	0.2013 ***	0.1772 ***
	(6.32)	(−0.61)	(6.32))	(6.32)	(12.73)	(6.32)
GROWTH	0.0890 ***	0.0648 ***	0.0928 ***	0.0890 ***	0.0435 ***	0.0894 ***
	(5.84)	(20.89)	(5.97)	(5.84)	(5.02)	(5.85)
ROE	0.3899 ***	0.1017 ***	0.3963 ***	0.3899 ***	−1.1252 ***	0.3825 ***
	(7.05)	(9.13)	(7.13)	(7.05)	(−36.20)	(6.59)
EC	0.2812 ***	−0.0168 ***	0.2803 ***	0.2812 ***	−0.0431 **	0.2809 ***
	(9.38)	(−2.72)	(9.35)	(9.38)	(−2.51)	(9.37)
EB	0.0139 *	0.0002	0.0139 *	0.0139 *	−0.0127 ***	0.0137 *
	(1.84)	(0.02)	(1.84)	(1.84)	(−2.96)	(1.82)
PID	0.0807	0.0041	0.0810	0.0807	−0.0217	0.0806
	(1.05)	(0.26)	(1.05)	(1.05)	(−0.49)	(1.05)
INDUSTRY	控制	控制	控制	控制	控制	控制
YEAR	控制	控制	控制	控制	控制	控制
常数	1.1163 ***	−0.0047	1.1485 ***	1.1163 ***	0.1831 ***	1.1396 ***
	(10.04)	(−0.23)	(10.15)	(10.04)	(3.21)	(10.09)
样本观测数	11562	11562	11562	11562	11562	11562
Adj R^2	0.5159	0.0533	0.5165	0.5159	0.1401	0.5164
F 值	493.87	29.31	474.96	493.87	82.92	474.85

注：*、**、***分别表示系数在 10%、5%、1% 显著性水平上异于 0，括号内为 t 统计量。

就应计盈余管理而言，第一，根据模型（4.2）和模型（4.4）的检验结果，投资者情绪（IS）的回归系数分别为0.0171和0.0172，且均在1%显著性水平上显著异于0，说明投资者情绪与股票收益显著正相关，该结论支持了本章提出的H4.1；第二，根据模型（4.4）的检验结果，应计盈余管理（AEM）的回归系数为 -0.0753，且在10%显著性水平上显著异于0，说明应计盈余管理会对股票收益产生显著的负向影响，该结论支持了本章提出的H4.2a；第三，根据模型（4.3）的检验结果，投资者情绪（IS）的回归系数为0.0013，且在5%显著性水平上显著异于0，说明投资者情绪会对应计盈余管理产生显著的正向影响，并结合模型（4.2）和模型（4.4）的检验结果，本章提出的H4.3得到验证，说明应计盈余管理在投资者情绪与股票收益之间的关系中发挥中介作用。换而言之，总体上，乐观（悲观）的投资者情绪推高（拉低）了股票收益，正向与负向应计盈余管理的净效应在迎合投资者情绪的过程中进一步影响对股票收益时产生了负向影响，其原因可能是乐观投资者情绪活跃了股票市场交易，而悲观投资者情绪抑制了股票市场交易，从而分别对股票收益造成了正向和负向影响；应计盈余管理基于会计政策而进行的操作，成本相对较小，但易于被投资者和外部监督识破（Cohen and Zarowin，2010）。当投资者风险厌恶程度偏低或者监管环境相对不严格时，管理者乐于进行应计盈余管理操作。因此，上市公司管理者无论是在投资者情绪乐观时期通过正向应计盈余管理迎合投资者对好消息的偏好，还是在投资者情绪悲观时期可能通过正向或者负向应计盈余管理向投资者传递公司业绩预增的信号以迎合投资者情绪并未奏效，应计盈余管理对股票收益具有显著的负向影响。

就真实盈余管理而言，第一，根据模型（4.2）和模型（4.4）的检验结果，投资者情绪（IS）的回归系数分别为0.0171和0.0172，且均在1%显著性水平上显著异于0，说明投资者情绪与股票收益显著正相关，该结论支持了本章提出的H4.1；第二，根据模型（4.4）的检验结果，真实盈余管理（REM）的回归系数为 -0.0089，且在10%显著性水平上显著异于0，说明真实盈余管理会对股票收益产生显著的负向影响，该结论支持了本章提出的H4.2a；第三，根据模型（4.3）的检验结果，投资者情绪（IS）的回归系数为0.0084，且在1%显著性水平上显著异于0，说明投资者情绪会对真实盈余管理产生显著的正向影响，并结合模型（4.2）和模型（4.4）的检验结果，本章提出的 H4.3 得到验证，说明真实盈余管理在投资者情绪与股票收益之间的关系中发挥中介作用。换而言之，总体上，乐观（悲观）投资者情绪推高（拉低）了股票收益，正向（负向）真实盈余管理的净效应在迎合投资者情绪的过程中对股票收益产生了显著的负向影响，其原因可能是乐观投资者情绪活跃了股票市场交易，而悲观投资者情绪抑制了股票市场交易，从而分别对股票收益造成了正向和负向影响；真实盈余管理是基于实际的经济活动而进行的操作，隐蔽性较高，不易被投资者识别，成本相对较高（陈克兢等，2016）。当投资者风险厌恶程度偏高或者监管环境相对严格时，管理者无法轻易进行应计盈余管理而不得不进行真实盈余管理操作。因此，上市公司试图通过真实盈余管理向投资者传递公司业绩预增的信号以迎合投资者情绪并未见效，真实盈余管理对股票收益产生了显著的负向影响。

（2）乐观投资者情绪通过盈余管理影响股票市场收益的实证结果。

①乐观投资者情绪通过正向盈余管理影响股票市场收益的实证结果。

表4.4 基于迎合理论检验了正向盈余管理（包括正向应计盈余管理和正向真实盈余管理）在乐观投资者情绪与股票收益之间关系中发挥的中介效应，报告了乐观投资者情绪通过正向盈余管理影响股票市场收益的实证结果。

表 4.4　乐观投资者情绪通过正向盈余管理影响股票收益的实证结果

变量	正向应计盈余管理			正向真实盈余管理		
	R	Positive AEM	R	R	Positive REM	R
Optimistic IS	0.0071 * (1.68)	0.0048 *** (2.75)	0.0075 * (1.78)	0.0069 * (1.70)	0.0010 (1.15)	0.0071 * (1.76)
Positive AEM			−0.0874 * (−1.67)			
Positive REM						−0.1710 (−1.38)
R$_m$	1.0253 *** (47.26)		1.0252 *** (47.27)	0.9588 *** (41.30)		0.9588 *** (41.31)

续表

变量	正向应计盈余管理			正向真实盈余管理		
	R	Positive AEM	R	R	Positive REM	R
BM	-0.0930 * (-1.69)		-0.0929 * (-1.68)	-0.0533 (-0.82)		-0.0553 (-0.85)
SIZE	-0.0401 *** (-3.21)	-0.0138 *** (-3.68)	-0.0413 *** (-3.31)	-0.0571 *** (-4.17)	-0.0081 *** (-4.21)	-0.0582 *** (-4.24)
LEV	0.0486 (0.69)	0.1137 *** (4.04)	0.0586 (0.83)	0.0363 (0.47)	0.0399 *** (2.86)	0.0428 (0.55)
GROWTH	0.1074 ** (2.40)	0.2603 *** (14.51)	0.1301 *** (2.78)	0.1339 *** (3.21)	0.0956 *** (12.77)	0.1500 *** (3.46)
ROE	0.2213 * (1.78)	-0.2530 *** (-5.11)	0.1993 (1.60)	0.0502 (0.35)	0.0308 (1.21)	0.0544 (0.38)
EC	0.3339 *** (4.39)	0.0772 ** (2.51)	0.3406 *** (4.47)	0.2368 *** (2.83)	0.0233 (1.53)	0.2408 *** (2.87)
EB	-0.0058 (-0.28)	-0.0060 (-0.72)	-0.0063 (-0.31)	0.0028 (0.13)	0.0078 ** (1.98)	0.0041 (0.19)
PID	-0.0410 (-0.21)	0.0496 (0.63)	-0.0367 (-0.19)	-0.1153 (-0.54)	0.0394 (1.02)	-0.1082 (-0.51)
INDUSTRY	控制	控制	控制	控制	控制	控制
YEAR	控制	控制	控制	控制	控制	控制
常数	0.7766 *** (2.95)	0.2992 *** (3.60)	0.8033 *** (3.05)	1.2087 *** (4.17)	0.1652 *** (3.90)	1.2316 *** (4.25)
样本观测数	2248	2248	2248	2010	2010	2010
Adj R^2	0.5132	0.1161	0.5137	0.4731	0.1057	0.4731
F 值	95.76	13.83	92.26	73.17	11.32	70.46
Sobel 检验 z 统计量					-0.88	

注：*、**、*** 分别表示系数在 10%、5%、1% 显著性水平上异于 0，括号内为 t 统计量。

就正向应计盈余管理而言，第一，根据模型（4.2）和模型（4.4）的检验结果，乐观投资者情绪（Optimistic IS）的回归系数分别为 0.0071 和 0.0075，且均在 10% 显著性水平上显著异于 0，说明乐观投资者情绪会对股票收益产生显著的正向影响，该结论支持了本章提出的 H4.1；第二，根据模型（4.4）的检验结果，正向应计盈余管理（Positive AEM）的回归系数为 -0.0874，且在 10% 显著性水平上显著异于 0，说明正向应计盈余管理会对股票收益产生显著的负向影响，该结论支持了本章提出的 H4.2a；第三，根据模型（4.3）的检验结果，乐观投资者情绪（Optimistic IS）的回归系数为 0.0048，且在 1% 显著性水平上显著异于 0，说明乐观投资者情绪会对正向应计盈余管理产生显著的正向影响，并结合模型（4.2）和模型（4.4）的检验结果，本章提出的 H4.3 得到验证，说明正向应计盈余管理在乐观投资者情绪与股票收益之间的关系中发挥中介作用。也就是说，乐观投资者情绪提高了股票收益；乐观投资者情绪促进了管理者的正向应计盈余管理行为，即正向应计盈余管理是管理者对乐观投资者情绪的迎合行为，进而导致正向应计盈余管理对股票收益产生显著的负向影响。其原因可能是乐观投资者情绪活跃了股票市场交易，从而对股票收益造成了正向影响；在投资者情绪高涨期，投资者的风险厌恶程度偏低，且易于忽视盈余信息，尽管乐观投资者情绪推动了正向应计盈余管理，但是管理者通过激进的正向盈余管理政策向投资者传递企业绩效良好的信号以进一步调增投资者对未来企业绩效预期的想法并没有收到成效，且正向应计盈余管理对公司价值具有短期利好、长期利空的特性，进而正向应计盈余管理对股票收益产生了负向效应。

就正向真实盈余管理而言，第一，根据模型（4.2）和模型（4.4）的检验结果，乐观投资者情绪（Optimistic IS）的回归系数分别为 0.0069 和 0.0071，且均在 10% 显著性水平上显著异于 0，说明乐观投资者情绪会对股票收益产生显著的正向影响，该结论支持了本章提出的 H4.1；第二，根据模型（4.4）的检验结果，正向真实盈余管理（Positive REM）的回归系数为 -0.1710，且未通过显著性检验，说明正向真实盈余管理对股票收益没有产生显著影响，本章提出的 H4.2 未得到验证；第三，根据模型（4.3）的检验结果，乐观投资者情绪（Optimistic IS）的回归系数为 0.0010，且未通过显著性检验，说明乐观投资者情绪会对正向真实盈余管理产生显著影响，并结合模型（4.2）和模型（4.4）的检验结果以及 Sobel 检验的结果，本章提出的 H4.3 未得到验证，说明乐观投资者情绪与股票收益之间的关系中不存在正向真实盈余管理的中介作用。也就是说，乐观投资者情绪提高了股票收益；乐观投资者情绪没有促进管理者的正向真实盈余管理行为，即正向真实盈余管理不是管理者对乐观投资者情绪的迎合行为，进而导致正向真实盈余管理也没有对股票收益产生显著的影响。其原因可能是乐观投资者情绪活跃了股票市场交易，从而对股票收益造成了正向影响；在投资者情绪高涨期，投资者的风险厌恶程度偏低，投资者易于忽视盈余信息，管理者更倾向于选择成本相对较低的正向应计盈余管理而不是正向应计盈余管理操作来迎合乐观投资者情绪，进而导致正向真实盈余管理没有显著地影响股票收益，且乐观投资者情绪在推动股票价格变化过程中占主导地位。

②乐观投资者情绪通过负向盈余管理影响股票市场收益的实证结果。

表 4.5 基于迎合理论检验了负向盈余管理（包括负向应计盈余管理和负向真实盈余管理）在乐观投资者情绪与股票收益之间关系中发挥的中介效应，报告了乐观投资者情绪通过负向盈余管理影响股票市场收益的实证结果。

表 4.5　　乐观投资者情绪通过负向盈余管理影响股票收益的实证结果

变量	负向应计盈余管理			负向真实盈余管理		
	R	Negative AEM	R	R	Negative REM	R
Optimistic IS	0.0245 *** (2.97)	-0.0146 (-1.37)	0.0229 *** (2.74)	0.0222 *** (3.11)	-0.0029 (-1.48)	0.0219 *** (3.07)
Negative AEM			-0.1162 (-1.59)			
Negative REM						-0.1348 (-1.00)
R_m	0.8503 *** (37.75)		0.8503 *** (37.81)	0.9323 *** (43.84)		0.9330 *** (43.85)
BM	-0.0486 (-0.69)		-0.0603 (-0.86)	-0.0861 (-1.53)		-0.0820 (-1.45)
SIZE	-0.0537 *** (-4.24)	0.0039 (0.77)	-0.0529 *** (-4.18)	-0.0417 *** (-3.60)	0.0079 *** (5.69)	-0.0412 *** (-3.55)
LEV	0.2153 *** (2.90)	0.1744 *** (4.82)	0.1943 *** (2.60)	0.2301 *** (3.44)	-0.0459 *** (-4.48)	0.2245 *** (3.34)

续表

变量	负向应计盈余管理			负向真实盈余管理		
	R	Negative AEM	R	R	Negative REM	R
GROWTH	0. 1582 ***	− 0. 1476 ***	0. 1744 ***	0. 1507 ***	− 0. 0411 ***	0. 1456 ***
	(3. 81)	(− 7. 37)	(4. 16)	(3. 28)	(− 5. 84)	(3. 15)
ROE	0. 1778	− 0. 9052 ***	0. 2775 **	0. 3644 ***	0. 0907 ***	0. 3784 ***
	(1. 30)	(− 13. 99)	(1. 96)	(3. 41)	(5. 68)	(3. 51)
EC	0. 1647 **	− 0. 0528	0. 1714 **	0. 2604 ***	− 0. 0092	0. 2589 ***
	(2. 11)	(− 1. 39)	(2. 20)	(3. 65)	(− 0. 84)	(3. 63)
EB	0. 0287	− 0. 0022	0. 0290	0. 0232	0. 0002	0. 0232
	(1. 41)	(− 0. 22)	(1. 43)	(1. 20)	(0. 05)	(1. 20)
PID	− 0. 1500	− 0. 1135	− 0. 1371	− 0. 0353	0. 0198	− 0. 0325
	(− 0. 78)	(− 1. 20)	(− 0. 71)	(− 0. 20)	(0. 72)	(− 0. 18)
INDUSTRY	控制	控制	控制	控制	控制	控制
YEAR	控制	控制	控制	控制	控制	控制
常数	0. 9618 ***	− 0. 1260	0. 9533 ***	0. 6565 ***	− 0. 2175 ***	0. 6372 ***
	(3. 63)	(− 1. 15)	(3. 60)	(2. 71)	(− 7. 14)	(2. 62)
样本观测数	2111	2111	2111	2349	2349	2349
Adj R^2	0. 4207	0. 1164	0. 4207	0. 4671	0. 0535	0. 4671
F 值	62. 30	26. 33	60. 32	83. 33	6. 77	80. 16
Sobel 检验 z 统计量	1. 04			0. 83		

注：** 、*** 分别表示系数在 5% 、1% 显著性水平上异于 0，括号内为 t 统计量。

就负向应计盈余管理而言，第一，根据模型（4. 2）和模型（4. 4）的检验结果，乐观投资者情绪（Optimistic IS）的回归系数分别为 0. 0245 和 0. 0229，且均在 1% 显著性水平上显著异于 0，说明乐观投资者情绪会对股票收益产生显著的正向影响，该结论支持了本章提出的 H4. 1；第二，根据模型（4. 4）的检验结果，负向应计盈余管理（Negative AEM）的回归系数为 − 0. 1162，且未通过显著性检验，说明负向应计盈余管理对股票收益没有产生显著影响，本章提出的 H4. 2 未得到验证；第三，根据模型（4. 3）的检验结果，乐观投资者情绪（Optimistic IS）的回归系数为 − 0. 0146，且未通过显著性检验，说明乐观投资者情绪对负向应计盈余管理没有产生显著影响，并结合模型（4.2）和模型（4.4）的检验结果以及 Sobel 检验的结果，本章提出的 H4.3 未得到验证，说明乐观投资者情绪与股票收益之间的关系中不存在负向应计盈余管理的中介作用。换句话说，乐观投资者情绪提高了股票收益；乐观投资者情绪管理者没有促进管理者的负向应计盈余管理行为，即负向应计盈余管理不是管理者对乐观投资者情绪的迎合行为，进而导致负向应计盈余管理也没有对股票收益产生显著的影响。其原因可能是乐观投资者情绪活跃了股票市场交易，从而对股票收益造成了正向影响；在投资者情绪高涨期，投资者的风险厌恶程度提高，市场交易活跃，除了前期亏损导致的负向盈余的期间分布变化，上市公司管理者没有主动进行负向应计盈余管理的动机和理由，进而导致负向应计盈余管理没有显著地影响股票收益。

就负向真实盈余管理而言，第一，根据模型（4.2）和模型（4.4）的检验结果，乐观投资者情绪（Optimistic IS）的回归系数分别为 0.0222 和 0.0219，且均在 1% 显著性水平上显著异于 0，说明乐观投资者情绪会对股票收益产生显著的正向影响，该结论支持了本章提出的 H4.1；第二，根据模型（4.4）的检验结果，负向真实盈余管理（Negative REM）的回归系数为 −0.1348，且未通过显著性检验，说明负向真实盈余管理对股票收益没有产生显著影响，本章提出的 H4.2 未得到验证；第三，根据模型（4.3）的检验结果，乐观投资者情绪（Optimistic IS）的回归系数为 −0.0029，且未通过显著性检验，说明乐观投资者情绪对负向真实盈余管理没有显著影响，并结合模型（4.2）和模型（4.4）的检验结果以及 Sobel 检验的结果，本章提出的 H4.3 未得到验证，说明乐观投资者情绪与股票收益之间的关系中不存在负向真实盈余管理的中介作用。换句话说，乐观投资者情绪提高了股票收益；乐观投资者情绪管理者没有促进管理者的负向真实盈余管理行为，即负向真实盈余管理不是管理者对乐观投资者情绪的迎合行为，进而导致负向真实盈余管理也没有对股票收益产生显著的影响。其原因可能是乐观投资者情绪活跃了股票市场交易，从而对股票收益造成了正向影响；在投资者情绪高涨期，投资者的风险厌恶程度提高，市场交易活跃，上市公司管理者进行负向真实盈余管理操作的成本相对较高，且没有主动进行负向应计盈余管理的动机和理由，进而导致负向真实盈余管理没有显著影响股票收益。

（3）悲观投资者情绪样本的实证分析结果。

①悲观投资者情绪通过正向盈余管理影响股票市场收益的实证结果。

表4.6基于迎合理论检验了正向盈余管理（包括正向应计盈余管理和正向真实盈余管理）在悲观投资者情绪与股票收益之间关系中发挥的中介效应，报告了悲观投资者情绪通过正向盈余管理影响股票市场收益的实证结果。

表4.6　悲观投资者情绪通过正向盈余管理影响股票收益的实证结果

变量	正向应计盈余管理			正向真实盈余管理		
	R	Positive AEM	R	R	Positive REM	R
Pessimistic IS	0.0325 ** (1.99)	−0.0025 (−0.80)	0.0326 ** (1.99)	0.0455 *** (3.04)	−0.0125 *** (−2.67)	0.0452 *** (3.02)
Positive AEM			0.0584 (0.66)			
Positive REM						−0.0261 (−0.54)
R_m	0.9134 *** (63.10)		0.9137 *** (63.08)	0.9627 *** (73.39)		0.9626 *** (73.36)
BM	−0.0235 (−0.67)		−0.0237 (−0.68)	−0.0692 ** (−2.24)		−0.0691 ** (−2.24)
SIZE	−0.1157 *** (−11.03)	−0.0085 *** (−4.85)	−0.1152 *** (−10.95)	−0.1037 *** (−10.95)	−0.0091 *** (−3.49)	−0.1040 *** (−10.96)
LEV	0.1866 *** (3.92)	0.0455 *** (5.07)	0.1839 *** (3.85)	0.2173 *** (5.02)	0.0910 *** (6.80)	0.2197 *** (5.05)
GROWTH	0.0890 *** (3.98)	0.0876 *** (20.95)	0.0838 *** (3.54)	0.0931 *** (3.99)	0.1426 *** (19.69)	0.0968 *** (3.98)
ROE	0.5233 *** (4.27)	0.1539 *** (6.72)	0.5142 *** (4.17)	0.4277 *** (4.01)	−0.1663 *** (−4.97)	0.4234 *** (3.96)
EC	0.3501 *** (6.84)	−0.0062 (−0.63)	0.3504 *** (6.85)	0.3348 *** (7.28)	0.0056 (0.57)	0.3350 *** (7.28)

续表

变量	正向应计盈余管理			正向真实盈余管理		
	R	Positive AEM	R	R	Positive REM	R
EB	0.0127 (1.03)	−0.0015 (−0.63)	0.0127 (1.04)	0.0068 (0.60)	−0.0004 (−0.11)	0.0068 (0.60)
PID	0.0077 (0.06)	0.0371 (1.48)	0.0056 (0.04)	0.1243 (1.07)	−0.0128 (−0.35)	0.1239 (1.07)
INDUSTRY	控制	控制	控制	控制	控制	控制
YEAR	控制	控制	控制	控制	控制	控制
常数	2.1983*** (9.56)	0.1903*** (4.72)	2.1865*** (9.48)	1.9104*** (9.13)	0.2710*** (4.49)	1.9178*** (9.15)
样本观测数	3502	3502	3502	4362	4362	4362
Adj R^2	0.5528	0.1542	0.5528	0.5671	0.1398	0.5671
F 值	174.09	28.75	167.38	229.55	31.82	220.69
Sobel 检验 z 统计量	−0.51			0.53		

注：**、***分别表示系数在5%、1%显著性水平上异于0，括号内为 t 统计量。

就正向应计盈余管理而言，第一，根据模型（4.2）和模型（4.4）的检验结果，悲观投资者情绪（Pessimistic IS）的回归系数分别为 0.0325 和 0.0326，且均在5%显著性水平上显著异于0，悲观投资者情绪与股票收益显著正相关，即悲观投资者情绪的值越小（投资者情绪的悲观程度越高），股票收益越低，该结论支持了本章提出的 H4.1；第二，根据模型（4.4）的检验结果，正向应计盈余管理（Positive AEM）的回归系数为 0.0584，且未通过显著性检验，说明正向应计盈余管理对股票收益没有产生显著影响，本章提出的 H4.2 未得到验证；第三，根据模型（4.3）的检验结果，悲观投资者情绪（Optimistic IS）的回归系数为 −0.0025，且未通过显著性检验，说明悲观投资者情绪对正向应计盈余管理未产生显著影响，并结合模型（4.2）和模型（4.4）的检验结果以及 Sobel 检验的结果，本章提出的 H4.3 未得到验证，说明悲观投资者情绪与股票收益之间的关系中不存在正向应计盈余管理的中介作用。也就是说，悲观投资者情绪降低了股票收益；悲观投资者情绪没有促进管理者的正向应计盈余管理行为，即正向应计盈余管理不是管理者对悲观投资者情绪的迎合行为，进而导致正向应计盈余管理对股票收益没有显著影响。其原因可能是悲观投资者情绪抑制了股票市场交易，从而对股票收益造成了负向影响；在投资者情绪低落期，投资者的风险厌恶程度提高，投资者易于重视盈余信息，监管环境相对严格，管理者难以轻易通过成本相对较低的正向应计盈余管理调整公司的盈余信息、粉饰公司的业绩，进而导致正向应计盈余管理没有显著地影响股票收益。

就正向真实盈余管理而言，第一，根据模型（4.2）和模型（4.4）的检验结果，悲观投资者情绪（Pessimistic IS）的回归系数分别为 0.0455 和 0.0452，且均在 1% 显著性水平上显著异于 0，悲观投资者情绪与股票收益显著正相关，即悲观投资者情绪的值越小（投资者情绪的悲观程度越高），股票收益越低，该结论支持了本章提出的 H4.1；第二，根据模型（4.4）的检验结果，正向真实盈余管理（Positive REM）的回归系数为 −0.0261，且未通过显著性检验，说明正向真实盈余管理对股票收益没有产生显著影响，本章提出的 H4.2 未得到验证；第三，根据模型（4.3）的检验结果，悲观投资者情绪（Pessimistic IS）的回归系数为 −0.0125，且在 1% 显著性水平上显著异于 0，说明悲观投资者情绪与正向真实盈余管理显著负相关，即悲观投资者情绪的值越小（投资者情绪的悲观程度越高），正向真实盈余管理的值越大（正向真实盈余管理程度越高），并结合模型（4.2）和模型（4.4）的检验结果以及 Sobel 检验的结果，本章提出的 H4.3 未得到验证，说明悲观投资者情绪与股票收益之间的关系中不存在正向真实盈余管理的中介作用。也就是说，悲观投资者情绪降低了股票收益；悲观投资者情绪抑制了管理者的正向真实盈余管理行为，即正向真实盈余管理不是管理者对悲观投资者情绪的迎合行为，进而导致正向真实盈余管理对股票收益没有显著影响。其原因可能是悲观投资者情绪抑制了股票市场交易，从而对股票收益造成了负向影响；在投资者情绪低落期，尽管管理者难以轻易通过成本相对较低的正向应计盈余管理调整公司的盈余信息、粉饰公司的业绩，但是可以通过正向真实盈余管理粉饰公司业绩，从而改变投资者对坏消息的看法以迎合投资者对公司未来绩效增长的预期，投资者对盈余信息的重视和监管环境相对严格在一定程度上限制了管理者的正向真实盈余管理操作，市场的低迷导致这种操作没有收到成效，进而正向真实盈余管理没有显著地影响股票收益。

②悲观投资者情绪通过负向盈余管理影响股票市场收益的实证结果。

表4.7通过检验负向盈余管理（包括负向应计盈余管理和负向真实盈余管理）在悲观投资者情绪与股票收益之间关系中发挥的中介效应，基于迎合理论报告了悲观投资者情绪通过负向盈余管理影响股票市场收益的实证结果。

表4.7　悲观投资者情绪通过负向盈余管理影响股票收益的实证结果

变量	负向应计盈余管理			负向真实盈余管理		
	R	Negative AEM	R	R	Negative REM	R
Pessimistic IS	0.0416 **	− 0.0014	0.0414 **	0.0204 *	0.0226 **	0.0219 *
	(2.55)	(− 0.68)	(2.54)	(1.73)	(2.00)	(1.83)
Negative AEM			− 0.1682			
			(− 1.32)			
Negative REM						− 0.0636 **
						(− 2.14)
R_m	0.9271 ***		0.9275 ***	0.8577 ***		0.8589 ***
	(67.01)		(67.03)	(55.96)		(56.03)
BM	− 0.0692 **		− 0.0662 *	− 0.0080		− 0.0041
	(− 2.02)		(− 1.93)	(− 0.20)		(− 0.10)
SIZE	− 0.0950 ***	0.0064 ***	− 0.0943 ***	− 0.1020 ***	− 0.0154 **	− 0.1035 ***
	(− 9.24)	(5.57)	(− 9.17)	(− 8.80)	(− 2.44)	(− 8.92)
LEV	0.3081 ***	− 0.0397 ***	0.3020 ***	0.2863 ***	0.0554	0.2904 ***
	(6.47)	(− 6.49)	(6.32)	(5.25)	(1.61)	(5.32)
GROWTH	0.0514 *	− 0.0245 ***	0.0476 *	0.0491 **	− 0.1552 ***	0.0397
	(1.91)	(− 7.09)	(1.76)	(1.97)	(− 9.98)	(1.57)
ROE	0.5948 ***	0.0428 ***	0.6029 ***	0.7165 ***	− 0.8166 ***	0.6667 ***
	(5.95)	(3.31)	(6.02)	(5.84)	(− 10.67)	(5.34)
EC	0.2229 ***	− 0.0247 ***	0.2187 ***	0.1993 ***	− 0.1081 ***	0.1928 ***
	(4.57)	(− 3.89)	(4.48)	(3.60)	(− 3.08)	(3.48)
EB	0.0148	0.0013	0.0151	0.0181	− 0.0121	0.0174
	(1.23)	(0.83)	(1.25)	(1.38)	(− 1.47)	(1.33)

续表

变量	负向应计盈余管理			负向真实盈余管理		
	R	Negative AEM	R	R	Negative REM	R
PID	0.2078 * (1.67)	0.0090 (0.56)	0.2095 * (1.69)	0.0904 (0.63)	− 0.0406 (− 0.44)	0.0881 (0.61)
INDUSTRY	控制	控制	控制	控制	控制	控制
YEAR	控制	控制	控制	控制	控制	控制
常数	1.6694 *** (7.50)	− 0.1633 *** (− 6.22)	1.6498 *** (7.40)	1.8525 *** (7.50)	0.3163 ** (2.24)	1.8119 *** (7.61)
样本观测数	3701	3701	3701	2841	2841	2841
Adj R^2	0.5605	0.0566	0.5605	0.5549	0.1123	0.5558
F 值	189.72	10.66	182.53	137.04	16.62	132.11
Sobel 检验 z 统计量	0.60					

注：*、**、*** 分别表示系数在 10%、5%、1% 显著性水平上异于 0，括号内为 t 统计量。

就负向应计盈余管理而言，第一，根据模型（4.2）和模型（4.4）的检验结果，悲观投资者情绪（Pessimistic IS）的回归系数分别为 0.0416 和 0.0414，且均在 5% 显著性水平上显著异于 0，悲观投资者情绪与股票收益显著正相关，即悲观投资者情绪的值越小（投资者情绪的悲观程度越高），股票收益越低，该结论支持了本章提出的 H4.1；第二，根据模型（4.4）的检验结果，负向应计盈余管理（Negative AEM）的回归系数为 − 0.1682，且未通过显著性检验，说明负向应计盈余管理对股票收益没有产生显著影响，本章提出的 H4.2 未得到验证；第三，根据模型（4.3）的检验结果，悲观投资者情绪（Pessimistic IS）的回归系数为 − 0.0014，且未通过显著性检验，说明悲观投资者情绪对负向应计盈余管理没有产生显著影响，并结合模型（4.2）和模型（4.4）的检验结果以及 Sobel 检验的结果，本章提出的 H4.3 未得到验证，说明悲观投资者情绪与股票收益之间的关系中不存在负向应计盈余管理的中介作用。换句话说，悲观投资者情绪降低了股票收益；悲观投资者情绪没有促进管理者的负向应计盈余管理行为，即负向应计盈余管理不是管理者对悲观投资者情绪的迎合行为，进而导致负向应计盈余管理对股票收益没有显著影响。其原因可能是悲观投资者情绪抑制了股票市场交易，从而对股票收益造成了负向影响；在投资者情绪低落期，上市公司管理者本可以通过负向盈余管理向投资者释放糟糕业绩见底的信号以期调增投资者对企业绩效的预期来迎合投资者对低迷市场中坏消息的重视，但是投资者风险厌恶的提高从而对盈余信息的重视和监管环境的相对严格，使管理者通过成本相对较低的负向应计盈余管理调整公司的盈余信息很容易被识破，进而在市场低迷情况下负向应计盈余管理没有显著地影响股票收益。

就负向真实盈余管理而言，第一，根据模型（4.2）和模型（4.4）的检验结果，悲观投资者情绪（Pessimistic IS）的回归系数分别为 0.0204 和 0.0219，且均在 10% 显著性水平上显著异于 0，悲观投资者情绪与股票收益显著正相关，即悲观投资者情绪的值越小（投资者情绪的悲观程度越高），股票收益越低，该结论支持了本章提出的 H4.1；第二，根据模型（4.4）的检验结果，负向真实盈余管理（Negative REM）的回归系数为 −0.0636，且在 5% 显著性水平上显著异于 0，说明负向真实盈余管理会对股票收益产生显著的负向影响，该结论支持了本章提出的 H4.2a；第三，根据模型（4.3）的检验结果，悲观投资者情绪（Pessimistic IS）的回归系数为 0.0226，且在 5% 显著性水平上显著异于 0，悲观投资者情绪与正向真实盈余管理显著正相关，即悲观投资者情绪的值越小（投资者情绪的悲观程度越高），正向真实盈余管理的值越小（正向真实盈余管理程度越大），并结合模型（4.2）和模型（4.4）的检验结果，本章提出的 H4.3 得到验证，说明负向真实盈余管理在悲观投资者情绪与股票收益之间的关系中发挥中介作用。换句话说，悲观投资者情绪降低了股票收益；悲观投资者情绪促进了管理者的负向真实盈余管理行为，即负向真实盈余管理是管理者对悲观投资者情绪的迎合行为，进而导致负向真实盈余管理对股票收益产生显著的负向影响。其原因可能是悲观投资者情绪抑制了股票市场交易，从而对股票收益造成了负向影响；在投资者情绪低落期，投资者的风险厌恶程度提高，投资者易于重视盈余信息，监管环境相对严格，上市公司管理者可以通过成本相对较高的负向真实盈余管理向投资者释放糟糕业绩见底的信号以期调增投资者对企业绩效的预期来迎合投资者对低迷市场中坏消息的重视，这种操作在低迷市场难以奏效，且负向真实盈余管理对公司价值的损害具有长期性，进而导致了负向真实盈余管理对股票价格的负面影响。

4.3.3　稳健性检验

对于投资者情绪变量的测度，不同的衡量方法可能产生差异性结果。为了检验实证结果的稳健性，本部分首先采用换手率衡量投资者情绪（罗斌元，2017；何诚颖等，2021），考虑应计盈余管理和真实盈余管理两种盈余管理模式，进一步将投资者情绪细化为乐观投资者情绪与悲观投资者情绪（当上市公司换手率大于中位数时，表示乐观投资者情绪；当上市公司换手率小于中位数时，表示悲观投资者情绪），并区分应计盈余管理和真实盈余管理的操作方向，基于迎合理论并用上述层次回归模型检验了盈余管理在投资者情绪与股票收益之间关系的中介作用。表 4.8 报告了稳健性检验结果，实证结果依旧稳健。

表 4.8　　　　　　　　　　　　　稳健性检验结果

Panel A　投资者情绪通过盈余管理影响股票收益的稳健性检验结果

变量	应计盈余管理			真实盈余管理		
	R	AEM	R	R	REM	R
IS	0.0145 *** (12.14)	0.0005 ** (2.15)	0.0146 *** (12.18)	0.0145 *** (12.14)	0.0045 *** (6.75)	0.0147 *** (12.25)
AEM			− 0.0626 * (− 1.86)			
REM						− 0.0310 * (− 1.86)
控制变量	控制	控制	控制	控制	控制	控制
INDUSTRY	控制	控制	控制	控制	控制	控制
YEAR	控制	控制	控制	控制	控制	控制
常数	0.7377 *** (6.43)	− 0.0166 (− 0.76)	0.7495 *** (6.54)	0.7377 *** (6.43)	0.0547 (0.91)	0.7469 *** (6.50)
样本观测数	11275	11275	11275	11275	11275	11275
Adj R^2	0.5231	0.0554	0.5238	0.5231	0.1439	0.5239
F 值	495.73	29.73	476.77	495.73	83.42	476.90

续表

Panel B 乐观投资者情绪通过盈余管理影响股票收益的稳健性检验结果

变量	正向应计盈余管理			正向真实盈余管理		
	R	Positive AEM	R	R	Positive REM	R
Optimistic IS	0.0064 ***	0.0018 **	0.0065 ***	0.0047 *	0.0010	0.0047 *
	(2.87)	(2.40)	(2.89)	(1.80)	(1.56)	(1.80)
Positive AEM			−0.0565 *			
			(−1.69)			
Positive REM						0.0447
						(0.51)
控制变量	控制	控制	控制	控制	控制	控制
INDUSTRY	控制	控制	控制	控制	控制	控制
YEAR	控制	控制	控制	控制	控制	控制
常数	1.3343 ***	0.3010 ***	1.3608 ***	1.7077 ***	0.1121 **	1.7023 ***
	(5.53)	(3.47)	(5.59)	(6.12)	(2.13)	(6.09)
样本观测数	3483	3483	3483	2798	2798	2798
Adj R²	0.5325	0.1308	0.5330	0.5095	0.13831	0.5095
F 值	159.65	23.78	153.61	117.22	20.52	112.69
Sobel 检验 z 统计量				0.48		
变量	负向应计盈余管理			负向真实盈余管理		
	R	Negative AEM	R	R	Negative REM	R
Optimistic IS	0.0092 ***	−0.0006	0.0092 ***	0.0097 ***	−0.0008	0.0096 ***
	(3.03)	(−0.32)	(3.04)	(3.90)	(−1.09)	(3.88)
Negative AEM			−0.0546			
			(−1.53)			
Negative REM						−0.1011
						(−0.85)
控制变量	控制	控制	控制	控制	控制	控制
INDUSTRY	控制	控制	控制	控制	控制	控制
YEAR	控制	控制	控制	控制	控制	控制
常数	1.5602 ***	0.4242 **	1.5881 ***	1.2267 ***	−0.1648 ***	1.2177 ***
	(4.86)	(2.36)	(4.94)	(4.58)	(−4.27)	(4.54)
样本观测数	2155	2155	2155	2840	2840	2840
Adj R²	0.4852	0.1070	0.4852	0.5188	0.0411	0.5188
F 值	82.21	12.23	79.19	128.54	6.53	123.41
Sobel 检验 z 统计量	0.31			0.67		

续表

Panel C　悲观投资者情绪通过盈余管理影响股票收益的稳健性检验结果

变量	正向应计盈余管理			正向真实盈余管理		
	R	Positive AEM	R	R	Positive REM	R
Pessimistic IS	0.0253 ***	0.0004	0.0254 ***	0.0270 ***	− 0.0057 **	0.0267 ***
	(2.75)	(0.25)	(2.77)	(3.14)	(− 2.00)	(3.11)
Positive AEM			− 0.1769			
			(− 1.46)			
Positive REM						− 0.0454
						(− 0.74)
控制变量	控制	控制	控制	控制	控制	控制
INDUSTRY	控制	控制	控制	控制	控制	控制
YEAR	控制	控制	控制	控制	控制	控制
常数	0.4954 **	0.1602 ***	0.5229 **	0.2519	0.2055 ***	0.2601
	(2.21)	(4.71)	(2.32)	(1.22)	(3.59)	(1.26)
样本观测数	2583	2583	2583	2948	2948	2948
Adj R^2	0.5469	0.1377	0.5469	0.5860	0.1210	0.5860
F 值	125.67	18.93	120.97	167.88	18.64	161.42
Sobel 检验 z 统计量	− 0.24			0.69		
变量	负向应计盈余管理			负向真实盈余管理		
	R	Negative AEM	R	R	Negative REM	R
Pessimistic IS	0.0427 ***	0.0001	0.0428 ***	0.0405 ***	0.0116 ***	0.0414 ***
	(5.23)	(0.16)	(5.24)	(4.73)	(2.75)	(4.82)
Negative AEM			− 0.2557			
			(− 1.54)			
Negative REM						− 0.0773 **
						(− 2.00)
控制变量	控制	控制	控制	控制	控制	控制
INDUSTRY	控制	控制	控制	控制	控制	控制
YEAR	控制	控制	控制	控制	控制	控制
常数	− 0.2969	− 0.1798 ***	− 0.3318 *	− 0.3768 *	− 0.2927 ***	− 0.3971 *
	(− 1.49)	(− 8.29)	(− 1.66)	(− 1.86)	(− 2.95)	(− 1.93)
样本观测数	3054	3054	3054	2689	2689	2689
Adj R^2	0.5474	0.0701	0.5474	0.5474	0.2402	0.5482
F 值	148.71	11.01	143.18	111.76	37.95	107.43
Sobel 检验 z 统计量	− 0.16					

注：*、**、*** 分别表示系数在 10%、5%、1% 显著性水平上异于 0，括号内为 t 统计量。

4.4　本章小结

本章以 2012～2017 年的中国 A 股上市公司财务数据和对应期间的股票数据为研究样本，考虑应计盈余管理和真实盈余管理两种盈余管理模式，进一步将投资者情绪划分为乐观投资者情绪与悲观投资者情绪，并区分应盈余管理的操作方向，基于迎合理论实证研究了投资者情绪通过驱动管理者盈余管理行为对股票市场资产定价的影响。结果表明：（1）总体而言，乐观（悲观）投资者情绪推高（拉低）了股票收益，正向与负向应计盈余管理和真实盈余管理的净效应在迎合投资者情绪的过程中对股票收益产生了显著的负向影响。（2）对乐观投资者情绪而言，乐观投资者情绪将提高股票收益和促进管理者的正向应计盈余管理行为，进而导致正向应计盈余管理对股票收益产生显著的负向影响。（3）对悲观投资者情绪而言，悲观投资者情绪将降低股票收益和促进管理者的负向真实盈余管理行为，进而导致负向真实盈余管理对股票收益产生显著的负向影响。研究结论有助于加深对投资者情绪、盈余管理与资产定价关系的认识，为投资者的投资决策和公司治理提供参考和借鉴。

管理者过度自信与股票市场资产定价：基于盈余管理中介效应视角

第 4 章基于迎合理论的理论框架研究了投资者情绪、盈余管理与资产定价之间的关系。然而，管理者过度自信也可能直接影响管理者行为，从而从公司基本面层面影响股票市场资产定价，而盈余管理是管理者最重要的决策行为。本章拟同时将管理者过度自信的心理和盈余管理纳入资产定价的研究框架，以获取管理者行为的逻辑情形下，获取管理者过度自信、盈余管理与资产定价之间关系的进一步经验证据。

过度自信本源于心理学概念，刻画的是人们通常容易高估自己的能力或者已经获取信息的精确性（Frank，1935；Fischhoff et al.，1977）。这一概念逐步进入行为金融学学者的视野，并成为行为金融学研究的重要因素之一。过度自信的管理者一方面倾向于对企业市场价值做出高估的评价，认为公司的股票价格被市场低估（Heaton，2002）；另一方面，管理者的盈余预测在金融市场中扮演着重要的经济角色（Hilary and Hsu，2011），过度自信的管理者存在过度乐观地向市场传递企业经营业绩和企业盈余预测信息的偏好，以试图改变股票市场投资者对企业经营能力和盈利能力的预期，从而影响股票的市场价格。因此，当过度自信管理者进行应计盈余管理操作可能改变投资者对企业未来盈余的预期，进而影响股票市场资产定价。

那么，在考虑管理者过度自信情况下，通过盈余管理操作是否有效地改变了投资者对企业未来盈余的预期，提升了公司的市场价值，进而影响股票市场资产定价呢？基于此，本章拟分析管理者过度自信、盈余管理程度与股票收益之间关系的影响机制，并进一步分析管理者权力、内部控制质量、高质量审计、机构投资者持股比例等企业内部因素或者外部因素在管理者过度自信通过盈余管理程度影响股票收益的机制中发挥的调节效应。

5.1　理论分析与研究假设

5.1.1　管理者过度自信与资产定价

过度自信作为一个心理学概念，通常指人们容易高估自己的能力（Frank，1935），或者高估自己所掌握的知识和信息的精确程度（Fischhoff et al.，1977）。这一概念逐步被学者从心理学研究领域引入行为金融学研究领域中。过度自信心理既可能存在于投资者中，也可能存在于管理者中。过度自信投资者会高估其掌握的股票信息而提高股票的预期价格和股票价格的波动性，从而进一步降低股票价格所反映的信息含量和股票的总体收益（陈其安等，2011）。过度自信管理者会高估其能力而在股利分配过程中增大公司的股利分配水平（陈其安等，2010），这项决策容易对投资者的股票价格预期产生影响。此外，过度自信的管理者为了顺利地实施激进的投资或者融资计划，易于过于乐观地向市场传递企业的经营绩效预测信息。而当投资或者融资决策执行后，企业经营绩效"变脸"时，管理者常常被指责过于自信，其股票价格在此过程中也会发生较大的波动。企业进行股权再融资后其股票价格在随后相当长的时期内表现不佳与股权再融资后公司经营基本面的恶化密切相关，这一现象在处于快速成长期且拥有过度自信管理者的公司中尤为突出（Andrikopoulos，2009）。过度自信的管理者往往会高估他们所投资的项目回报，可能将负净现值项目作为价值创造，也可能造成过度投资的现象，其低下的投资效率增加了股价的崩溃风险（Kim et al.，2016；Habib and Hasan，2017；曾爱民等，2017；曾春华等，2017）。因此，在企业投资过程中，过度自信管理者比非过度自信管理者做出损害企业市场价值决策的可能性更大（Goel and

Thakor，2008；Yilmaz and Mazzeo，2014；Bharati et al.，2016）。

鉴于过度自信管理者的行为和决策容易对公司经营管理产生负面影响。此外，中国股票市场发展不成熟，管理者过度自信更容易引发股价的暴跌风险。基于上述理论分析，提出假设 5.1：

H5.1：管理者过度自信对股票收益产生显著的负向影响。

5.1.2　管理者过度自信、盈余管理与资产定价

过度自信心理容易会让管理者产生一种公司的市场价值被低估的错觉（Schrand and Zechman，2012），过度自信管理者则倾向于做出过分乐观的盈利预测来回应市场，而未来业绩没能实现由过度乐观的心理导致的错误盈利预测时（Jaggi et al.，2006；Hribar and Yang，2010），为达到私人目的或误导投资者，过度自信管理者更有可能进行盈余管理操作（Li and Hung，2013）。而相比于非过度自信管理者，过度自信管理者更倾向于进行应计盈余管理操作和真实盈余管理操作（Bouwman，2014；张泽南等，2016），且随着监管规范性的加强，过度自信的管理者的操作由应计盈余管理转向真实盈余管理（Hsieh et al.，2014）。虽然部分研究证实了盈余管理对企业存在不利影响，而管理者过度自信会促进企业的盈余管理，但是有学者为盈余管理和过度自信管理者共存提供了一种新颖的解释，即为了股东利益最大化，董事会可能不会倾向于消除和控制盈余操纵：一方面，虽然盈利操纵导致公司承担资源成本，但是过度自信管理者将被诱导以较低的薪酬进行更多的生产性努力，这可以增加事前的公司价值；另一方面，过度自信的管理者更倾向于夸大报告收益，这会对公司的市场估值产生积极影响，可能会提高公司的中期市场估值（Yu，2014）。何威风等（2011）也研究了管理者过度自信对盈余管理的影响，发现过度自信管理者既可能进行正向盈余管理操作，又可能进行负向盈余管理操作。张荣武和刘文秀（2008）的研究进一步表明在对管理者附加股权激励的情况下，过度自信管理者在短期偏好正向盈余管理操作，在长期偏好负向盈余管理操作。而盈余管理操作的方向对股票市场的预期可能产生不同的影响，进而对股票价格产生不同的影响。H4.2 论述了盈余管理对股票收益的影响。基于此，提出假设 5.2：

H5.2：管理者过度自信可能通过盈余管理对股票收益产生影响，即盈余管理可能在管理者过度自信与股票收益之间关系中发挥中介作用。

5.2 研究设计

5.2.1 变量选取与界定

（1）被解释变量。在被解释变量方面，股票年收益率（R）用第 $t+1$ 年5月至第 $t+2$ 年4月的股票月度累乘收益率作为上市公司第 $t+1$ 年公司年度股票以对应于上市公司第 t 年度的财务信息，其度量方式与第4章相同。

（2）解释变量。在解释变量方面，尽管现有文献提出了多种衡量管理者过度自信（OC）的方法，但是在中国上市公司公布数据的可得性和中国股票市场适用性的前提下，准确衡量管理者过度自信是一项重要而困难的工作。例如，用公司业绩预告方法衡量管理者过度自信（Lin et al.，2005；余明桂等，2006），然而受到上市公司业绩预告的非规范性影响会出现大量缺失数据；用高管薪酬法衡量管理者过度自信（Brown and Sarma，2007；姜付秀等，2009），然而薪酬的高低可能源于管理者自身的能力而非过度自信；用媒体评价衡量管理者过度自信（Hayward and Hambrick，1997；Chatterjee and Hambrick，2007），然而这种方法在国外使用得较为普遍；用股票期权激励管理者长期持股（Malmendier and Tate，2005；郝颖等，2005）和管理者短期持股（饶育蕾和王建新，2010；王铁男等，2017）衡量管理者过度自信，然而考虑股权激励计划在国内上市公司中的非普遍性和相关披露信息的不完整性。因此，本章借鉴饶育蕾和王建新（2010）、王铁男等（2017）测度管理者过度自信的方法：观察管理者的短期持股变化，同时比较公司的股票收益率与市场收益率以体现"优于平均"的思想来判断管理者是否存在过度自信，即当 $R_{it} < R_{mt}$ 时，若管理者仍未减持公司股票数量，则定义管理者存在过度自信，取值为1；否则，定义为管理者非过度自信，取值为0。具体约束条件如下：

$Hold_{it} \geqslant Hold_{it-1}$；$R_{it} < R_{mt}$。其中，$Hold_{it}$ 为 i 上市公司在第 t 年末管理者

持有本公司股票的数量，基于数据可得性，上市公司管理者持有本公司股票的数量用高管人员持股数量计算。同时满足两个约束条件，则认为第 t 年 i 上市公司的管理者是过度自信的；否则，视为管理者非过度自信，且将其设定为 0 - 1 虚拟变量。

（3）中介变量。企业可以通过会计政策，也可以通过在销售环节、生产环节、费用控制环节构造真实经济活动或交易事项调整盈余信息。按照盈余管理操作方式的不同，本章仍然将可盈余管理将盈余管理（EM）分为应计盈余管理（AEM）和真实盈余管理（REM），其衡量方式与第 4 章相同。

（4）控制变量。在控制变量方面，本章参考了法玛和弗伦奇（Fama and French，1993）的研究，将市场年收益率（R_m）、账面市值比率（BM）、企业规模（SIZE）变量作为控制变量。此外，本章借鉴了相关研究（颜爱民和马箭，2013；王铁男和王宇，2017；杨楠，2015）的成果，将影响企业绩效进而影响资产定价的资产负债率（LEV）、总资产增长率（GROWTH）、净资产收益率（ROE）、股权集中度（EC）、股权制衡（EB）、独立董事占比（PID）变量作为控制变量。

本章模型构建所需变量的类型、界定和衡量见表5.1。

表 5.1　　　　　　　　　　变量的分类、界定及衡量

变量的类型	变量的界定	变量的衡量
被解释变量	股票年收益率（R）	第 t + 1 年 5 月至第 t + 2 年 4 月的股票月度累乘收益率
解释变量	管理者过度自信（OC）	第 t 年股票收益率低于市场收益率情况下，管理者仍未减持公司股票，视为管理者过度自信，定义为 0 - 1 虚拟变量
中介变量	应计盈余管理（AEM）	修正的 Jones 模型
	真实盈余管理（REM）	Roychowdhury 模型
控制变量	市场年收益率（R_m）	第 t + 1 年 5 月至第 t + 2 年 4 月的沪深 300 指数月度累乘收益率
	账面市值比（BM）	第 t 年末账面价值与市值之比
	企业规模（SIZE）	第 t 年末总资产的自然对数
	资产负债率（LEV）	第 t 年末总负债/第 t 年末总资产
	总资产增长率（GROWTH）	第 t 年末总资产同比增长额/第 t - 1 年末资产总额

续表

变量的类型	变量的界定	变量的衡量
控制变量	净资产收益率（ROE）	第 t 年净利润/第 t 年股东权益年平均额
	股权集中度（EC）	第 t 年公司前三大股东持股比例的总和
	股权制衡（EB）	第 t 年公司第二大股东到第五大股东持股比例的总和与第一大股东持股比例之比
	独立董事占比（PID）	第 t 年公司独立董事人数在董事总人数中的占比
	行业（INDUSTRY）	按中国证监会 2012 行业分类标准生成行业虚拟变量
	年度（YEAR）	按会计年度生成年度虚拟变量

5.2.2　模型构建

盈余管理操作方向的不同可能会产生正负效应抵消的效果，为解决这一问题，本章参考周晓苏和陈沉（2016）的做法，即对盈余管理做绝对值处理以量化盈余管理的程度。结合温忠麟等（2012）对中介效应模型的检验方法，本章采用以下层次回归的方法构建模型：第一步，在加入控制变量条件下，被解释变量股票收益（R）对解释变管理者过度自信（OC）进行回归，得到模型（5.1）；第二步，在加入控制变量条件下，中介变量盈余管理的绝对值（｜EM｜）对解释变管理者过度自信（OC）进行回归，得到模型（5.2）；第三步，在加入控制变量条件下，在第一步的基础上加入中介变量（｜EM｜），被解释变量股票收益（R）对解释变管理者过度自信（OC）和中介变量盈余管理的绝对值（｜EM｜）进行回归，得到模型（5.3）。其中介效应模型所涉及到的模型（5.1）至模型（5.3）表达式如下：

$$R_{it+1} = \beta_0 + \beta_1 OC_{it} + \beta_2 R_{mt+1} + \beta_3 BM_{it} + \beta_4 SIZE_{it} + \beta_5 LEV_{it}$$
$$+ \beta_6 GROWTH_{it} + \beta_7 ROE_{it} + \beta_8 EC_{it} + \beta_9 EB_{it}$$
$$+ \beta_{10} PID_{it} + \sum INDUSTRY + \sum YEAR + \varepsilon_{it+1} \quad (5.1)$$

$$|EM_{it}| = \beta_0 + \beta_1 OC_{it} + \beta_2 SIZE_{it} + \beta_3 LEV_{it} + \beta_4 GROETH_{it}$$
$$+ \beta_5 ROE_{it} + \beta_6 EC_{it} + \beta_7 EB_{it} + \beta_8 PID_{it}$$
$$+ \sum INDUSTRY + \sum YEAR + \varepsilon_{it} \quad (5.2)$$

$$R_{it+1} = \gamma_0 + \gamma_1 OC_{it} + \gamma_2 \left| EM_{it} \right| + \gamma_3 R_{mt+1} + \gamma_4 BM_{it} + \gamma_5 SIZE_{it}$$
$$+ \gamma_6 LEV_{it} + \gamma_7 GROWTH_{it} + \gamma_8 ROE_{it} + \gamma_9 EC_{it} + \gamma_{10} EB_{it}$$
$$+ \gamma_{11} PID_{it} + \sum INDUSTRY + \sum YEAR + \varepsilon_{it+1} \qquad (5.3)$$

需要说明的是，在实证过程中，变量盈余管理（EM）分别用应计盈余管理（AEM）、真实盈余管理（REM）变量替换。

5.2.3　样本与数据

本章以中国 A 股市场的非金融行业上市公司 2012 ~ 2017 年的数据作为初步研究样本，并在进一步筛选过程中对研究样本作如下处理：第一，剔除数据缺失的上市公司数据样本；第二，剔除 ST、*ST 的上市公司数据样本；第三，剔除所有者权益小于 0 的上市公司数据样本；第四，鉴于盈余管理变量需分年度和行业进行估算，进而行业内上市公司数太少而无法准确估算盈余管理的数据样本也需要被剔除。按照上述筛选规则，本章最终得到中国 A 股 1927 个上市公司数据样本。同时，收集 2013 年 5 月 ~ 2019 年 4 月的 1927 个中国 A 股上市公司的股票月度收益率和沪深 300 指数的月度收益率并转化为第 t + 1 年公司年度股票以保证股票收益完全反映上市公司第 t 年度财务信息，该数据来源于 CSMAR 数据库和 CCER 数据库。此外，为了消除极端值造成的干扰以保证研究结论的有效性，本章对所有连续变量的 1% 分位和 99% 分位数据进行了 Winsorize 处理。

5.3　实证分析

5.3.1　描述性统计

由表 5.2 列示的变量描述性统计结果可知，在收益方面，从平均值来看，上市公司个股收益率（20.51%）远高于市场收益率（14.35%）；从风险角度来看，上市公司个股收益率的标准差（0.6560）远大于市场收益率的

标准差（0.4942），且上市公司个股收益的最小值和最大值构成的闭区间
［-56.14%，288.39%］也远远包含了市场收益的最小值和最大值构成的闭
区间［-33.54%，120.04%］，说明相对于市场总体水平，上市公司个股的
上涨高度、下跌深度以及波动幅度更大，这符合上市公司个股高收益高风险
并存的市场特征。在盈余管理方面，应计盈余管理和真实盈余管理的平均值
均几乎逼近于0，真实盈余管理（REM）最大值（6.3728）远大于应计盈余
管理（AEM）最大值（2.3559），同时真实盈余管理（REM）的最小值
（-6.0728）也远小于应计盈余管理（AEM）的最小值（-2.2113），说明
真实盈余管理比应计盈余管理的操作空间更大。管理者过度自信（OC）的
平均值为0.2628，说明本章选取的样本中管理者过度自信公司样本占比为
26.28%。此外，控制变量也呈现出较大的差异。

表5.2 变量的描述性统计

变量	平均值	标准差	最小值	最大值
R	0.2051	0.6560	-0.5614	2.8839
AEM	-4.80e-10	0.0964	-2.2113	2.3559
REM	7.65e-10	0.2824	-6.0728	6.3728
OC	0.2628	0.4402	0	1
R_m	0.1435	0.4942	-0.3354	1.2004
BM	0.4341	0.2722	0.0670	1.4718
SIZE	22.3091	1.2633	20.0013	26.1053
LEV	0.4347	0.2051	0.0509	0.8631
GROWTH	0.1747	0.2946	-0.2244	1.8069
ROE	0.0724	0.0846	-0.2593	0.3316
EC	0.4794	0.1542	0.0843	0.9829
EB	0.6653	0.5947	0.0031	3.9217
PID	0.3736	0.0558	0	0.8000

5.3.2 实证结果与分析

本章首先将盈余管理（EM）分为应计盈余管理（AEM）和真实盈余管

理（REM）两种盈余操作模式，其次基于中介效应模型分别检验了盈余管理程度（包括应计盈余管理和真实盈余管理程度）在管理者过度自信与股票收益之间关系发挥的中介效应。最后，扩展分析了管理者权力、内部控制质量、高质量审计、机构投资者持股比例这些企业内部因素或者外部因素在管理者过度自信通过盈余管理程度影响股票收益的机制中发挥的调节效应。

（1）基准回归的实证结果。表5.3报告了基准回归的实证结果。就应计盈余管理而言，应计盈余管理在管理者过度自信与资产定价之间关系的中介效应结果如下：第一，由模型（5.1）和模型（5.3）的结果可得，管理者过度自信（OC）的回归系数分别为 −0.2589 和 −0.2586，且均在1%显著性水平上显著异于0，说明管理者过度自信对股票收益产生显著的负向影响。因此，本书提出的H5.1得到验证。第二，由模型（5.2）的结果可知，管理者过度自信（OC）的回归系数为0.0029，且在10%显著性水平上显著异于0，说明管理者过度自信对应计盈余管理程度具有显著的正向影响；由模型（5.3）的结果可得，应计盈余管理绝对值（｜AEM｜）的回归系数为 −0.0737，且在10%显著性水平上通过了显著性检验，说明应计盈余管理程度对股票收益产生显著的负向影响。综合模型（5.1）、模型（5.2）和模型（5.3）的检验结果，本章提出的H5.2得到验证，应计盈余管理程度在管理者过度自信与股票收益之间的关系中发挥中介作用。

就真实盈余管理而言，真实盈余管理在管理者过度自信与资产定价之间关系的中介效应结果如下：第一，由模型（5.1）和模型（5.3）的结果可得，管理者过度自信（OC）的回归系数分别为 −0.2589 和 −0.2587，且均在1%显著性水平上显著异于0，说明管理者过度自信对股票收益产生显著的负向影响。因此，本章提出的H5.1得到验证。第二，由模型（5.2）的结果可知，管理者过度自信（OC）的回归系数为0.0067，且在10%显著性水平上显著异于0，说明管理者过度自信对真实盈余管理程度具有显著的正向影响；由模型（5.3）的结果可得，真实盈余管理绝对值（｜REM｜）的回归系数为 −0.0342，且在10%显著性水平上通过了显著性检验，说明真实盈余管理程度对股票收益产生显著的负向影响。综合模型（5.1）、模型（5.2）和模型（5.3）的检验结果，本书提出的H5.2得到验证，真实盈余管理程度在管理者过度自信与股票收益之间的关系中发挥中介作用。

表 5.3 基准回归的实证结果

变量	应计盈余管理			真实盈余管理		
	R	|AEM|	R	R	|REM|	R
OC	−0.2589 *** (−26.78)	0.0029 * (1.77)	−0.2586 *** (−26.76)	−0.2589 *** (−26.78)	0.0067 * (1.86)	−0.2587 *** (−26.77)
|AEM|			−0.0737 * (−1.85)			
|REM|						−0.0342 * (−1.71)
R_m	0.9097 *** (108.57)		0.9099 *** (108.58)	0.9097 *** (108.57)		0.9096 *** (108.54)
BM	−0.0719 *** (−3.68)		−0.0705 *** (−3.61)	−0.0719 *** (−3.68)		−0.0709 *** (−3.57)
SIZE	−0.0557 *** (−11.09)	−0.0082 *** (−10.98)	−0.0552 *** (−10.98)	−0.0557 *** (−11.09)	−0.0045 ** (−2.13)	−0.0566 *** (−11.38)
LEV	0.1495 *** (5.53)	0.0465 *** (10.12)	0.1463 *** (5.39)	0.1495 *** (5.53)	0.0158 (1.13)	0.1485 *** (5.43)
GROWTH	0.1407 *** (9.42)	0.0648 *** (25.59)	0.1361 *** (8.88)	0.1407 *** (9.42)	0.1583 *** (22.22)	0.1471 *** (9.75)
ROE	0.4270 *** (7.95)	−0.0119 (−1.33)	0.4287 *** (7.97)	0.4270 *** (7.95)	0.3939 *** (15.57)	0.4276 *** (7.99)
EC	0.2295 *** (7.87)	0.0130 *** (2.61)	0.2285 *** (7.83)	0.2295 *** (7.87)	0.0502 *** (3.57)	0.2258 *** (7.68)
EB	0.0171 ** (2.33)	−0.0001 (−0.04)	0.0171 ** (2.34)	0.0171 ** (2.33)	−0.0006 (−0.18)	0.0171 ** (2.33)
PID	0.0605 (0.81)	0.0116 (0.91)	0.0597 (0.80)	0.0605 (0.81)	0.0525 (1.46)	0.0695 (0.84)
INDUSTRY	控制	控制	控制	控制	控制	控制
YEAR	控制	控制	控制	控制	控制	控制
常数	1.0587 *** (9.84)	0.1961 *** (11.81)	1.0476 *** (9.71)	1.0587 *** (9.84)	0.1450 *** (3.10)	1.0685 *** (9.94)
样本观测数	11562	11562	11562	11562	11562	11562
Adj R^2	0.5428	0.0829	0.5435	0.5428	0.1009	0.5433
F 值	550.06	46.44	529.01	550.06	57.40	528.86

注: * 、** 、*** 分别表示系数在 10%、5%、1% 显著性水平上异于 0,括号内为 t 统计量。

实证结果表明，管理者过度自信都可能促进应计盈余管理和真实盈余管理程度，进而导致应计盈余管理和真实盈余管理程度均对股票收益产生显著的负向影响。其原因可能在于：应计盈余管理是通过会计政策进行的盈余调整，操作成本相对较小，隐蔽性相对较低；真实盈余管理是以实际的经济活动作为支撑而进行的盈余调整，操作成本相对较高，隐蔽性较高。当投资者的风险厌恶增强、资本市场的监管以及外部监督加强时，应计盈余管理操作的识别度也在一定程度上提高，进而应计盈余管理的操作空间会进一步受到了限制，使得上市公司转向涉及实际及活动的真实盈余管理（Graham et al.，2005）。因此，过度自信管理者在进行盈余管理操作时，会权衡应计盈余管理和真实盈余管理的操作成本与外部环境。然而，过度自信管理者为达到盈余管理目标，其经济活动及经济决策在过度自信心理偏好下往往会超过理论最优值（Malmendier and Tate，2005），进而应计盈余管理和真实盈余管理程度对长期股票市场价值造成负面影响。

（2）扩展分析。在基准回归部分，本章已经分析了盈余管理程度在管理者过度自信与股票收益之间关系的中介效应。然而，管理者过度自信对盈余管理程度的影响可能会受到一些企业内部因素或者外部因素（internal or external factor，IOEF）。例如，内部控制质量（internal control quality，ICQ）、管理者权力（managerial power，MP）、高质量审计（high-quality audit，HQA）、机构投资者持股比例（institutional investor shareholding，IIS）的影响，进一步使得盈余管理程度对股票收益的负向影响减轻或加剧。于是，本部分将企业盈余管理作为管理者过度自信与股票收益之间关系的中介变量，同时考虑上述企业内部因素或者外部因素对管理者过度自信与盈余管理之间关系的调节效应，以扩展分析企业盈余管理中介渠道下管理者过度自信与股票市场资产定价关系中有中介的调节效应，其影响机制的分析框架图见图5.1。

为此，本章扩展分析了这些企业内部因素或者外部因素在管理者过度自信通过盈余管理程度影响股票收益的机制中发挥的有中介的调节作用，构建的有中介的调节效应模型表达式如下（温忠麟等，2012）：

$$\begin{aligned}
R_{it+1} = {} & \alpha'_0 + \alpha'_1 OC_{it} + \alpha'_2 IOEF_{it} + \alpha'_3 IOEF_{it} \times OC_{it} + \alpha'_4 R_{mt+1} + \alpha'_5 BM_{it} \\
& + \alpha'_6 SIZE_{it} + \alpha'_7 LEV_{it} + \alpha'_8 ROE_{it} + \alpha'_9 GROWTH_{it} + \alpha'_{10} EC_{it} \\
& + \alpha'_{11} EB_{it} + \alpha'_{12} PID_{it} + \sum INDUSTRY + \sum YEAR + \varepsilon_{it+1} \quad (5.4)
\end{aligned}$$

$$\left|EM_{it}\right| = \beta_0' + \beta_1' OC_{it} + \beta_2' IOEF_{it} + \beta_3' IOEF_{it} \times OC_{it} + \beta_4' SIZE_{it}$$
$$+ \beta_5' LEV_{it} + \beta_6' ROE_{it} + \beta_7' GROWTH_{it} + \beta_8' EC_{it} + \beta_9' EB_{it}$$
$$+ \beta_{10}' PID_{it} + \sum INDUSTRY + \sum YEAR + \varepsilon_{it} \tag{5.5}$$

$$R_{it+1} = \gamma_0' + \gamma_1' OC_{it} + \gamma_2' IOEF_{it} + \gamma_3' IOEF_{it} \times OC_{it} + \gamma_4' \left|EM_{it}\right|$$
$$+ \gamma_5' R_{mt+1} + \gamma_6' BM_{it} + \gamma_7' SIZE_{it} + \gamma_8' LEV_{it} + \gamma_9' ROE_{it}$$
$$+ \gamma_{10}' GROWTH_{it} + \gamma_{11}' EC_{it} + \gamma_{12}' EB_{it} + \gamma_{13}' PID_{it}$$
$$+ \sum INDUSTRY + \sum YEAR + \varepsilon_{it+1} \tag{5.6}$$

其中，企业内部因素或者外部因素包括管理者权力、内部控制质量、高质量审计、机构投资者持股比例。此外，盈余管理（EM）包括应计盈余管理（AEM）、真实盈余管理（REM）两种操作模式。

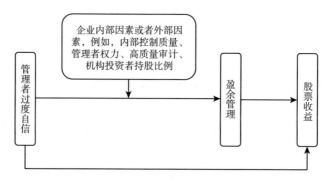

图 5.1　扩展分析的影响机制框架

对于这些企业内部因素或者外部因素的衡量，本章将管理者权力、内部控制质量、高质量审计均设置为 0 - 1 虚拟变量：其中，董事长与总经理为同一人兼任时管理者权力更大设定为 1，否则为 0（王克敏和王志超，2007）；内部控制不存在缺陷时内部控制质量高设定为 1，内部控制存在缺陷时内部控制质量低设定为 0（郭兆颖，2020）；审计意见的出具单位为综合评价排名前 10 的会计师事务所时为高质量审计设定为 1，否则为 0（吴先聪等，2020）。此外，机构投资者持股比例用机构投资者持股数占上市公司总股数的比例衡量（宋云玲和宋衍蘅，2020）。

就管理者权力而言，表 5.4 报告了管理者权力在管理者过度自信通过盈余管理程度影响股票收益的机制中发挥的有中介的调节作用：在应计盈余管理方面，由模型（5.4）和模型（5.6）的结果可得，管理者过度自信（OC）的回归系数分别为 −0.2382 和 −0.2379，且均在 1% 显著性水平异于 0，管理者过度自信对股票收益具有显著的负向影响；管理者权力（MP）的回归系数分别为 0.0495 和 0.0508，且均在 1% 显著性水平异于 0，说明董事长与总经理两职合一企业的上市公司比董事长与总经理两职分离企业的上市公司股票收益更高；管理者权力与管理者过度自信的交互项（MP × OC）的回归系数分别为 −0.0859 和 −0.0857，且在 1% 显著性水平异于 0，说明管理者权力对管理者过度自信与股票收益的关系具有负向调节效应。由模型（5.5）的结果可得，管理者过度自信（OC）的回归系数为 0.0026，且在 10% 显著性水平异于 0，管理者过度自信对应计盈余管理程度具有显著的正向影响；管理者权力（MP）的回归系数为 0.0024，且均在 10% 显著性水平异于 0，说明董事长与总经理两职合一企业的上市公司比董事长与总经理两职分离企业的上市公司应计盈余管理程度更高；管理者权力与管理者过度自信的交互项（MP × OC）的回归系数为 0.0034，且在 10% 显著性水平异于 0，说明管理者权力对管理者过度自信与应计盈余管理程度的关系具有正向调节效应。此外，模型（5.5）中，应计盈余管理绝对值（∣AEM∣）的回归系数为 −0.0712，且在 10% 显著性水平上通过了显著性检验，说明应计盈余管理程度对股票收益产生显著的负向影响。综合模型（5.4）、模型（5.5）和模型（5.6）的检验结果，管理者权力在管理者过度自信通过应计盈余管理程度间接影响股票收益过程中发挥有中介的调节效应。因此，管理者权力集中会强化管理者过度自信对应计盈余管理程度的影响，进而可能加剧应计盈余管理程度对股票收益的负向影响。同理，在真实盈余管理方面，管理者权力对管理者过度自信与股票收益的关系具有负向调节效应，管理者权力集中对管理者过度自信与真实盈余管理程度的关系具有正向调节效应。因此，管理者权力集中会强化管理者过度自信对真实盈余管理程度的影响，进而可能加剧真实盈余管理程度对股票收益的负向影响。其原因可能是管理者权力越集中，越容易加深管理者过度自信心理偏差程度（刘柏和琚涛，2020），进而管理者权力集中会强化管理者过度自信对应计盈余管理和真实盈余管理程度的影响，这可能会进一步加剧应计盈余管理和真实盈余管理的程度对股票收益的负向影响。

表 5.4 基于管理者权力调节效应的实证结果

变量	应计盈余管理			真实盈余管理		
	R	|AEM|	R	R	|REM|	R
OC	− 0.2382 *** (− 21.34)	0.0026 * (1.68)	− 0.2379 *** (− 21.32)	− 0.2382 *** (− 21.34)	0.0063 * (1.76)	− 0.2377 *** (− 21.30)
MP	0.0495 *** (4.27)	0.0024 * (1.94)	0.0508 *** (4.39)	0.0495 *** (4.27)	0.0083 * (1.72)	0.0509 *** (4.39)
MP × OC	− 0.0859 *** (− 3.95)	0.0034 * (1.85)	− 0.0857 *** (− 3.93)	− 0.0859 *** (− 3.95)	0.0119 * (1.74)	− 0.0856 *** (− 3.93)
|AEM|			− 0.0712 * (− 1.81)			
|REM|						− 0.0299 * (− 1.71)
控制变量	控制	控制	控制	控制	控制	控制
INDUSTRY	控制	控制	控制	控制	控制	控制
YEAR	控制	控制	控制	控制	控制	控制
常数	1.0470 *** (9.64)	0.1927 *** (11.45)	1.0367 *** (9.52)	1.0470 *** (9.64)	0.1460 *** (3.09)	1.0549 *** (9.33)
样本观测数	11438	11438	11438	11438	11438	11438
Adj R²	0.5431	0.0945	0.5436	0.5431	0.1132	0.5436
F 值	502.39	42.70	484.53	502.39	52.49	484.40

注：*、*** 分别表示系数在 10%、1% 显著性水平上异于 0，括号内为 t 统计量。

就内部控制质量而言，表 5.5 报告了内部控制质量在管理者过度自信通过盈余管理程度影响股票收益的机制中发挥的有中介的调节作用：在应计盈余管理方面，由模型（5.4）和模型（5.6）的结果可得，管理者过度自信（OC）的回归系数分别为 − 0.2087 和 − 0.2081，且均在 1% 显著性水平异于 0，说明管理者过度自信对股票收益具有显著的负向影响；内部控制质量（ICQ）的回归系数分别为 0.0720 和 0.0655，且均在 1% 显著性水平异于 0，说明内部控制不存在缺陷的上市公司比董事长与内部控制存在缺陷的上市公司股票收益更高；内部控制质量与管理者过度自信的交互项（ICQ × OC）的回归系数分别为 0.0678 和 0.0640，且均在 1% 显著性水平异于 0，说明高质量内部控制对管理者过度自信与股票收益的关系具有正向调节效应。由模型 (5.5) 的结果可得，管理者过度自信（OC）的回归系数分别为 0.0084，且在 1% 显著性水平异于 0，说明管理者过度自信对应计盈余管理程度具有显著的正向影响；内部控制质量（ICQ）的回归系数为 -0.0044，且在 5% 显著性水平异于 0，说明内部控制不存在缺陷的上市公司比董事长与内部控制存在缺陷的上市公司应计盈余管理程度更低；内部控制质量与管理者过度自信的交互项（ICQ×OC）的回归系数为 -0.0076，且在 5% 显著性水平异于 0，说明高质量内部控制对管理者过度自信与应计盈余管理程度的关系具有负向调节效应。此外，模型（5.5）中，应计盈余管理绝对值（｜AEM｜）的回归系数为 -0.0729，且在 10% 显著性水平上通过了显著性检验，说明应计盈余管理程度对股票收益产生显著的负向影响。综合模型（5.4）、模型（5.5）和模型（5.6）的检验结果，内部控制质量在管理者过度自信通过应计盈余管理程度间接影响股票收益过程中发挥有中介的调节效应。因此，高质量内部控制会弱化管理者过度自信对应计盈余管理程度的影响，进而可能削弱应计盈余管理程度对股票收益的负向影响。同理，在真实盈余管理方面，内部控制质量对管理者过度自信与股票收益的关系具有正向调节效应，内部控制质量对管理者过度自信与真实盈余管理程度的关系不具有显著的调节效应。因此，内部控制质量不会改变管理者过度自信对真实盈余管理程度的影响，进而可能也不会改变真实盈余管理程度对股票收益的负向影响。其原因可能是内部控制质量越高，企业决策和监控体系越健全，有利于约束企业管理者过度自信引致的非理性行为（郑培培和陈少华，2018），进而高质量内部控制会抑制管理者过度自信对应计盈余管理程度的正向影响，这可能会进一步弱化应计盈余管理程度对股票收益的负向影响。然而，真实盈余管理是基于实际的经济活动进行的盈余调整，健全的内部控制也无法有效地抑制管理者过度自信对应计盈余管理程度的正向影响，这一结论与范经华等（2013）的研究结论一致，进而高质量内部控制可能不会改变真实盈余管理程度对股票收益的负向影响。

表 5.5　　　　　　　　基于内部控制质量调节效应的实证结果

变量	应计盈余管理			真实盈余管理		
	R	|AEM|	R	R	|REM|	R
OC	−0.2087 *** (−11.56)	0.0084 *** (2.74)	−0.2081 *** (−11.52)	−0.2087 *** (−11.56)	0.0066 * (1.82)	−0.2087 *** (−11.56)
ICQ	0.0720 *** (6.52)	−0.0044 ** (−2.30)	0.0655 *** (5.93)	0.0720 *** (6.52)	−0.0105 (−1.37)	0.0720 *** (6.52)
ICQ × OC	0.0678 *** (3.22)	−0.0076 ** (−2.11)	0.0640 *** (3.08)	0.0678 *** (3.22)	0.0143 (1.41)	0.0678 *** (3.22)
|AEM|			−0.0729 * (−1.94)			
|REM|						0.0012 (0.66)
控制变量	控制	控制	控制	控制	控制	控制
INDUSTRY	控制	控制	控制	控制	控制	控制
YEAR	控制	控制	控制	控制	控制	控制
常数	0.7149 *** (6.67)	0.2003 *** (11.75)	0.9083 *** (8.21)	0.7149 *** (6.67)	0.1634 *** (3.40)	0.7146 *** (6.64)
样本观测数	11562	11562	11562	11562	11562	11562
Adj R^2	0.5430	0.1053	0.5437	0.5430	0.1011	0.5430
F 值	527.13	43.01	493.89	527.13	52.98	523.75

注：*、**、*** 分别表示系数在 10%、5%、1% 显著性水平上异于 0，括号内为 t 统计量。

　　就高质量审计而言，表 5.6 报告了高质量审计在管理者过度自信通过盈余管理程度影响股票收益的机制中发挥的有中介的调节作用：在应计盈余管理方面，由模型（5.4）和模型（5.6）的结果可得，管理者过度自信（OC）的回归系数分别为 −0.2593 和 −0.2589，且均在 1% 显著性水平异于0，管理者过度自信对股票收益具有显著的负向影响；高质量审计（HQA）的回归系数分别为 0.0206 和 0.0210，且均在 5% 显著性水平异于 0，说明高质量审计能提高上市公司的股票收益；高质量审计与管理者过度自信的交互项（HQA × OC）的回归系数分别为 0.0335 和 0.0320，且均在 5% 显著性水平异于 0，说明高质量审计对管理者过度自信与股票收益的关系具有正向调节效应。由模型（5.5）的结果可得，管理者过度自信（OC）的回归系数分别为 0.0031，且在 10% 显著性水平异于 0，管理者过度自信对应计盈余管理程度具有显著的正向影响；高质量审计（HQA）的回归系数分别为 -0.0030，且在 10% 显著性水平异于 0，说明高质量审计能降低上市公司应计盈余管理程度；高质量审计与管理者过度自信的交互项（HQA × OC）的回归系数为 -0.0031，且在 5% 显著性水平异于 0，说明高质量审计对管理者过度自信与应计盈余管理程度的关系具有负向调节效应。此外，模型（5.5）中，应计盈余管理绝对值（｜AEM｜）的回归系数为 -0.0751，且在 10% 显著性水平上通过了显著性检验，说明应计盈余管理程度对股票收益产生显著的负向影响。综合模型（5.4）、模型（5.5）和模型（5.6）的检验结果，高质量审计在管理者过度自信通过应计盈余管理程度间接影响股票收益过程中发挥有中介的调节效应。因此，高质量审计会弱化管理者过度自信对应计盈余管理程度的影响，进而可能减弱应计盈余管理程度对股票收益的负向影响。同理，在真实盈余管理方面，高质量审计对管理者过度自信与股票收益的关系具有正向调节效应，高质量审计对管理者过度自信与真实盈余管理程度的关系具有负向调节效应。因此，高质量审计会抑制管理者过度自信对真实盈余管理程度的影响，进而可能削弱真实盈余管理程度对股票收益的负向影响。其原因可能是高质量审计过程中，审计师的专业知识和职业能力能够有效地发现管理者过度自信引致的应计盈余管理行为和真实盈余管理程度行为（柳木华和雷霄，2020），进而高质量审计会抑制管理者过度自信对应计盈余管理和真实盈余管理程度的影响，这可能会进一步弱化应计盈余管理和真实盈余管理的程度对股票收益的负向影响。

表 5.6　　　　　　　　　　基于高质量审计调节效应的实证结果

变量	应计盈余管理			真实盈余管理		
	R	｜AEM｜	R	R	｜REM｜	R
OC	-0.2593 *** (-17.52)	0.0031 * (1.84)	-0.2589 *** (-17.49)	-0.2593 *** (-17.52)	0.0076 * (1.94)	-0.2587 *** (-17.48)
HQA	0.0206 ** (2.09)	-0.0030 * (-1.79)	0.0210 ** (2.13)	0.0206 ** (2.09)	-0.0031 * (-1.75)	0.0208 ** (2.11)
HQA × OC	0.0335 ** (2.07)	-0.0031 ** (-1.96)	0.0320 ** (1.96)	0.0335 ** (2.07)	-0.0228 ** (-2.48)	0.0314 * (1.88)

续表

变量	应计盈余管理			真实盈余管理		
	R	|AEM|	R	R	|REM|	R
|AEM|			−0.0751 * (−1.68)			
|REM|						−0.0486 ** (−2.04)
控制变量	控制	控制	控制	控制	控制	控制
INDUSTRY	控制	控制	控制	控制	控制	控制
YEAR	控制	控制	控制	控制	控制	控制
常数	1.0676 *** (9.92)	0.1935 *** (11.67)	1.0542 *** (9.87)	1.0676 *** (9.92)	0.1481 *** (3.17)	1.0755 *** (10.00)
样本观测数	11562	11562	11562	11562	11562	11562
Adj R²	0.5440	0.0940	0.5445	0.5440	0.1182	0.5448
F 值	509.73	42.86	496.45	509.73	53.10	496.29

注：*、**、*** 分别表示系数在 10%、5%、1% 显著性水平上异于 0，括号内为 t 统计量。

就机构投资者持股比例而言，表 5.7 报告了机构投资者持股比例在管理者过度自信通过盈余管理程度影响股票收益的机制中发挥的有中介的调节作用：在应计盈余管理方面，由模型（5.4）和模型（5.6）的结果可得，管理者过度自信（OC）的回归系数分别为 −0.3342 和 −0.3340，且均在 1% 显著性水平异于 0，管理者过度自信对股票收益具有显著的负向影响；机构投资者持股比例（IIS）的回归系数分别为 0.0749 和 0.0746，且均在 1% 显著性水平异于 0，说明提高机构投资者持股比例能使上市公司的股票收益增长；机构投资者持股比例与管理者过度自信的交互项（IIS × OC）的回归系数分别为 0.1826 和 0.1815，且均在 1% 显著性水平异于 0，说明机构投资者持股比例对管理者过度自信与股票收益的关系具有正向调节效应。由模型（5.5）的结果可得，管理者过度自信（OC）的回归系数分别为 0.0042，且在 10% 显著性水平异于 0，管理者过度自信对应计盈余管理程度具有显著的正向影响；机构投资者持股比例（IIS）的回归系数分别为 −0.0022，且在 10% 显著性水平异于 0，说明提高机构投资者持股比例能降低上市公司应计盈余管理程度；机构投资者持股比例与管理者过度自信的交互项（IIS × OC）的回归系数为

−0.0177，且在 1% 显著性水平异于 0，说明机构投资者持股比例对管理者过度自信与应计盈余管理程度的关系具有负向调节效应。此外，模型（5.5）中，应计盈余管理绝对值（｜AEM｜）的回归系数为 −0.0633，且在 10% 显著性水平上通过了显著性检验，说明应计盈余管理程度对股票收益产生显著的负向影响。综合模型（5.4）、模型（5.5）和模型（5.6）的检验结果，机构投资者持股比例在管理者过度自信通过应计盈余管理程度间接影响股票收益过程中发挥有中介的调节效应。因此，提高机构投资者持股比例会弱化管理者过度自信对应计盈余管理程度的影响，进而可能减弱应计盈余管理程度对股票收益的负向影响。同理，在真实盈余管理方面，机构投资者持股比例对管理者过度自信与股票收益的关系具有正向调节效应，机构投资者持股比例对管理者过度自信与真实盈余管理程度的关系具有负向调节效应。因此，提高机构投资者持股比例会抑制管理者过度自信对真实盈余管理程度的影响，进而可能削弱真实盈余管理程度对股票收益的负向影响。其原因可能是机构投资者持股比例有利于完善公司治理，切实地起到监督作用（李延喜等，2011；汪玉兰和易朝辉，2017），进而机构投资者持股比例提高有利于抑制管理者过度自信对应计盈余管理和真实盈余管理程度的影响，这可能会进一步弱化应计盈余管理和真实盈余管理的程度对股票收益的负向影响。

表 5.7　　　　　　　　基于机构投资者持股比例调节效应的实证结果

变量	应计盈余管理			真实盈余管理		
	R	｜AEM｜	R	R	｜REM｜	R
OC	−0.3342 *** (−17.55)	0.0042 * (1.90)	−0.3340 *** (−17.54)	−0.3342 *** (−17.55)	0.0071 * (1.92)	−0.3339 *** (−17.54)
IIS	0.0749 *** (2.98)	−0.0022 * (−1.67)	0.0746 *** (2.97)	0.0749 *** (2.98)	−0.0815 *** (−6.75)	0.0883 *** (3.53)
IIS × OC	0.1826 *** (4.61)	−0.0177 *** (−2.61)	0.1815 *** (4.58)	0.1826 *** (4.61)	−0.0485 ** (−2.55)	0.1752 *** (4.42)
｜AEM｜			−0.0633 * (−1.76)			
｜REM｜						−0.0295 * (−1.80)

续表

变量	应计盈余管理			真实盈余管理		
	R	|AEM|	R	R	|REM|	R
控制变量	控制	控制	控制	控制	控制	控制
INDUSTRY	控制	控制	控制	控制	控制	控制
YEAR	控制	控制	控制	控制	控制	控制
常数	1.0428 *** (9.43)	0.1990 *** (11.66)	1.0331 *** (9.32)	1.0428 *** (9.43)	0.2415 *** (5.04)	1.0342 *** (9.34)
样本观测数	11509	11509	11509	11509	11509	11509
Adj R^2	0.5448	0.1029	0.5454	0.5448	0.1331	0.5454
F 值	508.92	42.62	490.81	508.92	56.20	490.71

注：*、**、*** 分别表示系数在10%、5%、1% 显著性水平上异于0，括号内为 t 统计量。

5.3.3 稳健性检验

对于管理者过度自信变量的测度，不同的衡量方法可能产生差异性结果。为了进一步检验实证结果的稳健性，本章首先借鉴罗进和李延喜（2013）的方法测度管理者过度自信：$ISO_{it} < ISO_{it-1}$；$Hold_{it} \geq Hold_{it-1}$。其中，$ISO_{it}$ 为反映 i 上市公司的投资机会集，用（流通股市值 + 未流通股份 × 每股净资产 + 总资产 – 所有者权益)/总资产近似地衡量；$Hold_{it}$ 为 i 上市公司管理者在第 t 年末持有股票的数量。

对满足上述条件的，将其定义为管理者过度自信，并设定为 0 – 1 虚拟变量。

其次，分别在应计盈余管理样本和真实盈余管理样本中使用本章的层次回归模型中检验了盈余管理程度（包括应计盈余管理和真实盈余管理程度）在管理者过度自信与股票收益之间关系的中介效应的结果的稳健性，并扩展分析了管理者权力、内部控制质量、高质量审计、机构投资者持股比例这些企业内部因素或者外部因素在管理者过度自信通过盈余管理程度影响股票收益的机制中发挥调节效应的结果的稳健性。基准回归稳健性检验结果如表5.8 所示、扩展分析的稳健性检验结果如表5.9 所示，其结果依旧稳健。

表 5.8　　　　　　　　　　　　　　基准回归的稳健性检验结果

变量	应计盈余管理			真实盈余管理		
	R	｜AEM｜	R	R	｜REM｜	R
OC	− 0. 2632 *** (− 26. 11)	0. 0039 ** (2. 35)	− 0. 2631 *** (− 26. 10)	− 0. 2632 *** (− 26. 11)	0. 0116 ** (2. 44)	− 0. 2629 *** (− 26. 08)
｜AEM｜			− 0. 1234 ** (− 2. 43)			
｜REM｜						− 0. 0269 * (− 1. 87)
控制变量	控制	控制	控制	控制	控制	控制
INDUSTRY	控制	控制	控制	控制	控制	控制
YEAR	控制	控制	控制	控制	控制	控制
常数	1. 0965 *** (10. 18)	0. 1927 *** (11. 62)	1. 1092 *** (10. 42)	1. 0965 *** (10. 18)	0. 1361 *** (2. 92)	1. 0856 *** (10. 07)
样本观测数	11562	11562	11562	11562	11562	11562
Adj R^2	0. 5415	0. 0831	0. 5427	0. 5415	0. 1012	0. 5422
F 值	547. 15	46. 56	526. 07	547. 15	57. 58	526. 12

注：*、**、*** 分别表示系数在 10%、5%、1% 显著性水平上异于 0，括号内为 t 统计量。

表 5.9　　　　　　　　　　　　　　扩展分析的稳健性检验结果

Panel A　基于管理者权力调节效应的稳健性检验

变量	应计盈余管理			真实盈余管理		
	R	｜AEM｜	R	R	｜REM｜	R
OC	− 0. 2455 *** (− 20. 82)	0. 0042 ** (2. 10)	− 0. 2453 *** (− 20. 80)	− 0. 2455 *** (− 20. 82)	0. 0102 * (1. 82)	− 0. 2451 *** (− 20. 79)
MP	0. 0544 *** (4. 73)	0. 0023 * (1. 78)	0. 0563 *** (4. 90)	0. 0544 *** (4. 73)	0. 0048 * (1. 71)	0. 0564 *** (4. 90)
MP × OC	− 0. 0737 *** (− 3. 31)	0. 0044 * (1. 72)	− 0. 0728 *** (− 3. 21)	− 0. 0737 *** (− 3. 31)	0. 0241 * (1. 89)	− 0. 0731 *** (− 3. 26)
｜AEM｜			− 0. 0485 * (− 1. 74)			
｜REM｜						− 0. 0375 * (− 1. 87)

续表

Panel A　基于管理者权力调节效应的稳健性检验

变量	应计盈余管理			真实盈余管理		
	R	|AEM|	R	R	|REM|	R
控制变量	控制	控制	控制	控制	控制	控制
INDUSTRY	控制	控制	控制	控制	控制	控制
YEAR	控制	控制	控制	控制	控制	控制
常数	1.0819 ***	0.1888 ***	1.0791 ***	1.0819 ***	0.1359 ***	1.0911 ***
	(9.95)	(11.23)	(9.90)	(9.95)	(2.87)	(10.04)
样本观测数	11438	11438	11438	11438	11438	11438
Adj R²	0.5419	0.0947	0.5424	0.5419	0.1133	0.5426
F 值	499.93	42.80	482.04	499.93	52.61	482.07

Panel B　基于内部控制质量调节效应的稳健性检验

变量	应计盈余管理			真实盈余管理		
	R	|AEM|	R	R	|REM|	R
OC	−0.2312 ***	0.0047 **	−0.2308 ***	−0.2312 ***	0.0172 *	−0.2312 ***
	(−11.95)	(2.36)	(−11.92)	(−11.95)	(1.85)	(−11.95)
ICQ	0.0672 ***	−0.0026 *	0.0616 ***	0.0672 ***	−0.0081	0.0672 ***
	(6.25)	(−1.90)	(5.73)	(6.25)	(−1.56)	(6.25)
ICQ × OC	0.0441 **	−0.0029 *	0.0433 *	0.0441 **	0.0078	0.0441 **
	(1.97)	(−1.76)	(1.94)	(1.97)	(0.72)	(1.97)
|AEM|			−0.0855 *			
			(−1.87)			
|REM|						−0.0158
						(−0.82)
控制变量	控制	控制	控制	控制	控制	控制
INDUSTRY	控制	控制	控制	控制	控制	控制
YEAR	控制	控制	控制	控制	控制	控制
常数	0.7623 ***	0.1978 ***	0.9542 ***	0.7623 ***	0.1517 ***	0.7621 ***
	(7.11)	(11.68)	(8.62)	(7.11)	(3.17)	(7.10)
样本观测数	11562	11562	11562	11562	11562	11562
Adj R²	0.5418	0.0922	0.5425	0.5418	0.1012	0.5418
F 值	524.56	42.93	491.02	524.56	53.08	521.05

续表

Panel C　基于高质量审计调节效应的稳健性检验

变量	应计盈余管理			真实盈余管理		
	R	|AEM|	R	R	|REM|	R
OC	−0.2559*** (−16.30)	0.0051* (1.91)	−0.2540*** (−16.18)	−0.2559*** (−16.30)	0.0123* (1.65)	−0.2542*** (−16.20)
HQA	0.0282*** (2.92)	−0.0026* (−1.80)	0.0287*** (2.97)	0.0282*** (2.92)	−0.0027* (−1.68)	0.0305*** (3.16)
HQA×OC	0.0122* (1.81)	−0.0019* (−1.65)	0.0133* (1.86)	0.0122* (1.81)	−0.0116* (−1.72)	0.0142* (1.91)
|AEM|			−0.0656* (−1.67)			
|REM|						−0.0275* (−1.91)
控制变量	控制	控制	控制	控制	控制	控制
INDUSTRY	控制	控制	控制	控制	控制	控制
YEAR	控制	控制	控制	控制	控制	控制
常数	1.1069*** (10.27)	0.1918*** (11.55)	1.1122*** (10.29)	1.1069*** (10.27)	0.1376*** (2.94)	1.1151*** (10.35)
样本观测数	11562	11562	11562	11562	11562	11562
Adj R²	0.5429	0.0921	0.5434	0.5429	0.1111	0.5436
F 值	507.28	42.94	496.70	507.28	52.99	496.75

Panel D　基于机构投资者持股比例调节效应的稳健性检验

变量	应计盈余管理			真实盈余管理		
	R	|AEM|	R	R	|REM|	R
OC	−0.3342*** (−17.39)	0.0062* (1.88)	−0.3340*** (−17.38)	−0.3342*** (−17.39)	0.0096* (1.70)	−0.3341*** (−17.38)
IIS	0.1049*** (4.20)	−0.0105* (−1.71)	0.1186*** (4.80)	0.1049*** (4.20)	−0.0956*** (−7.97)	0.1039*** (4.15)
IIS×OC	0.1752*** (4.21)	−0.0160* (−1.84)	0.1654*** (3.96)	0.1752*** (4.21)	−0.0262* (−1.81)	0.1750*** (4.20)
|AEM|			−0.0667* (−1.81)			

Panel D　基于机构投资者持股比例调节效应的稳健性检验

变量	应计盈余管理			真实盈余管理		
	R	|AEM|	R	R	|REM|	R
|REM|						−0. 0313 * （−1. 78）
控制变量	控制	控制	控制	控制	控制	控制
INDUSTRY	控制	控制	控制	控制	控制	控制
YEAR	控制	控制	控制	控制	控制	控制
常数	1. 0379 *** （9. 37）	0. 1930 *** （11. 31）	1. 0453 *** （9. 42）	1. 0379 *** （9. 37）	0. 2223 *** （4. 64）	1. 0483 *** （9. 48）
样本观测数	11509	11509	11509	11509	11509	11509
Adj R²	0. 5437	0. 0965	0. 5443	0. 5437	0. 1326	0. 5443
F 值	506. 57	42. 42	488. 45	506. 57	55. 90	488. 46

注： * 、 ** 、 *** 分别表示系数在10% 、5% 、1% 显著性水平上异于0，括号内为 t 统计量。

5.4　本章小结

本章基于 2012 ~ 2017 年中国 A 股上市公司财务数据和对应期间的股票数据，考虑应计盈余管理和真实盈余管理两种盈余操作模式，基于管理者过度自信心理偏好与盈余管理行为之间的内在关系，实证研究了盈余管理（包括应计盈余管理和真实盈余管理）在管理者过度自信与股票收益之间关系发挥的中介效应，并扩展分析了管理者权力、内部控制质量、高质量审计、机构投资者持股比例这些企业内部因素或者外部因素在管理者过度自信心理偏好经由盈余管理影响股票市场资产定价的传导机制和路径中发挥的调节效应。结果表明：（1）管理者过度自信将提高应计盈余管理和真实盈余管理程度，进而导致应计盈余管理和真实盈余管理程度对股票收益产生显著负向影响。（2）管理者权力集中将强化管理者过度自信对应计盈余管理和真实盈余管理程度的正向影响，进而加剧应计盈余管理和真实盈余管理的程度对股票收益的负向影响。（3）高质量内部控制会抑制管理者过度自信对应计盈余管理程度的正向影响，进而弱化应计盈余管理程度对股票收益的负向影响。（4）高质量审计和机构投资者持股比例的增加都会抑制管理者过度自信对应计盈余管理和真实盈余管理程度的正向影响，进而弱化应计盈余管理和真实盈余管理的程度对股票收益的负向影响。上述结论拓展和深化了资产定价的研究，为管理者过度自信通过盈余管理的中介渠道影响资产定价的影响机制提供了经验证据。

管理者过度自信与股票市场资产定价：基于企业投资中介效应视角

第4章和第5章基于投资者行为和管理者行为从公司基本面的盈余管理视角分别研究了投资者情绪、盈余管理与股票市场资产定价之间关系的影响机制以及管理者过度自信、盈余管理与股票市场资产定价之间关系的影响机制。

企业投资可能通过影响企业经营绩效而反映在股票市场价格上，法玛和弗伦奇构建的五因子模型从理论和实证层面阐明了企业投资与股票市场价格之间的关系，但企业投资对股票市场资产定价影响的方向和程度却可能因企业管理层行为、融资现金流和市场竞争等因素不同而产生很大差异。管理层的过度自信心理偏好可能通过影响企业投资决策和投资行为而对企业经营绩效产生影响，进而影响股票市场价格。进一步从融资现金流和市场竞争的调节效应视角分析，管理者作为企业投资决策行为主体，其投资决策不可避免地会受到自身过度自信心理的直接影响，同时也会受到融资现金流的限制和约束以及市场竞争的影响。融资现金流可能会影响管理者过度自信与企业投资之间的关系，进而影响股票市场价格；市场竞争也可能会影响企业投资与企业绩效之间的关系，进而影响股票市场价格。因此，企业的管理者存在过度自信时，在不同融资现金流环境和市场竞争环境下，其投资行为和投资效率也可能有很大不同，传递到股票市场后的价格表现也将呈现出很大差异。

基于上述问题，本章拟研究企业投资在管理者过度自信与股票收益之间关系发挥的中介效应，并进一步分析融资现金流和企业竞争在管理者过度自信经由企业投资行为影响股票市场资产定价的机制中可能发挥的调节作用。研究结果对于企业在不同融资现金流环境和市场竞争环境下选择合适类型的管理者、规范企业投资行为、提高企业投资效率进而提升企业的市场价值和保障中国股票市场健康发展具有重要的理论和实践意义，同时为投资者的投资决策提供了理论依据。

6.1　理论分析与研究假设

6.1.1　管理者过度自信与企业投资

管理者过度自信的心理偏好特征决定了过度自信的管理者往往一方面易于高估企业的市场价值，并认为外部融资成本过高，倾向于按融资优序理论执行融资决策（相比于外源融资，对内源融资更加偏好），在内部现金流短缺时，容易放弃净现值大于零的优质项目，产生投资不足问题；另一方面易于高估投资项目的回报，也容易投资于净现值小于零的劣质项目，在内部现金流充足而不受约束时产生过度投资问题（Heaton，2002）。因此，在拥有充足的内部资金时过度投资，在需要外部融资时缩减投资，从而造成公司投资扭曲（Malmendier and Tate，2005）。然而，何等（He et al.，2019）的研究表明内部融资可以为企业的商业机会提供资金并缓解资金短缺，但也可能导致过度投资，而管理层过度自信的公司中这种现象更加显著。在企业存在融资约束的情况下，管理者是否过度自信在企业投资决策中至关重要，因为管理者过度自信在企业投资决策中容易引发效率低下的过度投资行为（刘柏和梁超，2016；吕兆德和徐晓薇，2016），且过度自信管理者比非过度自信管理者表现出更高的投资现金流敏感性（郝颖等，2005；Lin et al.，2005；王霞等，2008；叶蓓和袁建国，2008；Malmendier and Tate，2015），进而在现金流充足的情况下，企业过度投资的现象在管理者过度自信的公司中更为严重，现金流充足会加剧管理者过度自信引发的过度投资行为（许致维，

2013；李建英等，2017）。此外，企业投资不足情况下，乐观程度高的管理者可以通过降低投资不足的程度来提高公司的投资效率（Chen and Lin，2013）。基于上述分析，本书提出假设6.1：

H6.1：管理者过度自信与企业的过度投资正相关。

6.1.2 管理者过度自信、企业投资与资产定价

目前为止，国内外学者对于企业投资与股票定价之间关系的研究并未达成一致结论。早期的研究普遍认为企业投资与股票收益呈显著的正相关关系（McConnell and Muscarella，1985；Blose and Shieh，1997；Vogt，1997），后期学者通过实证研究发现企业投资与股票收益也存在显著的负相关关系（Titman et al.，2004；Aharoni et al.，2013；周铭山等，2013）。李和张（Li and Zhang，2010）基于"Q理论"建立了存在投资摩擦的理论模型，发现该模型能够解释"投资增长异象"，即企业投资规模的扩张反而降低了股票未来收益（Cooper et al.，2008；McLean et al.，2009）。拉蒙特（Lamont，2000）基于折现率与投资之间的负相关关系提出随着贴现率的即时变化和投资的即时变化，投资应与当前股票收益正相关，与未来股票收益负相关。蒂特曼等（Titman et al.，2004）发现大幅增加资本投资的公司随后出现负的基准调整收益，且资本投资与股票收益的负向关系在具有更大投资决策权的公司（即现金流更高、债务比率更低的公司）更为显著。王宜峰等（2015）考察了企业投资水平与股票收益的动态关系，结果表明投资水平高的公司前期股票收益较高，而投资水平低的公司后期股票收益较高，其原因在于投资者对公司的投资行为反应过度。林祺（2016）试图从错误定价假说和最优投资效应假说两个角度去解释我国资本市场上的资产增长异象，发现这种异象在股票定价效率较高和融资约束较大时更为显著，说明最优投资效应假说在我国资本市场得到验证，而投资对股票收益的影响主要源于企业的最优投资决策而非错误定价。徐光伟和刘星（2012）的研究表明预期的企业投资与股票的横截面收益存在负相关关系，且较之投资不足的企业，这种关系在投资过度的企业中更加显著。杜尔涅夫等（Durnev et al.，2004）的研究表明当股票价格充分而快速反映企业的

基本面信息时，企业投资效率与股票收益变动正相关。这些证据说明了投资效率也可能是研究企业投资与资产定价关系时不可忽略的因素。企业投资过度程度越深（过度投资越大）、企业投资不足程度越深（过度投资越小）对股票收益的负面影响越大，即投资不足时，企业过度投资与股票收益正相关；投资过度时，企业过度投资与股票收益负相关。基于上述分析，本书提出假设6.2：

H6.2：企业过度投资程度与股票收益负相关。

过度自信刻画的是人们倾向于高估自己的能力或者是获取信息的精确性（Frank，1935；Fischhoff et al.，1977），而管理者过度自信往往会作用于企业的投资决策中从而对企业投资产生重要影响（Heaton，2002）。管理者过度自信可能直接向市场传递信息影响股票短期价格，也可能通过投资决策影响企业绩效从而间接影响股票的中长期价格。现有文献只是分别阐述了管理者过度自信、企业投资对资产定价的影响，并没有分析企业投资在管理者过度自信与资产定价关系之间发挥怎样的作用。本书的H5.1阐述了管理者过度自信与资产定价之间的关系，H6.1阐述了管理者过度自信与企业投资之间的关系，H6.2阐述了企业投资与资产定价之间的关系。因此，管理者过度自信也会对资产定价产生间接影响，这种间接影响主要通过企业投资这一中介渠道发挥作用。基于上述分析，本书提出假设6.3：

H6.3：企业投资在管理者过度自信与股票收益之间关系的影响机制中发挥中介作用。

6.2　研究设计

6.2.1　变量选取与界定

为了研究管理者过度自信经由企业投资行为影响股票市场资产定价的传导路径。本章选择了如下变量：①被解释变量：股票年收益率（R）；②解释变量：管理者过度自信（OC）；③中介变量：企业过度投资（OVER-INV）；④控制变量：市场年收益率（R_m）、账面市值比率（BM）、企业规模

（SIZE）、资产负债率（LEV）、资产增长率（GROWTH）、净资产收益率（ROE）、股权集中度（EC）、股权制衡（EB）、独立董事占比（PID）。

对于被解释变量股票年收益率（R）的衡量，与第 4 章相同；

对于解释变量管理者过度自信（OC）的衡量，与第 5 章相同。

对于中介变量企业过度投资（OVERINV）的测度，本章采用理查森（Richardson，2006）的企业投资预期模型，并取其残差作为企业投资过度的代理变量。目前文献的做法与理查森（Richardson，2006）相同：当残差大于零时，表示企业投资过度；当残差小于 0 时，表示企业投资不足。但是在残差等于 0 附近的一定范围内，企业投资过度与企业投资不足的差异可能并不显著，而直接将残差大于 0 和残差小于 0 分别视为企业投资过度和投资不足可能会使结果中包含错误信息。为解决这一问题，本章继续对残差等于 0 附近的正负 1% 分位进行缩尾处理后再划分出投资过度样本和投资不足样本，以进一步检验在企业投资不足样本和投资过度样本情况下，管理者过度自信对企业投资与股票定价的影响。企业投资预期模型如下：

$$
\begin{aligned}
INV_{it} = {} & \theta_0 + \theta_1 SALEGROWTH_{it-1} + \theta_2 LEV_{it-1} + \theta_3 CASH_{it-1} \\
& + \theta_4 AGE_{it-1} + \theta_5 SIZE_{it-1} + \theta_6 R_{it-1} + \theta_7 INV_{it-1} \\
& + \sum YEAR + \sum INDUSTRY + \varepsilon_{it}
\end{aligned} \tag{6.1}
$$

为平滑企业规模的影响，本章用对应年份的年末企业规模对部分变量进行标准化处理。其中，INV_{it} 为企业 i 第 t 年的企业投资水平，用企业 i 第 t 年投资净额（购建固定资产、无形资产和其他长期资产支付的现金与处置固定资产、无形资产和其他长期资产收回的现金之差）除以企业 i 第 t 年末总资产来表示；$SALEGROWTH_{it-1}$ 为企业 i 第 t-1 年的销售收入增长率；LEV_{it-1} 为企业 i 第 t-1 年末的资产负债率；$CASH_{it-1}$ 为企业 i 第 t-1 年现金持有水平，用企业 i 第 t-1 年末的现金除以企业 i 第 t-1 年末总资产表示；AGE_{it-1} 为企业 i 在第 t-1 的上市年限；$SIZE_{it-1}$ 为企业 i 第 t-1 年的企业规模，用企业 i 第 t-1 年末总资产的自然对数表示；R_{it-1} 为企业 i 第 t-1 年股票年度收益率。模型同时对年度（YEAR）和行业（INDUSTRY）加以控制，且行业按中国证监会 2012 行业分类标准划分。

对于控制变量的选择，本章参考了相关研究（Fama and French，1993；

Ho et al.，2011；王铁男和王宇，2017；颜爱民和马箭，2013；杨楠，2015）。其中，市场年收益率（R_m）、账面市值比率（BM）、企业规模（SIZE）为资产定价模型的基础控制变量。此外，本章还使用企业的偿债能力、成长能力和盈利能力、股权结构和董事会结构来控制企业层面的因素，而资产负债率（LEV）、资产增长率（GROWTH）、净资产收益率（ROE）分别体现了公司企业的偿债能力、成长能力和盈利能力，且这些因素与企业绩效存在紧密联系从而最终对股票价格产生影响，股权集中度（EC）、股权制衡（EB）、独立董事占比（PID）会影响公司的投资决策，从而通过企业投资影响股票价格。因此，本章选取这些变量作为控制变量。

本章涉及的所有变量及衡量标准如表 6.1 所示。

表 6.1　　　　　　　　　　　　　变量的界定及衡量

	变量	衡量标准
被解释变量	股票年收益率（R）	第 t + 1 年 5 月至第 t + 2 年 4 月的股票月度累乘收益率
解释变量	管理者过度自信（OC）	第 t 年股票收益率低于市场收益率情况下，管理者仍未减持公司股票
中介变量	企业过度投资（OVERINV）	第 t 年企业投资预期模型的残差
控制变量	市场年收益率（R_m）	第 t + 1 年 5 月至第 t + 2 年 4 月的沪深 300 指数月度累乘收益率
	账面市值比（BM）	第 t 年末账面价值与市值之比
	企业规模（SIZE）	第 t 年末总资产的自然对数
	资产负债率（LEV）	第 t 年末总负债/第 t 年末总资产
	总资产增长率（GROWTH）	第 t 年末总资产同比增长额/第 t−1 年末资产总额
	净资产收益率（ROE）	第 t 年净利润/第 t 年股东权益年平均额
	股权集中度（EC）	第 t 年末公司前三大股东持股比例的总和
	股权制衡（EB）	第 t 年末公司第二大股东到第五大股东持股比例的总和与第一大股东持股比例之比
	独立董事占比（PID）	第 t 年公司独立董事人数在董事总人数中的占比
	行业（INDUSTRY）	按中国证监会 2012 行业分类标准生成行业虚拟变量
	年度（YEAR）	按会计年度生成年度虚拟变量

6.2.2　模型构建

H6.3 论述了企业投资可能在管理者过度自信与股票收益之间关系的影响机制中发挥中介作用。根据温忠麟等（2012）对中介效应模型的检验方法，本章采用以下层次回归的方法构建模型：第一步，在加入控制变量条件下，被解释变量股票收益（R）对解释变量管理者过度自信（OC）进行回归；第二步，在加入控制变量条件下，中介变量企业过度投资（OVERINV）对解释变量管理者过度自信（OC）进行回归；第三步，在加入控制变量条件下，在第一步的基础上加入中介变量企业过度投资的绝对值（|OVERINV|），被解释变量股票收益（R）对解释变量管理者过度自信（OC）和中介变量企业过度投资的绝对值（|OVERINV|）进行回归。中介效应模型的表达式如式（6.2）至式（6.4）所示：

$$
\begin{aligned}
R_{it+1} = {} & \alpha_0 + \alpha_1 OC_{it} + \alpha_2 R_{mt+1} + \alpha_3 BM_{it} + \alpha_4 SIZE_{it} + \alpha_5 LEV_{it} \\
& + \alpha_6 GROWTH_{it} + \alpha_7 ROE_{it} + \alpha_8 EC_{it} + \alpha_9 EB_{it} \\
& + \alpha_{10} PID_{it} + \sum INDUSTRY + \sum YEAR + \varepsilon_{it+1} \quad (6.2)
\end{aligned}
$$

$$
\begin{aligned}
OVERINV_{it} = {} & \beta_0 + \beta_1 OC_{it} + \beta_2 SIZE_{it} + \beta_3 LEV_{it} + \beta_4 GROWTH_{it} \\
& + \beta_5 ROE_{it} + \beta_6 EC_{it} + \beta_7 EB_{it} + \beta_8 PID_{it} \\
& + \sum INDUSTRY + \sum YEAR + \varepsilon_{it} \quad (6.3)
\end{aligned}
$$

$$
\begin{aligned}
R_{it+1} = {} & \gamma_0 + \gamma_1 OC_{it} + \gamma_2 |OVERINV_{it}| + \gamma_3 R_{mt+1} + \gamma_4 BM_{it} \\
& + \gamma_5 SIZE_{it} + \gamma_6 LEV_{it} + \gamma_7 GROWTH_{it} + \gamma_8 ROE_{it} \\
& + \gamma_9 EC_{it} + \gamma_{10} EB_{it} + \gamma_{11} PID_{it} \\
& + \sum INDUSTRY + \sum YEAR + \varepsilon_{it+1} \quad (6.4)
\end{aligned}
$$

6.2.3　样本与数据

本章首先收集 2012～2017 年沪深两市非金融行业上市公司 A 股的相关数据，例如，所有者权益、总资产、企业投资、管理者持股数量、筹资活动中股权融资的现金净流量、筹资活动中债务融资的现金净流量、大股东持股

比例、董事和独立董事人数等研究所需的原始数据。其次，依次剔除 ST 及
*ST 公司的数据样本、所有者权益小于 0 的异常公司数据样本、数据缺失的
样本以及行业内上市公司数量过少的上市公司样本，最终得到 1927 个有效
公司样本。最后，收集对应年份 2013 年 5 月 ~ 2019 年 4 月 1927 个上市公司
的股票月度收益率与沪深 300 指数月度市场收益率。相关数据均来自国泰安
数据库和 CCER 数据库。此外，为了减小异常值对研究结果的影响，本章还
在 1% 和 99% 分位水平上对连续变量进行缩尾处理。

6.3　实证分析

6.3.1　描述性统计

表 6.2 报告了变量的描述性统计结果。比较公司股票收益（R）和市场
收益（R_m）发现，R 的平均值（0.2051）和标准差（0.6560）大于 R_m 的平
均值（0.1435）和标准差（0.4942），同时，R 的最小值（ - 0.5614）小于 R_m
的最小值（ - 0.3354），R 的最大值（2.8839）远远高于 R_m 的最大值
（1.2004），说明我国上市公司的股票市场收益差异较大、风险较高。管理者
过度自信（OC）的平均值为 0.2628，说明总样本中存在管理者过度自信的
公司占比为 26.28% 。企业过度投资（OVERINV）的最大值为 0.6006，最小
值为 - 0.4965，说明我国上市公司的企业投资差异较大。同理，上市公司在
企业规模、偿债能力、成长能力、盈利能力、股权结构和治理结构方面也存
在较大的差异。

表 6.2　　　　　　　　　　　　　变量的描述性统计

变量	平均值	标准差	最小值	最大值
R	0.2051	0.6560	- 0.5614	2.8839
OC	0.2628	0.4402	0	1
OVERINV	3.85e - 06	0.0470	- 0.4965	0.6006
R_m	0.1435	0.4942	- 0.3354	1.2004

变量	平均值	标准差	最小值	最大值
BM	0.4341	0.2722	0.0670	1.4718
SIZE	22.3091	1.2633	20.0013	26.1053
LEV	0.4347	0.2051	0.0509	0.8631
GROWTH	0.1747	0.2946	-0.2244	1.8069
ROE	0.0724	0.0846	-0.2593	0.3316
EC	0.4794	0.1542	0.0843	0.9829
EB	0.6653	0.5947	0.0031	3.9217
PID	0.3736	0.0558	0	0.8000

6.3.2 实证结果与分析

本部分拟基于管理者过度自信心理偏好与投资决策行为，以及企业投资决策与股票市场资产定价之间的内在关系，实证研究管理者过度自信经由企业投资影响股票市场资产定价的影响机制。

表6.3报告了基准回归的实证结果。企业投资在管理者过度自信与股票收益之间关系中的中介效应实证结果如下：第一，在中介效应实证模型的第一步和第三步中，管理者过度自信（OC）的回归系数分别为 -0.2589 和 -0.2587，且均在1%显著性水平上异于0，说明管理者过度自信对股票收益产生显著的负向影响。因此，本章提出的 H5.1 得到验证。第二，在中介效应实证模型的第二步中，管理者过度自信（OC）的回归系数为 0.0019，且在5%显著性水平上异于0，说明管理者过度自信与企业过度投资显著正相关，本章提出的 H6.1 得到验证；在中介效应实证模型的第三步中，企业过度投资绝对值（｜OVERINV｜）的回归系数为 -0.1205，且在10%显著性水平上通过了显著性检验，说明企业过度投资程度与股票收益显著负相关，本章提出的 H6.2 得到验证。综合第一步、第二步和第三步的结果，企业过度投资在管理者过度自信与股票收益之间关系的影响机制中发挥中介作用，本章提出的 H6.3 得到验证。

表 6.3　　　　　　　　　　　　基准回归的实证结果

变量	R	OVERINV	R
OC	-0.2589 *** (-26.78)	0.0019 ** (1.98)	-0.2587 *** (-26.77)
|OVERINV|			-0.1205 * (-1.87)
R_m	0.9097 *** (108.57)		0.9096 *** (108.57)
BM	-0.0719 *** (-3.68)		-0.0714 *** (-3.67)
SIZE	-0.0557 *** (-11.09)	0.0045 *** (10.58)	-0.0551 *** (-10.95)
LEV	0.1495 *** (5.53)	0.0492 *** (18.71)	0.1555 *** (5.66)
GROWTH	0.1407 *** (9.42)	0.0028 * (1.91)	0.1410 *** (9.44)
ROE	0.4270 *** (7.95)	0.0291 *** (5.65)	0.4307 *** (8.00)
EC	0.2295 *** (7.87)	-0.0337 *** (-11.76)	0.2255 *** (7.68)
EB	0.0171 ** (2.33)	-0.0043 *** (-6.03)	0.0166 ** (2.26)
PID	0.0605 (0.81)	-0.0221 *** (-3.02)	0.0579 (0.78)
INDUSTRY	控制	控制	控制
YEAR	控制	控制	控制
常数	1.0587 *** (9.84)	-0.0863 *** (-9.08)	1.0489 *** (9.73)
样本观测数	11562	11562	11562
Adj R^2	0.5428	0.1434	0.5435
F 值	550.06	85.17	529.00

注：*、**、***分别表示系数在10%、5%、1%显著性水平上异于0，括号内为 t 统计量。

实证结果表明，过度自信管理者所经营企业的股票收益显著低于非过度自信管理者所经营企业的股票收益；管理者过度自信可能缓解投资不足，也可能加剧投资过度；投资过度和投资不足程度的加深都可能降低股票的收益。此外，管理者过度自信通过强化投资过度显著降低了股票收益。其原因可能在于过度自信的管理者往往易于高估投资项目的回报，也容易投资于净现值小于 0 的劣质项目，在投资资金充足而不受约束时可能缓解投资不足，也可能加剧投资过度（Heaton，2002）。因此，管理者过度自信可能引致投资过度程度的加深，也可能引致投资不足程度的减轻，进而总体上企业投资净效应降低了股票收益。

6.3.3 稳健性检验

（1）基于关键变量衡量方法的稳健性检验结果。对于中介变量企业过度投资变量的测度，不同的衡量方法可能产生差异性结果。为保证检验结果的稳健性，本部分首先综合了陈等（Chen et al.，2011）、袁振超和饶品贵（2018）的研究成果重新测度了企业过度投资，企业投资预期模型如下：

$$INV_{it} = \alpha_0 + \alpha_1 COMPARE_{it-1} + \alpha_2 TQ_{it-1} + \alpha_3 COMPARE_{it-1} \times TQ_{it-1}$$
$$+ \alpha_4 SALEGROWTH_{it-1} + \alpha_5 SIZE_{it-1} + \alpha_6 LEV_{it-1} + \alpha_7 AGE_{it-1}$$
$$+ \alpha_8 CASH_{it-1} + \alpha_9 INV_{it-1} + \alpha_{10} FEE_{it-1} + \alpha_{11} OTREC_{it-1}$$
$$+ \alpha_{12} EPU_{it-1} + \sum YEAR + \sum INDUSTRY + \varepsilon_{it} \qquad (6.5)$$

其中，$COMPARE_{it-1}$ 为公司 i 在第 t−1 年的会计信息可比性，在袁知柱等（2017）基于应用范围和计算效率方面的考虑而对德弗兰科等（De Franco et al.，2011）提出的会计信息可比性衡量指标计算过程进行改进的基础上，进一步将 $COMPARE_{it-1}$ 设置为 0−1 虚拟变量，即将相同行业内会计信息可比性衡量指标的值大于年度中位数的，设定为 1；TQ_{it-1} 为公司 i 在第 t−1 年的托宾 Q 值；FEE_{it-1} 为公司 i 在第 t−1 年的管理费用率，用管理费用与营业务收入的比率表示；$OTREC_{it-1}$ 为公司 i 在第 t−1 年的大股东占款，用其他应收款在总资产中占比表示；EPU_{it-1} 为公司 i 在第 t−1 年所面临的经济政策不确定性，相关数据来源于贝克（Baker，2016）基于挖掘新闻文本信息发布的中国经济政策不确定性月度指数，并借鉴阳镇等（2021）的研究，将经济政策不确定性月度指数进行算数平均化处理，转化为经济政策不确定性年度指数。其他变量与本章前文定义相同。中介变量企业过度投资（OVERINV）的测度与理查森（Richardson，2006）的做法相同：当残差大于 0 时，表示企业投资过度；当残差小于 0 时，表示企业投资不足。表6.4 报告了基于企业过度投资衡量的基准回归稳健性检验结果，实证结果依旧稳健。

表6.4　　　　基于企业过度投资衡量的基准回归稳健性检验结果

变量	R	OVERINV	R
OC	-0.2589 *** (-26.78)	0.0016 * (1.88)	-0.2587 *** (-26.76)
∣OVERINV∣			-0.1860 * (-1.69)
控制变量	控制	控制	控制
INDUSTRY	控制	控制	控制
YEAR	控制	控制	控制
常数	1.0587 *** (9.84)	0.0161 ** (2.08)	1.0633 *** (9.88)
样本观测数	11562	11562	11562
Adj R^2	0.5428	0.0412	0.5433
F 值	550.06	11.89	528.98

注：*、**、*** 分别表示系数在10%、5%、1% 显著性水平上异于0，括号内为 t 统计量。

对于解释变量管理者过度自信的测度，不同的衡量方法可能产生差异性结果。为了进一步检验实证结果的稳健性，本部分借鉴第 5 章稳健性检验中罗进和李延喜（2013）测度管理者过度自信的方法。表6.5 报告了基于管理者过度自信衡量的基准回归的稳健性检验结果，实证结果依旧稳健。

表6.5　　　　基于管理者过度自信衡量的基准回归稳健性检验结果

变量	R	OVERINV	R
OC	-0.2632 *** (-26.11)	0.0021 *** (2.61)	-0.2630 *** (-26.08)
∣OVERINV∣			-0.1365 * (-1.77)

续表

变量	R	OVERINV	R
控制变量	控制	控制	控制
INDUSTRY	控制	控制	控制
YEAR	控制	控制	控制
常数	1.0965 *** (10.18)	0.0165 ** (2.14)	1.1010 *** (10.22)
样本观测数	11562	11562	11562
Adj R^2	0.5415	0.0417	0.5421
F 值	547.15	12.16	526.12

注：*、**、*** 分别表示系数在 10%、5%、1% 显著性水平上异于 0，括号内为 t 统计量。

（2）基于估计方法的基准回归稳健性检验结果。基于面板数据的固定效应模型考虑了个体差异性，在一定程度上消除了不随时间改变的遗漏变量所产生的内生性问题。本部分进一步采用个体和时间双向固定效应模型对基准回归进行稳健性检验，如表 6.6 所示，结果依然稳健。

表 6.6　　　　　　基于固定效应模型的基准回归稳健性检验结果

变量	R	OVERINV	R
OC	− 0.1909 *** (− 17.30)	0.0032 *** (3.60)	− 0.1906 *** (− 17.27)
｜OVERINV｜			− 0.2428 * (− 1.70)
控制变量	控制	控制	控制
个体	固定	固定	固定
年份	固定	固定	固定
常数	3.0961 *** (9.07)	− 0.0261 (− 0.98)	3.1235 *** (9.14)
样本观测数	11562	11562	11562
R^2	0.6296	0.0802	0.6299
F 值	1168.09	6.09	1090.51

注：*、*** 分别表示系数在 10%、1% 显著性水平上异于 0，括号内为 t 统计量。

6.4　进一步研究

为了进一步研究管理者过度自信经由企业投资行为影响股票市场资产定价的传导路径以及融资现金流和市场竞争可能在其中发挥的调节作用，本部分拟分别基于融资现金流调节效应视角和市场竞争调节效应视角进行深入分析。

6.4.1　基于融资现金流调节效应视角的实证分析

对企业而言，其资金状况是企业运营过程的命脉，企业现金流对企业投资行为的作用不言而喻。融资约束程度较低的公司比融资约束程度较高的公司表现出更大的投资现金流敏感性（Kaplan and Zingales，1997）。企业充足的现金流可能会加剧过度自信管理者对企业的过度投资，而公司治理水平的加强能在一定程度上削弱管理者过度自信产生的过度投资倾向（李婉丽等，2014）。也有学者的研究表明管理者过度自信会促进企业过度投资，并提高过度投资－自由现金流的敏感性（胡国柳和曹丰，2013；Huang et al.，2011）。霍瓦吉米安和霍瓦吉米安（Hovakimian and Hovakimian，2009）认为投资现金流敏感性与低现金流时的投资不足和高现金流时的投资过度有关。笔者认为在企业的各种现金流中，融资现金流对企业投资行为产生的影响尤为重要：当企业投资不足时，融资现金流充裕能促进管理者过度自信对企业投资的积极作用，融资现金流受到约束使管理者过度自信无法发挥对企业投资的作用；当企业投资过度时，融资现金流充裕可能会进一步加剧管理者过度自信对企业过度投资的消极作用，融资现金流受到约束可能会在一定程度上限制管理者过度自信对企业过度投资的消极作用。因此，融资现金流可能在管理者过度自信与企业投资之间关系的影响机制中发挥调节作用。

H6.3论述了企业投资可能在管理者过度自信与股票收益之间关系的影响机制中发挥中介作用。基于此，本部分把管理者过度自信、企业投资、融资现金流纳入资产定价的研究框架，将企业投资作为管理者过度自信与股票收益之间关系的中介变量，同时考虑融资现金流对管理者过度自信与企业投资之间关系的调节效应，构建有中介的调节效应以分析融资现金流在管理者过度自信经由企业投资行为影响股票市场资产定价的机制中可能发挥的调节作用，其研究的逻辑分析框架见图 6.1。

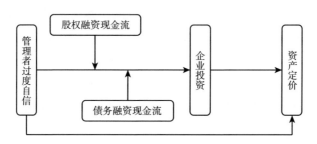

图 6.1　基于融资现金流调节效应视角分析的框架

根据温忠麟等（2012）提出的有中介调节效应模型的检验方法，本部分遵循如下的分层回归步骤：第一步，在控制相关变量的情况下，被解释变量股票收益（R）对解释变量管理者过度自信（OC）、调节变量融资现金流（CF）以及管理者过度自信与融资现金流的交互项（OC×CF）进行回归；第二步，在控制相关变量的情况下，中介变量企业过度投资（OVERINV）对解释变量管理者过度自信（OC）、调节变量融资现金流（CF）以及管理者过度自信与融资现金流的交互项（OC×CF）进行回归；第三步，在控制相关变量的情况下，被解释变量股票收益（R）对解释变量管理者过度自信（OC）、调节变量融资现金流（CF）、管理者过度自信与融资现金流的交互项（OC×CF）、中介变量企业过度投资的绝对值（｜OVERINV｜）进行回归。

根据上述步骤，可建立如下以企业过度投资（OVERINV）作为中介变量、融资现金流（CF）作为调节变量的有中介的调节效应模型，其表达式如式（6.4）~式（6.6）所示。

$$
\begin{aligned}
R_{it+1} = {} & \alpha'_0 + \alpha'_1 OC_{it} + \alpha'_2 CF_{it} + \alpha'_3 OC_{it} \times CF_{it} + \alpha'_4 R_{mt+1} + \alpha'_5 BM_{it} \\
& + \alpha'_6 SIZE_{it} + \alpha'_7 LEV_{it} + \alpha'_8 GROWTH_{it} + \alpha'_9 ROE_{it} + \alpha'_{10} EC_{it} \\
& + \alpha'_{11} EB_{it} + \alpha'_{12} PID_{it} + \sum INDUSTRY + \sum YEAR + \varepsilon_{it+1} \quad (6.6)
\end{aligned}
$$

$$OVERINV_{it} = \beta_0' + \beta_1'OC_{it} + \beta_2'CF_{it} + \beta_3'OC_{it} \times CF_{it} + \beta_4'SIZE_{it}$$
$$+ \beta_5'LEV_{it} + \beta_6'GROWTH_{it} + \beta_7'ROE_{it} + \beta_8'EC_{it}$$
$$+ \beta_9'EB_{it} + \beta_{10}'PID_{it} + \sum INDUSTRY$$
$$+ \sum YEAR + \varepsilon_{it} \tag{6.7}$$

$$R_{it+1} = \gamma_0' + \gamma_1'OC_{it} + \gamma_2'CF_{it} + \gamma_3'OC_{it} \times CF_{it} + \gamma_4' \mid OVERINV_{it} \mid$$
$$+ \gamma_5'R_{mt+1} + \gamma_6'BM_{it} + \gamma_7'SIZE_{it} + \gamma_8'LEV_{it} + \gamma_9'GROWTH_{it}$$
$$+ \gamma_{10}'ROE_{it} + \gamma_{11}'EC_{it} + \gamma_{12}'EB_{it} + \gamma_{13}'PID_{it}$$
$$+ \sum INDUSTRY + \sum YEAR + \varepsilon_{it+1} \tag{6.8}$$

其中，CF 为融资现金流。需要说明的是，进一步按融资方式将融资现金流分为股权融资现金流和债务融资现金流，在实证过程中，变量融资现金流（CF）分别用股权融资现金流（ECF）和债务融资现金流（DCF）变量替换。股权融资现金流（ECF）用第 t 年筹资活动中股权融资的现金净流量与第 t 年末总资产之比衡量；债务融资现金流（DCF）用第 t 年筹资活动中债务融资的现金净流量与第 t 年末总资产之比衡量。

接下来，本部分拟分别从总体样本、投资不足样本和投资过度样本三类样本出发，以企业过度投资作为中介变量、融资现金流作为调节变量，基于有中介的调节效应模型研究在企业投资中介效应和融资现金流调节效应双重影响机制下，融资现金流在管理者过度自信经由企业投资行为影响股票市场资产定价的传导路径中可能发挥的调节作用。具体而言，在总体样本、投资不足样本和投资过度样本情况下，按融资方式将融资现金流分为股权融资现金流和债务融资现金流两个方面，采用有中介的调节效应模型针对融资现金流调节效应做进一步分析。

（1）基于融资现金流调节效应的总体样本实证结果。表6.7 报告了基于融资现金流调节效应的总体样本实证分析结果。对总体样本而言，由分层回归结果可知：对于股权融资现金流和债务融资现金流，在有中介的调节效应实证模型的第一步和第三步中，管理者过度自信（OC）与股票收益（R）均显著负相关，本章提出的 H5.1 得到验证。在有中介的调节效应实证模型的第二步中，管理者过度自信（OC）与企业过度投资（OVERINV）均显著正相关，本章提出的 H6.1 得到验证。在有中介的调节效应实证模型第三步中，企业过度投资的绝对值（｜OVERINV｜）与股票收益（R）均显著负相关，说明企业投资在管理者过度自信与资产定价之间关系的影响机制中发挥中介作用，本章提出的 H6.2 和 H6.3 得到验证。在有中介的调节效应实证模型的第一步至第三步中，股权融资现金流（ECF）与股票收益（R）显著正相关，股权融资现金流（ECF）与企业过度投资（OVERINV）显著正相关，且管理者过度自信（OC）和股权融资现金流（ECF）的交互项（OC×ECF）与股票收益（R）显著负相关、与企业过度投资（OVERINV）显著正相关，说明股权融资现金流对管理者过度自信与股票收益之间的关系存在显著的负向调节效应，股权融资现金流对管理者过度自信与企业过度投资之间的关系存在显著的正向调节效应。同理，债务融资现金流对管理者过度自信与股票收益之间的关系存在显著的负向调节效应，债务融资现金流对管理者过度自信与企业过度投资之间的关系存在显著的正向调节效应。

表 6.7　　　　　基于融资现金流调节效应的总体样本实证结果

变量	股权融资现金流			债务融资现金流		
	R	OVERINV	R	R	OVERINV	R
OC	−0.2584 *** (−26.56)	0.0018 * (1.90)	−0.2580 *** (−26.52)	−0.2577 *** (−25.45)	0.0013 * (1.76)	−0.2574 *** (−25.42)
ECF	0.2051 ** (2.39)	0.0632 *** (7.54)	0.2039 ** (2.38)			
OC × ECF	−0.2697 ** (−2.06)	0.0249 ** (2.04)	−0.2715 ** (−2.57)			
DCF				0.1641 * (1.87)	0.0775 *** (10.79)	0.1760 ** (2.03)
OC × DCF				−0.2454 ** (−2.04)	0.0199 * (1.85)	−0.2492 ** (−2.37)
｜OVERINV｜			−0.1759 * (−1.74)			−0.2056 * (−1.95)
控制变量	控制	控制	控制	控制	控制	控制
INDUSTRY	控制	控制	控制	控制	控制	控制
YEAR	控制	控制	控制	控制	控制	控制

续表

变量	股权融资现金流			债务融资现金流		
	R	OVERINV	R	R	OVERINV	R
常数	1.0321***	−0.0808***	1.0182***	1.0647***	0.0029	1.0480***
	(9.55)	(−8.49)	(9.37)	(10.15)	(0.62)	(9.69)
样本观测数	11562	11562	11562	11562	11562	11562
Adj R²	0.5441	0.1480	0.5446	0.5439	0.1563	0.5447
F 值	509.76	81.31	491.60	509.35	86.64	491.31

注：*、**、*** 分别表示系数在 10%、5%、1% 显著性水平上异于 0，括号内为 t 统计量。

实证结果表明，总体样本通过了有中介的调节效应检验，即总体样本中融资现金流（包括股权融资现金流和债务融资现金流）在管理者过度自信通过企业过度投资间接影响股票收益过程中发挥有中介的调节效应。有中介的调节效应模型阐明了融资现金流在企业投资决策过程中发挥的重要作用和管理者过度自信通过企业投资影响股票收益的作用机制。在总体上，过度自信管理者所经营企业的股票收益显著低于非过度自信管理者所经营企业的股票收益；管理者过度自信可能缓解投资不足，也可能加剧投资过度；投资过度和投资不足程度的加深都可能降低股票的收益；管理者过度自信通过强化投资过度显著降低了股票收益。融资现金流（包括股权融资现金流和债务融资现金流）增加可能通过强化过度自信管理者的过度投资决策行为而使其所经营企业产生更低的股票收益。

（2）投资不足样本的实证分析结果。表 6.8 报告了投资不足样本的实证分析结果。对投资不足样本而言，由分层回归结果可知，对于股权融资现金流和债务融资现金流，在有中介的调节效应实证模型的第一步和第三步中，管理者过度自信（OC）与股票收益（R）均显著负相关，本章提出的 H5.1 得到验证。在有中介的调节效应实证模型的第二步中，管理者过度自信（OC）与企业过度投资（OVERINV）显著正相关，本章提出的 H6.1 未得到验证。在有中介的调节效应实证模型第三步中，企业过度投资（OVERINV）对股票收益（R）的影响不显著，本章提出的 H6.2 和 H6.3 未得到验证。在有中介的调节效应实证模型的第一步至第三步中，股权融资现金流（ECF）、债务融资现金流（DCF）分别与股票收益（R）之间的关系不显著，股权融资现金流（ECF）、债务融资现金流（DCF）分别对企业过度投资（OVER-INV）有显著的正向影响，且管理者过度自信（OC）和股权融资现金流（ECF）的交互项（OC×ECF）、管理者过度自信（OC）和债务融资现金流（DCF）的交互项（OC×DCF）分别与股票收益（R）不存在显著的相关性，且分别与企业过度投资（OVERINV）也不存在显著的相关性，说明股权融资现金流和债务融资现金流对管理者过度自信与企业过度投资之间的关系不存在显著的调节效应。

表 6.8 投资不足样本的实证结果

变量	股权融资现金流			债务融资现金流		
	R	OVERINV	R	R	OVERINV	R
OC	−0.2854 *** (−19.68)	0.0015 * (1.70)	−0.2859 *** (−19.73)	−0.2844 *** (−19.12)	0.0014 * (1.66)	−0.2850 *** (−19.18)
ECF	0.0413 (0.32)	0.0338 *** (5.46)	0.0396 (0.31)			
OC×ECF	0.1702 (0.93)	−0.0027 (−0.30)	0.1690 (0.92)			
DCF				0.0364 (0.32)	0.0097 * (1.70)	0.0359 (0.32)
OC×DCF				−0.0976 (−0.46)	0.0036 (0.35)	−0.0960 (−0.46)
OVERINV			0.3942 (1.50)			0.4604 (1.56)
控制变量	控制	控制	控制	控制	控制	控制
INDUSTRY	控制	控制	控制	控制	控制	控制
YEAR	控制	控制	控制	控制	控制	控制
常数	1.3336 *** (8.02)	−0.0264 *** (−7.56)	1.2991 *** (7.72)	1.3871 *** (8.37)	−0.0947 *** (−12.58)	1.3421 *** (8.00)
样本观测数	6100	6100	6100	6100	6100	6100
Adj R^2	0.5125	0.1684	0.5125	0.5125	0.1629	0.5125
F 值	237.24	50.41	228.90	236.41	48.48	228.15

注：*、*** 分别表示系数在10%、1%显著性水平上异于0，括号内为 t 统计量。

实证结果表明，投资不足样本未通过有中介的调节效应检验，即投资不足样本中，融资现金流（包括股权融资现金流和债务融资现金流）在管理者过度自信通过企业过度投资间接影响股票收益过程中均未能形成有效的有中介调节效应。对投资不足样本而言，股权融资现金流和债务融资现金流增加都将降低企业投资不足程度，管理者过度自信能在一定程度上缓解企业投资不足。融资约束的存在、管理者过度自信和融资现金流（包括股权融资现金流和债务融资现金流）的共同作用也无法完全摆脱企业投资不足的困境，使融资现金流通过企业投资调节管理者过度自信与股票收益之间的关系没有起到应有的效果。然而，融资现金流并没有对管理者过度自信与股票收益的关系产生显著调节作用。这可能源于投资不足企业的融资约束问题依旧突出（韩志丽等，2007；李红和谢娟娟，2018）。

（3）投资过度样本的实证分析结果。表 6.9 报告了投资过度样本的实证分析结果。对投资过度样本而言，由分层回归结果可知，对于股权融资现金流和债务融资现金流，在有中介的调节效应实证模型的第一步和第三步中，管理者过度自信（OC）与股票收益（R）均显著负相关，本章提出的 H5.1 得到验证。在有中介的调节效应实证模型的第二步中，管理者过度自信（OC）与企业过度投资（OVERINV）均显著正相关，本章提出的 H6.1 得到验证。在有中介的调节效应实证模型第三步中，企业过度投资（OVERINV）与股票收益（R）均显著负相关，说明企业投资在管理者过度自信与资产定价之间关系的影响机制中发挥中介作用，本章提出的 H6.2 和 H6.3 得到验证。在有中介的调节效应实证模型的第一步至第三步中股权融资现金流（ECF）与股票收益（R）显著正相关，股权融资现金流（ECF）与企业过度投资（OVERINV）显著正相关，且管理者过度自信（OC）和股权融资现金流（ECF）的交互项（OC×ECF）与股票收益（R）显著负相关，与企业过度投资（OVERINV）显著正相关，说明股权融资现金流对管理者过度自信与股票收益之间的关系存在显著的负向调节效应，股权融资现金流对管理者过度自信与企业过度投资之间的关系存在显著的正向调节效应。同理，债务融资现金流对管理者过度自信与股票收益之间的关系存在显著的负向调节效应，债务融资现金流对管理者过度自信与企业过度投资之间的关系存在显著的正向调节效应。

表 6.9   投资过度样本的实证结果

变量	股权融资现金流			债务融资现金流		
	R	OVERINV	R	R	OVERINV	R
OC	−0.2269 ***	0.0016 *	−0.2265 ***	−0.2254 ***	0.0015 *	−0.2251 ***
	(−17.73)	(1.78)	(−17.65)	(−16.62)	(1.69)	(−16.56)
ECF	0.2518 **	0.0727 ***	0.2539 **			
	(2.08)	(7.21)	(2.20)			
OC × ECF	−0.3217 *	0.0196 *	−0.3251 **			
	(−1.90)	(1.87)	(−2.15)			
DCF				0.2735 ***	0.1019 ***	0.2741 ***
				(2.75)	(11.90)	(2.77)
OC × DCF				−0.2610 *	0.0241 *	−0.2618 *
				(−1.66)	(1.72)	(−1.68)
OVERINV			−0.2696 **			−0.2342 *
			(−2.00)			(−1.73)
控制变量	控制	控制	控制	控制	控制	控制
INDUSTRY	控制	控制	控制	控制	控制	控制
YEAR	控制	控制	控制	控制	控制	控制
常数	0.8995 ***	0.0588 ***	0.7721 ***	0.9002 ***	0.0519 ***	0.7746 ***
	(5.53)	(5.19)	(5.51)	(6.85)	(4.68)	(5.55)
样本观测数	5462	5462	5462	5462	5462	5462
Adj R^2	0.5878	0.0658	0.5886	0.5879	0.0969	0.5884
F 值	321.95	15.30	276.70	322.08	24.45	276.81

注: * 、 ** 、 *** 分别表示系数在 10%、5%、1% 显著性水平上异于 0, 括号内为 t 统计量。

实证结果表明, 投资过度样本通过了有中介的调节效应检验, 即投资过度样本中, 融资现金流 (包括股权融资现金流和债务融资现金流) 在管理者过度自信通过企业过度投资间接影响股票收益过程中发挥有中介的调节效应。对投资过度样本而言, 随着企业过度投资程度的加深, 企业投资的效率会降低, 企业绩效自然也会受到影响, 投资者对企业绩效降低的反应则是抛售股票, 进而股票价格会降低。因此, 在投资过度情况下, 企业过度投资与股票收益存在显著的负相关关系。而管理者过度自信会进一步加剧企业的过度投资, 即使投资计划中含有净现值小于 0 的劣质项目也是如此, 从而管理者过度自信对企业投资和股票收益之间的关系存在显著的负向调节效应。进一步而言，过度投资的企业在融资现金流（包括股权融资现金流和债务融资现金流）充足的情况下，由于不存在融资约束，管理者过度自信会加剧企业的过度投资（王彦超，2009），从而使融资现金流（包括股权融资现金流和债务融资现金流）通过企业投资显著地负向调节管理者过度自信与股票收益之间的关系。

（4）基于融资现金流调节效应视角的稳健性检验结果。利用基准回归稳健性检验中对企业过度投资变量的重新测度，并替换融资现金流调节效应视角分析中企业过度投资变量衡量指标，分别在总体样本、投资不足样本和投资过度样本三类样本中，以企业过度投资作为中介变量，以融资现金流（包括股权融资现金流和债务融资现金流）作为调节变量，基于有中介的调节效应模型研究了融资现金流在管理者过度自信经由企业投资行为影响股票市场资产定价的机制中可能发挥的调节作用。表 6.10 报告了基于融资现金流调节效应视角分析的稳健性检验结果，实证结果依旧稳健。

表 6.10　　　基于融资现金流调节效应视角分析的稳健性检验结果

Panel A　总体样本的稳健性检验结果

变量	股权融资现金流			债务融资现金流		
	R	OVERINV	R	R	OVERINV	R
OC	−0.2584 *** (−26.56)	0.0017 ** (1.96)	−0.2579 *** (−26.51)	−0.2577 *** (−25.45)	0.0033 ** (2.41)	−0.2566 *** (−25.34)
ECF	0.2051 ** (2.39)	0.0211 *** (3.09)	0.2067 ** (2.41)			
OC × ECF	−0.2697 ** (−2.06)	0.0178 * (1.79)	−0.2746 *** (−2.60)			
DCF				0.1641 * (1.87)	0.0693 *** (11.93)	0.1824 ** (2.11)
OC × DCF				−0.2454 ** (−2.04)	0.0270 * (1.67)	−0.2048 ** (−1.96)
∣OVERINV∣			−0.2910 * (−1.87)			−0.3229 ** (−2.06)
控制变量	控制	控制	控制	控制	控制	控制

续表

Panel A　总体样本的稳健性检验结果

变量	股权融资现金流			债务融资现金流		
	R	OVERINV	R	R	OVERINV	R
INDUSTRY	控制	控制	控制	控制	控制	控制
YEAR	控制	控制	控制	控制	控制	控制
常数	1.0321 ***	0.0176 **	1.0046 ***	1.0647 ***	0.0128 *	1.0343 ***
	(9.55)	(2.27)	(9.21)	(10.15)	(1.67)	(9.53)
样本观测数	11562	11562	11562	11562	11562	11562
Adj R^2	0.5441	0.0540	0.5448	0.5439	0.0595	0.5448
F 值	509.76	11.33	491.79	509.35	18.95	491.45

Panel B　投资不足样本的稳健性检验结果

变量	股权融资现金流			债务融资现金流		
	R	OVERINV	R	R	OVERINV	R
OC	− 0.2627 ***	0.0013 *	− 0.2628 ***	− 0.2628 ***	0.0012 *	− 0.2629 ***
	(− 20.95)	(1.75)	(− 20.97)	(− 20.35)	(1.68)	(− 20.37)
ECF	0.0257	0.0226 ***	0.0259			
	(0.22)	(3.06)	(0.23)			
OC × ECF	0.0835	0.0092	0.0914			
	(0.51)	(1.57)	(0.56)			
DCF				0.0809	0.0109 ***	0.0921
				(0.85)	(3.18)	(0.96)
OC × DCF				− 0.0364	0.0017	− 0.0357
				(− 0.21)	(0.28)	(− 0.21)
OVERINV			0.1102			0.1118
			(0.34)			(0.34)
控制变量	控制	控制	控制	控制	控制	控制
INDUSTRY	控制	控制	控制	控制	控制	控制
YEAR	控制	控制	控制	控制	控制	控制
常数	1.0146 ***	− 0.0538 ***	0.9626 ***	1.0734 ***	− 0.0542 ***	0.9930 ***
	(7.46)	(− 11.98)	(6.80)	(7.73)	(− 12.10)	(7.05)
样本观测数	7292	7292	7292	7292	7292	7292
Adj R^2	0.5090	0.0516	0.5090	0.5087	0.0427	0.5087
F 值	329.76	16.87	318.83	329.38	17.24	318.49

Panel C　投资过度样本的稳健性检验结果

变量	股权融资现金流			债务融资现金流		
	R	OVERINV	R	R	OVERINV	R
OC	−0. 2503 *** (−16. 28)	0. 0013 * (1. 66)	−0. 2500 *** (−16. 22)	−0. 2476 *** (−15. 16)	0. 0014 * (1. 69)	−0. 2472 *** (−15. 08)
ECF	0. 2122 * (1. 87)	0. 0212 ** (2. 09)	0. 2106 * (1. 85)			
OC × ECF	−0. 3500 * (−1. 80)	0. 0223 * (1. 86)	−0. 3832 ** (−2. 02)			
DCF				0. 2134 ** (2. 04)	0. 1107 *** (11. 26)	0. 2148 ** (2. 12)
OC × DCF				−0. 1913 * (−1. 75)	0. 0126 * (1. 74)	−0. 1937 * (−1. 86)
OVERINV			−0. 2567 * (−1. 87)			−0. 2763 * (−1. 66)
控制变量	控制	控制	控制	控制	控制	控制
INDUSTRY	控制	控制	控制	控制	控制	控制
YEAR	控制	控制	控制	控制	控制	控制
常数	1. 0667 *** (6. 23)	0. 1038 *** (7. 87)	1. 0473 *** (6. 07)	1. 0870 *** (6. 37)	0. 0940 *** (7. 28)	1. 0674 *** (6. 21)
样本观测数	4267	4267	4267	4267	4267	4267
Adj R^2	0. 5861	0. 0622	0. 5868	0. 5861	0. 0988	0. 5866
F 值	181. 47	12. 31	175. 01	181. 42	19. 70	174. 97

注：*、**、*** 分别表示系数在 10%、5%、1% 显著性水平上异于 0，括号内为 t 统计量。

　　此外，从融资现金流调节效应进一步分析结果和基于企业过度投资衡量的融资现金流调节效应进一步分析稳健性检验结果，不难发现股权融资现金流与债务融资现金流并没有出现异质性结果。因此，本部分进一步用筹资活动产生的现金净流量与年末总资产之比衡量融资现金流（FINCF），并替换股权融资现金流和债务融资现金流变量，分别在总体样本、投资不足样本和投资过度样本三类样本中，以企业过度投资作为中介变量，以融资现金流作为调节变量，基于有中介的调节效应模型研究了融资现金流在管理者过度自信经由企业投资行为影响股票市场资产定价的机制中可能发挥的调节作用。表 6.11 进一步报告了基于融资现金流测度的稳健性检验结果，实证结果依旧稳健。

表 6.11　　　　　　　　基于融资现金流测度的稳健性检验结果

Panel A　总体样本变量

	R	OVERINV	R
OC	−0.2570 *** (−25.35)	0.0013 * (1.66)	−0.2567 *** (−25.29)
FINCF	0.1467 ** (2.31)	0.1010 *** (16.47)	0.1563 ** (2.45)
OC × FINCF	−0.2493 * (−1.76)	0.0239 ** (2.43)	−0.2392 * (−1.75)
│OVERINV│			−0.2188 * (−1.66)
控制变量	控制	控制	控制
INDUSTRY	控制	控制	控制
YEAR	控制	控制	控制
常数	1.0459 *** (9.71)	−0.0813 *** (−8.66)	1.0275 *** (9.49)
样本观测数	11562	11562	11562
Adj R²	0.5441	0.1673	0.5445
F 值	509.83	93.89	491.80

Panel B　投资不足样本变量

	R	OVERINV	R
OC	−0.2841 *** (−19.02)	0.0014 ** (2.00)	−0.2846 *** (−18.97)
FINCF	0.0231 (0.25)	0.0205 *** (4.47)	0.0223 (0.23)
OC × FINCF	−0.0023 (−0.02)	0.0073 (1.06)	0.0057 (0.01)

续表

Panel B　投资不足样本变量

	R	OVERINV	R
OVERINV			0. 4126
			(1. 57)
控制变量	控制	控制	控制
INDUSTRY	控制	控制	控制
YEAR	控制	控制	控制
常数	1. 3829 ***	− 0. 0930 ***	1. 3245 ***
	(8. 49)	(− 12. 40)	(7. 89)
样本观测数	6100	6100	6100
Adj R^2	0. 5109	0. 1707	0. 5110
F 值	236. 94	50. 01	228. 62

Panel C　投资过度样本变量

	R	OVERINV	R
OC	− 0. 2243 ***	0. 0019 *	− 0. 2238 ***
	(− 16. 57)	(1. 82)	(− 16. 47)
FINCF	0. 2383 **	0. 1016 ***	0. 2393 **
	(2. 33)	(13. 16)	(2. 45)
OC × FINCF	− 0. 1732 *	0. 0284 **	− 0. 1746 *
	(− 1. 69)	(2. 07)	(− 1. 79)
OVERINV			− 0. 2243 *
			(− 1. 76)
控制变量	控制	控制	控制
INDUSTRY	控制	控制	控制
YEAR	控制	控制	控制
常数	0. 8927 ***	0. 0602 ***	0. 7651 ***
	(6. 79)	(5. 43)	(5. 48)
样本观测数	5462	5462	5462
Adj R^2	0. 5879	0. 0965	0. 5885
F 值	287. 08	24. 34	276. 78

注：*、**、***分别表示系数在10%、5%、1%显著性水平上异于0，括号内为 t 统计量。

6.4.2 基于市场竞争调节效应视角的实证分析

H6.3 论述了企业投资可能在管理者过度自信与股票收益之间关系的影响机制中发挥中介作用。然而，企业投资与资产定价之间的关系可能会受到市场竞争和企业生命周期等因素的影响。在市场竞争环境下，企业需要不断投资于研发新产品和技术进步以保持或者扩大市场份额。当公司陷入财务困境时，即使公司拥有净现值为正的投资项目，一方面企业面临内部资金不足问题，另一方面企业的外部股权融资和债务融资也无法顺利进行，企业的融资投资决策就会受到影响，最终可能导致公司放弃投资此类项目的决策，这会造成企业投资不足进而导致企业市场价值的降低（Myers and Majluf, 1984）。同时，在市场竞争环境下，上市公司的控股股东更有可能通过隐蔽手段获取上市公司的控制权，其表现之一为大股东在谋求公司控制权私利过程中实施非效率的财务决策造成企业投资效率低下，企业的过度投资问题尤为严重（窦欢等，2018）。一般而言，在市场竞争高的行业中，企业的产品和服务面临激烈的竞争，企业不但需要在改善产品和服务方面进行投资，而且需要更高的投资效率保持其竞争力；在市场竞争低的行业中，尤其是垄断行业，企业的投资效率往往偏低。因此，市场竞争可能会影响企业的投资效率。然而，不管是从投资水平角度还是从投资效率角度，学者们并未就市场竞争对企业投资的影响关系达成一致意见。在投资水平方面，一种观点认为市场竞争会促进企业的研发投资（许国艺，2014），在现金流充足情况下甚至会出现过度投资（Laksmana and Yang, 2015）；另一种观点则认为市场竞争不但不会促进企业投资，反而会抑制投资（刘凤委和李琦，2013；赵纯祥和张敦力，2013；何青和商维雷，2014）。在投资效率方面，虽然大部分学者的研究结论表明市场竞争有助于提高企业投资效率（Schmutzler, 2013；陈信元等，2014；刘晓华和张利红，2016；何熙琼等，2016；Stoughton et al., 2017），但是也有学者的观点与之相反（Myers and Majluf, 1984）。基于学者们对市场竞争与企业绩效关系的研究（Nickell, 1996；Aggarwal and Samwick, 1999；谢梅和郑爱华，2009；吴国鼎，2015；邓新明等，2015；牛志勇和王军，2017），以及 H6.2 论述了企业投资对资产定价的影响。因此，市场竞争可能在企业投资与股票收益之间关系的影响机制中发挥调节作用。

此外，企业生命周期可能影响机制中的重要因素。基于此，本部分把管理者过度自信、企业投资、市场竞争纳入资产定价的研究框架，将企业投资作为管理者过度自信与股票收益之间关系的中介变量，同时考虑市场竞争对企业投资与股票收益之间关系的调节效应，构建有调节的中介效应模型以分析市场竞争在管理者过度自信经由企业投资行为影响股票市场资产定价的机制中可能发挥的调节作用，并划分企业生命周期，进一步分析了不同生命周期阶段上述影响机制的异质性，其研究的逻辑分析框架见图 6.2。

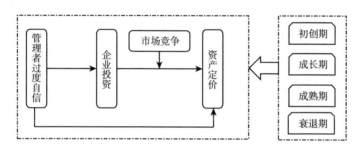

图 6.2　基于市场竞争调节效应视角分析框架

参考温忠麟等（2012）提出的有调节的中介效应模型检验步骤，可分四步对相关方程进行回归：第一步，控制相关变量后，被解释变量股票收益（R）对解释变量管理者过度自信（OC）、调节变量市场竞争（HHI）进行回归；第二步，控制相关变量后，中介变量企业过度投资（OVERINV）对解释变量管理者过度自信（OC）、调节变量市场竞争（HHI）进行回归；第三步，控制相关变量后，被解释变量股票收益（R）对解释变量管理者过度自信（OC）、调节变量市场竞争（HHI）、中介变量企业过度投资的绝对值（｜OVERINV｜）进行回归；第四步，控制相关变量后，被解释变量股票收益（R）对解释变量管理者过度自信（OC）、调节变量市场竞争（HHI）、中介变量企业过度投资的绝对值（｜OVERINV｜）以及调节变量市场竞争（HHI）与中介变量企业过度投资的绝对值（｜OVERINV｜）的交互项（HHI×｜OVERINV｜）进行回归。

根据上述步骤，可建立如下以企业过度投资（OVERINV）作为中介变量、市场竞争（HHI）作为调节变量的有调节的中介效应模型，其表达式如

（6.9）至（6.12）所示：

$$R_{it+1} = \alpha''_0 + \alpha''_1 OC_{it} + \alpha''_2 HHI_{it} + \alpha''_3 R_{mt+1} + \alpha''_4 BM_{it} + \alpha''_5 SIZE_{it}$$
$$+ \alpha''_6 LEV_{it} + \alpha''_7 GROWTH_{it} + \alpha''_8 ROE_{it} + \alpha''_9 EC_{it} + \alpha''_{10} EB_{it}$$
$$+ \alpha''_{11} PID_{it} + \sum INDUSTRY + \sum YEAR + \varepsilon_{it+1} \quad (6.9)$$

$$OVERINV_{it} = \beta''_0 + \beta''_1 OC_{it} + \beta''_2 HHI_{it} + \beta''_3 SIZE_{it} + \beta''_4 LEV_{it}$$
$$+ \beta''_5 GROWTH_{it} + \beta''_6 ROE_{it} + \beta''_7 EC_{it} + \beta''_8 EB_{it}$$
$$+ \beta''_9 PID_{it} + \sum INDUSTRY + \sum YEAR + \varepsilon_{it} \quad (6.10)$$

$$R_{it+1} = \gamma''_0 + \gamma''_1 OC_{it} + \gamma''_2 HHI_{it} + \gamma''_3 |OVERINV_{it}| + \gamma''_4 R_{mt\_+1}$$
$$+ \gamma''_5 BM_{it} + \gamma''_6 SIZE_{it} + \gamma''_7 LEV_{it} + \gamma''_8 GROWTH_{it}$$
$$+ \gamma''_9 ROE_{it} + \gamma''_{10} EC_{it} + \gamma''_{11} EB_{it} + \gamma''_{12} PID_{it}$$
$$+ \sum INDUSTRY + \sum YEAR + \varepsilon_{it+1} \quad (6.11)$$

$$R_{it+1} = \delta''_0 + \delta''_1 OC_{it} + \delta''_2 HHI_{it} + \delta''_3 |OVERINV_{it}| + \delta''_4 HHI_{it} \times |OVERINV_{it}|$$
$$+ \delta''_5 R_{mt+1} + \delta''_6 BM_{it} + \delta''_7 SIZE_{it} + \delta''_8 LEV_{it} + \delta''_9 GROWTH_{it}$$
$$+ \delta''_{10} ROE_{it} + \delta''_{11} EC_{it} + \delta''_{12} EB_{it} + \delta''_{13} PID_{it}$$
$$+ \sum INDUSTRY + \sum YEAR + \varepsilon_{it+1} \quad (6.12)$$

对于调节变量市场竞争（HHI），本章参照哈里斯（Harris，1998）衡量市场竞争的方法——赫芬达尔指数（herfindahl – hirschman index），按证监会发布的《上市公司行业分类指引》（2012 年修订）对上市公司进行行业分类，用同一行业内每家公司市场份额的累计平方和来计算，其计算公式如下：

$$HHI = \sum_{i=1}^{n} (S_i/S)^2 \quad (6.13)$$

其中，S_i 为同一行业内公司 i 的年营业收入，S 为行业内所有上市公司的总营业收入，则 S_i/S 为同一行业内每家公司市场份额，n 为每个行业中的上市公司数量。HHI 的取值范围为［0，1］，是市场竞争程度的反向指标，其值越大，市场竞争程度越小。

接下来，本节拟在总体样本和进一步根据生命周期划分的初创期、成长期、成熟期和衰退期样本中，以企业过度投资作为中介变量、市场竞争作为调节变量，基于有调节的中介效应模型研究企业投资中介效应和市场竞争调节效应双重影响机制下，市场竞争在管理者过度自信经由企业投资行为影响股票市场资产定价的传导路径中可能发挥的调节作用。具体而言，在总体样本、初创期样本、成长期样本、成熟期样本和衰退期样本情况下，采用有调节的中介效应模型针对市场竞争调节效应作进一步分析。

（1）基于市场竞争调节效应的总体样本实证结果。表 6.12 报告了基于市场竞争调节效应的总体样本实证结果：在有调节的中介效应模型检验步骤的第一、第三、第四步中，管理者过度自信（OC）均对股票收益（R）产生了显著的负向影响，该结论支持了本书提出的 H5.1。在有调节的中介效应模型检验步骤的第二步中，管理者过度自信（OC）对企业过度投资（OVERINV）产生了显著的正向影响，该结论支持了本书提出的 H6.1。在有调节的中介效应模型检验步骤的第三步中，企业过度投资的绝对值（│OVERINV│）对股票收益（R）产生了显著的负向影响，说明管理者过度自信与资产定价关系的影响机制中存在企业投资的中介效应，该结论支持了本书提出的 H6.2 和 H6.3。在有调节的中介效应模型检验步骤的第四步中，调节变量市场竞争（HHI）与股票收益（R）显著正相关，中介变量企业过度投资的绝对值（│OVERINV│）与股票收益（R）显著负相关，市场竞争（HHI）和企业过度投资的绝对值（│OVERINV│）的交互项（HHI×│OVERINV│）与股票收益（R）显著负相关，说明市场竞争（HHI）对企业过度投资的绝对值（│OVERINV│）与股票收益（R）之间的关系具有显著的调节效应。

表 6.12　　　　　基于市场竞争调节效应的总体样本的实证结果

变量	R	OVERINV	R	R
OC	−0.2585 *** (−26.74)	0.0020 ** (2.19)	−0.2580 *** (−25.69)	−0.2587 *** (−26.76)
HHI	0.0996 ** (2.12)	0.0333 *** (7.26)	0.0994 ** (2.12)	0.1494 ** (2.49)
│OVERINV│			−0.2808 ** (−1.98)	−0.3166 ** (−2.49)

续表

变量	R	OVERINV	R	R
HHI × │OVERINV│				−1.3331* (−1.84)
控制变量	控制	控制	控制	控制
INDUSTRY	控制	控制	控制	控制
YEAR	控制	控制	控制	控制
常数	1.0367*** (9.60)	−0.0926*** (−9.72)	1.0221*** (9.42)	1.0115*** (9.29)
样本观测数	11562	11562	11562	11562
Adj R²	0.5440	0.1473	0.5448	0.5554
F 值	529.24	84.14	503.15	491.64

注：*、**、*** 分别表示系数在 10%、5%、1% 显著性水平上异于 0，括号内为 t 统计量。

也就是说，企业过度投资是管理者过度自信与股票收益的中介变量，市场竞争是企业过度投资与股票收益的调节变量，管理者过度自信与股票收益的关系包含企业过度投资的中介效应和市场竞争的调节效应，即管理者过度自信对股票收益的影响机制在有调节的中介效应模型中得到有效验证。其实证结果表明：总体上，过度自信管理者所经营企业的股票收益显著低于非过度自信管理者所经营企业的股票收益；管理者过度自信可能缓解投资不足，也可能加剧投资过度；管理者过度自信通过强化投资过度显著降低了股票收益。市场竞争加剧（HHI 的值越小）将显著降低企业过度投资程度，并对企业过度投资程度与股票收益之间的负向关系产生正向调节作用。

（2）企业生命周期的异质性分析。企业在生命周期的不同发展阶段，不但公司的资源、能力、战略、结构和运营存在较大差异（Quinn and Cameron，1983；Miller and Friesen，1984），而且财务指标、资本结构和现金流等方面也表现出的不同特征（张俊瑞和李彬，2009；赵蒲和孙爱英，2005；张俊瑞等，2009），这些因素可能会对企业投资产生重要影响：在初创期，企业需要投入大量资金转化为生产力和开拓市场，资金来源主要依赖于外部筹资，一般不发放现金股利；在成长期，企业的经营活动回笼大量资金，企业仍需要大量追加投资扩大市场份额，而仅靠收回的经营活动产生现金流量净额可能无法满足所需投资，仍需外部筹资进行补充，一般较少发放现金股利；在成熟期，企业进入投资回收期，但需偿还大量外部资金，长期资本投资下降，内部筹资可以满足其投资需要，企业会发放现金股利以约束过度投资；在衰退期，投资机会不多，且内部筹资无法满足资本投资需求，又需借助外部筹资以维持正常经营和投资需求。

因此，处于企业生命周期的初创期和衰退期阶段，企业的现金流状况较差，其经营活动产生负的现金净流量，普遍存在现金持有不足的现象；而处于企业生命周期的成长期和成熟期阶段，企业的现金流状况较好，其经营活动产生正的现金净流量；处于成长期的企业倾向于过度持有现金以捕获潜在的投资机会；处于成熟期的企业会因投资机会不足而被动地过度持有现金（王性玉等，2016）。此外，处于成长期和成熟期企业的股利决策对投资效率的影响存在差异：成熟期企业更倾向于派发现金股利，这有助于约束过度投资的行为；成长期企业不支付现金股利并将利润再投资，这有利于减轻投资不足的压力（罗琦和李辉，2015）。部分学者基于企业生命周期视角研究了公司治理机制对投资效率的影响，结果表明在不同发展阶段，企业存在非效率投资（投资过度或投资不足），且公司治理机制对投资效率的影响会随企业生命周期的变化而变化（Harjoto and Jo，2009；李云鹤等，2011；李云鹤和李湛，2012；侯巧铭等，2017；谢佩洪和汪春霞，2017）。综合上述研究，企业在不同生命周期，现金流状况不同，企业投资水平和投资效率可能也有所不同，进而企业投资的差异对企业绩效产生重要影响。因此，在企业发展的不同生命周期，管理者过度自信和市场竞争对企业投资行为与企业投资绩效之间的关系也可能呈现出不同特征，进而使股票市场资产定价呈现出不同形态。

本章参照王性玉等（2016）的研究方法，采用现金流法将企业生命周期划分为初创期、成长期、成熟期、衰退期、SHAKE-OUT，进一步分析企业在不同生命周期阶段上述研究框架中的有调节的中介效应的差异。企业生命周期的具体划分条件参见表 6.13。

表 6.13　　　　　基于现金流法的企业生命周期划分条件

企业生命周期	现金流特征
初创期	OCF <0，INVCF <0，FINCF >0
成长期	OCF >0，INVCF <0，FINCF >0

续表

企业生命周期	现金流特征
成熟期	OCF > 0, INVCF < 0, FINCF < 0
衰退期	OCF < 0, INVCF > 0, FINCF ≠ 0
SHAKE – OUT	其他

注：OCF 表示企业经营活动产生的现金流量净额，INVCF 表示企业投资活动产生的现金流量净额，FINCF 表示企业筹资净现金流量活动产生的现金流量净额。

①初创期样本的实证结果。表 6.14 报告了初创期样本的实证分析结果：在有调节的中介效应模型检验步骤的第一、第三、第四步中，管理者过度自信（OC）均对股票收益（R）产生了显著的负向影响，该结论支持了本书提出的 H5.1。在有调节的中介效应模型检验步骤的第二步中，管理者过度自信（OC）对企业过度投资（OVERINV）的影响并不显著，本书提出的 H6.1 未得到验证。在有调节的中介效应模型检验步骤的第三步中，企业过度投资的绝对值（｜OVERINV｜）与股票收益（R）之间的关系不显著，该结论无法支持本书提出的 H6.2 和 H6.3。在有调节的中介效应模型检验步骤的第四步中，调节变量市场竞争（HHI）、中介变量企业过度投资的绝对值（｜OVERINV｜）、市场竞争（HHI）和企业过度投资的绝对值（｜OVER-INV｜）的交互项（HHI × ｜OVERINV｜）分别与股票收益（R）不显著相关，说明市场竞争（HHI）对企业过度投资的绝对值（｜OVERINV｜）与股票收益（R）之间的关系不存在显著的调节效应。

表 6.14   初创期样本的实证结果

变量	R	OVERINV	R	R
OC	-0.2469^{***} (-9.58)	0.0020 (0.81)	-0.2470^{***} (-9.58)	-0.2467^{***} (-9.57)
HHI	0.1048 (0.76)	0.0228 (1.63)	0.1046 (0.75)	0.2690 (1.30)
｜OVERINV｜			0.0623 (0.17)	0.5109 (0.92)
HHI × ｜OVERINV｜				-5.5990 (-1.07)

续表

变量	R	OVERINV	R	R
控制变量	控制	控制	控制	控制
INDUSTRY	控制	控制	控制	控制
YEAR	控制	控制	控制	控制
常数	1.3919 *** (4.55)	− 0.0306 (− 1.15)	1.3868 *** (4.51)	1.3736 *** (4.47)
样本观测数	1578	1578	1578	1578
Adj R^2	0.5048	0.0937	0.5048	0.5048
F 值	82.87	8.09	79.63	76.73

注：*** 表示系数在 1% 显著性水平上异于 0，括号内为 t 统计量。

初创期样本的实证结果表明：管理者过度自信虽然不会对企业过度投资产生显著影响，但会显著降低股票收益；投资过度和投资不足以及市场竞争程度都不会显著影响股票收益，市场竞争的调节作用也不显著。企业投资的中介效应和市场竞争的调节效应在管理者过度自信对资产定价的影响机制中未形成显著的有调节的中介效应。其原因可能是：当企业处于初创期时，虽然可能存在较大的发展潜力，但是其发展会受到资金短缺的限制。即使捕捉到投资净现值为正的机会，融资困境可能会逼迫企业放弃好的投资项目，从而出现投资不足的现象。管理者过度自信和市场竞争会因资金短缺而无法提高投资效率，使得管理者过度自信对企业绩效和股票收益产生显著的负向影响。

②成长期样本的实证结果。表 6.15 报告了成长期样本的实证分析结果：在有调节的中介效应模型检验步骤的第一、第三、第四步中，管理者过度自信（OC）均与股票收益（R）显著的负相关，该结论支持了本书提出的 H5.1。在有调节的中介效应模型检验步骤的第二步中，管理者过度自信（OC）对企业过度投资（OVERINV）产生了显著的正向影响，该结论支持了本书提出的 H6.1。在有调节的中介效应模型检验步骤的第三步中，企业过度投资的绝对值（｜OVERINV｜）对股票收益（R）产生了显著的负向影响，说明管理者过度自信与资产定价关系的影响机制中存在企业投资的中介效应，该结论支持了本书提出的 H6.2 和 H6.3。在有调节的中介效应模型检验步骤的第四步中，调节变量市场竞争（HHI）与股票收益（R）显著正相关，中介变量企业过度投资的绝对值（｜OVERINV｜）与股票收益（R）显

著负相关，市场竞争（HHI）和企业过度投资的绝对值（｜OVERINV｜）的交互项（HHI×｜OVERINV｜）与股票收益（R）显著正相关，说明市场竞争（HHI）对企业过度投资的绝对值（｜OVERINV｜）与股票收益（R）之间的关系存在显著的调节效应。

表 6.15　　　　　　　　　　**成长期样本的实证结果**

变量	R	OVERINV	R	R
OC	−0.2617 *** (−16.06)	0.0033 * (1.87)	−0.2611 *** (−16.02)	−0.2637 *** (−16.18)
HHI	0.1408 * (1.73)	−0.0465 *** (−5.17)	0.1388 * (1.70)	0.1863 * (1.68)
｜OVERINV｜			−0.1744 * (−1.88)	−0.1683 * (−1.68)
HHI×｜OVERINV｜				0.8033 * (1.73)
控制变量	控制	控制	控制	控制
INDUSTRY	控制	控制	控制	控制
YEAR	控制	控制	控制	控制
常数	1.0823 *** (5.68)	−0.0375 ** (−1.98)	1.0761 *** (5.63)	1.1959 *** (6.61)
样本观测数	3750	3750	3750	3750
Adj R²	0.5543	0.1416	0.5550	0.5555
F 值	180.36	26.78	173.65	167.43

注：*、**、*** 分别表示系数在 10%、5%、1% 显著性水平上异于 0，括号内为 t 统计量。

　　成长期样本的实证结果表明：管理者过度自信对资产定价的影响机制中存在显著的以企业投资为中介效应和市场竞争为调节效应的有调节的中介效应。对成长期企业而言，过度自信管理者所经营企业的过度投资程度和股票收益分别显著高于和低于非过度自信管理者所经营企业的相应部分，过度投资程度以及市场竞争程度加深（HHI 的值越小）都会显著降低股票收益，市场竞争加剧（HHI 的值越小）将显著提高企业过度投资，并对企业过度投资程度与股票收益之间的负向关系产生负向调节作用。换句话说，市场竞争程度的增强能在一定程度上加剧了管理者过度自信造成的企业过度投资，降低了提高企业投资效率，不利于企业市场价值的提升。其原因在于：当企业处于成长期时，企业的销售收入增长迅速，成长空间大。同时，企业面临激烈的市场竞争，为抢占市场份额，容易出现过度投资。

③成熟期样本的实证结果。表6.16报告了成长期样本的实证分析结果：在有调节的中介效应模型检验步骤的第一、第三、第四步中，管理者过度自信（OC）均对股票收益（R）产生了显著的负向影响，该结论支持了本书提出的H5.1。在有调节的中介效应模型检验步骤的第二步中，管理者过度自信（OC）对企业过度投资（OVERINV）产生了显著的正向影响，该结论支持了本书提出的H6.1。在有调节的中介效应模型检验步骤的第三步中，企业过度投资的绝对值（｜OVERINV｜）对股票收益（R）产生了显著的负向影响，说明管理者过度自信与资产定价关系的影响机制中存在企业投资的中介效应，该结论支持了本书提出的H6.2和H6.3。在有调节的中介效应模型检验步骤的第四步中，调节变量市场竞争（HHI）与股票收益（R）显著负相关，中介变量企业过度投资的绝对值（｜OVERINV｜）与股票收益（R）显著负相关，市场竞争（HHI）和企业过度投资的绝对值（｜OVER-INV｜）的交互项（HHI×｜OVERINV｜）与股票收益（R）显著负相关，说明市场竞争（HHI）对企业过度投资的绝对值（｜OVERINV｜）与股票收益（R）之间的关系存在显著的调节效应。

表6.16　　　　　　　　　　成熟期样本的实证结果

变量	R	OVERINV	R	R
OC	-0.2427^{***} (-14.74)	0.0023^{*} (1.72)	-0.2406^{***} (-14.53)	-0.2434^{***} (-14.80)
HHI	-0.1605^{*} (-1.83)	0.0337^{***} (5.38)	-0.1733^{**} (-2.01)	-0.1655^{*} (-1.94)
｜OVERINV｜			-0.9117^{***} (-3.39)	-1.2849^{***} (-3.64)
HHI×｜OVERINV｜				-3.2804^{**} (-2.20)
控制变量	控制	控制	控制	控制
INDUSTRY	控制	控制	控制	控制

续表

变量	R	OVERINV	R	R
YEAR	控制	控制	控制	控制
常数	0.8820 *** (5.03)	− 0.0958 *** (− 7.02)	0.8239 *** (4.68)	0.8121 *** (4.60)
样本观测数	4129	4129	4129	4129
Adj R²	0.5308	0.1999	0.5330	0.5340
F 值	178.50	43.96	172.76	166.61

注：＊、＊＊、＊＊＊分别表示系数在10%、5%、1%显著性水平上异于0，括号内为 t 统计量。

成熟期样本的实证结果表明：管理者过度自信对资产定价的影响机制中存在显著的以企业投资为中介效应和市场竞争为调节效应的有调节的中介效应。对成熟期企业而言，过度自信管理者所经营企业的过度投资程度和股票收益分别显著高于和低于非过度自信管理者所经营企业的相应部分，过度投资程度会显著降低股票收益，市场竞争程度加深（HHI 的值越小）会显著提高股票收益，市场竞争加剧（HHI 的值越小）将显著降低企业过度投资程度，并对企业过度投资程度与股票收益之间的负向关系产生正向调节作用。换句话说，市场竞争的增强能在一定程度上抑制管理者过度自信造成的企业过度投资，有助于提高企业投资效率、企业绩效，从而提升企业市场价值。这是由于当企业处于成熟期时，一方面企业进入投资回收期，且需要大量偿还债务和派发红利，在一定程度上削弱了企业过度投资；另一方面，行业集中度趋于稳定，企业的运营能力和管理能力都逐步趋向成熟，市场竞争促进企业提高投资效率和市场价值而保持市场份额。

④衰退期样本的实证结果。表6.17 报告了衰退期样本的实证分析结果：在有调节的中介效应模型检验步骤的第一、第三、第四步中，管理者过度自信（OC）均对股票收益（R）产生了显著的负向影响，该结论支持了本书提出的 H5.1。在有调节的中介效应模型检验步骤的第二步中，管理者过度自信（OC）对企业过度投资（OVERINV）的影响并不显著，本书提出的 H6.1 未得到验证。在有调节的中介效应模型检验步骤的第三步中，企业过度投资的绝对值（｜OVERINV｜）与股票收益（R）之间的关系不显著，该结论无法支持本书提出的 H6.2 和 H6.3。在有调节的中介效应模型检验步骤

的第四步中，调节变量市场竞争（HHI）、中介变量企业过度投资的绝对值（｜OVERINV｜）、市场竞争（HHI）和企业过度投资的绝对值（｜OVER-INV｜）的交互项（HHI×｜OVERINV｜）分别与股票收益（R）不显著相关，说明市场竞争（HHI）对企业过度投资的绝对值（｜OVERINV｜）与股票收益（R）之间的关系不存在显著的调节效应。

表 6.17   **衰退期样本的实证结果**

变量	R	OVERINV	R	R
OC	− 0.2850 *** (− 6.38)	0.0040 (1.17)	− 0.2817 *** (− 6.29)	− 0.2826 *** (− 6.32)
HHI	0.0459 (0.21)	0.0275 (1.62)	0.0174 (0.08)	0.0413 (0.16)
｜OVERINV｜			− 0.8339 (− 1.21)	− 0.7106 (− 0.68)
HHI×｜OVERINV｜				− 1.7344 (− 0.16)
控制变量	控制	控制	控制	控制
INDUSTRY	控制	控制	控制	控制
YEAR	控制	控制	控制	控制
常数	1.7009 *** (3.22)	− 0.0794 ** (− 2.13)	1.8235 *** (3.39)	1.8218 *** (3.39)
样本观测数	570	570	570	570
Adj R²	0.5143	0.1056	0.5143	0.5143
F 值	44.08	3.92	42.47	40.83

注：** 、*** 分别表示系数在 5%、1% 显著性水平上异于 0，括号内为 t 统计量。

衰退期样本的实证结果表明：管理者过度自信虽然不会对企业过度投资产生显著影响，但会显著降低股票收益；投资过度和投资不足以及市场竞争程度都不会显著影响股票收益，市场竞争的调节作用也不显著。在包含企业投资的中介效应和市场竞争的调节效应影响机制下管理者过度自信对资产定价的影响不存在显著的有调节的中介效应。其原因可能在于：当企业处于衰退期时，产品供给严重过剩，产品需求大幅降低，导致产品的销量和价格不断下降，利润空间逐步缩减，企业的竞争力严重下滑，容易出现财务危机甚至破产。如果企业继续对原有业务进行再投资，可能会陷入投资陷阱，无法有效改善投资效率、企业绩效和市场价值。企业需要摆脱原有行业，投资于新的行业，开启新的企业生命周期，其投资效率、企业绩效和市场价值需要较长的时间逐步被市场认可而得到改善。

（3）基于市场竞争调节效应视角的稳健性检验结果。对于市场竞争变量的测度，不同的衡量方法可能产生差异性结果。为保证检验结果的稳健性，本节参考徐晓萍等（2017）对市场竞争的测度方法：假定广告是企业竞争的重要手段，则销售费率可用来衡量市场竞争。值得注意的是，这种度量方式下 HHI 是市场竞争程度的正向指标，其值越大（小），市场竞争程度越大（小）。同样用有调节的中介效应模型检验了在企业投资的中介效应和市场竞争的调节效应影响机制下，研究了市场竞争在管理者过度自信经由企业投资行为影响股票市场资产定价的机制中可能发挥的调节作用。基于市场竞争调节效应视角分析的稳健性检验结果如表 6.18 所示，实证结果依旧稳健。

表 6.18　　基于市场竞争调节效应视角分析的稳健性检验结果

Panel A　总体样本的稳健性检验结果

变量	R	OVERINV	R	R
OC	−0.2588 *** (−26.77)	0.0019 ** (1.97)	−0.2582 *** (−26.71)	−0.2583 *** (−26.72)
HHI	−0.0464 * (−1.87)	−0.0151 *** (−2.90)	−0.0476 * (−1.89)	−0.0605 ** (−2.21)
|OVERINV|			−0.3183 ** (−2.40)	−0.2747 * (−1.75)
HHI × |OVERINV|				1.7926 * (1.84)
控制变量	控制	控制	控制	控制
INDUSTRY	控制	控制	控制	控制
YEAR	控制	控制	控制	控制
常数	1.0609 *** (9.86)	−0.0843 *** (−8.84)	1.0462 *** (9.68)	0.9372 *** (8.66)
样本观测数	11562	11562	11562	11562
Adj R²	0.5438	0.1440	0.5450	0.5456
F 值	528.92	82.03	509.45	491.25

续表

Panel B　初创期样本的稳健性检验结果

变量	R	OVERINV	R	R
OC	− 0. 2475 *** (− 9. 61)	0. 0019 (0. 79)	− 0. 2274 *** (− 9. 61)	− 0. 2481 *** (− 9. 63)
HHI	− 0. 2463 (− 1. 37)	− 0. 0129 (− 0. 76)	− 0. 2474 (− 1. 38)	− 0. 3783 (− 1. 60)
│OVERINV│			− 0. 0781 (− 0. 22)	− 0. 2251 (− 0. 44)
HHI × │OVERINV│				3. 7512 (0. 85)
控制变量	控制	控制	控制	控制
INDUSTRY	控制	控制	控制	控制
YEAR	控制	控制	控制	控制
常数	1. 4497 *** (4. 76)	− 0. 0226 (− 0. 85)	1. 4434 *** (4. 72)	1. 4548 *** (4. 75)
样本观测数	1578	1578	1578	1578
Adj R²	0. 5221	0. 0923	0. 5221	0. 5221
F 值	82. 99	7. 98	79. 75	76. 81

Panel C　成长期样本的稳健性检验结果

变量	R	OVERINV	R	R
OC	− 0. 2616 *** (− 16. 05)	0. 0033 * (1. 86)	− 0. 2603 *** (− 15. 92)	− 0. 2640 *** (− 16. 19)
HHI	− 0. 1749 * (− 1. 78)	0. 0177 * (1. 67)	− 0. 1842 * (− 1. 87)	− 0. 2485 ** (− 2. 07)
│OVERINV│			− 0. 3939 ** (− 1. 97)	− 0. 4917 ** (− 2. 38)
HHI × │OVERINV│				− 2. 0731 ** (− 1. 96)
控制变量	控制	控制	控制	控制
INDUSTRY	控制	控制	控制	控制
YEAR	控制	控制	控制	控制
常数	1. 1182 *** (5. 88)	− 0. 0272 (− 1. 43)	1. 1098 *** (5. 81)	1. 1123 *** (5. 83)
样本观测数	3750	3750	3750	3750
Adj R²	0. 5526	0. 1361	0. 5534	0. 5542
F 值	180. 15	25. 62	173. 45	167. 25

续表

Panel D　成熟期样本的稳健性检验结果

变量	R	OVERINV	R	R
OC	−0.2432 *** (−14.79)	0.0024 * (1.70)	−0.2410 *** (−14.46)	−0.2433 *** (−14.82)
HHI	0.1762 * (1.92)	−0.0267 *** (−3.77)	0.1854 ** (2.04)	0.1982 ** (2.13)
│OVERINV│			−0.9070 *** (−3.37)	−0.8898 ** (−1.96)
HHI×│OVERINV│				2.8602 * (1.73)
控制变量	控制	控制	控制	控制
INDUSTRY	控制	控制	控制	控制
YEAR	控制	控制	控制	控制
常数	0.8971 *** (5.14)	−0.0864 *** (−6.34)	0.8426 *** (4.82)	0.7621 *** (4.33)
样本观测数	4129	4129	4129	4129
Adj R²	0.5308	0.1967	0.5328	0.5333
F 值	178.52	43.12	172.76	164.89

Panel E　衰退期样本的稳健性检验结果

变量	R	OVERINV	R	R
OC	−0.2759 *** (−5.98)	0.0035 (1.02)	−0.2741 *** (−6.18)	−0.2746 *** (−6.17)
HHI	−0.3665 (−1.38)	−0.0322 (−1.58)	−0.3495 (−1.19)	−0.3598 (−1.29)
│OVERINV│			−0.7157 (−1.05)	−0.8357 (−0.94)
HHI×│OVERINV│				1.4114 (0.21)
控制变量	控制	控制	控制	控制
INDUSTRY	控制	控制	控制	控制
YEAR	控制	控制	控制	控制
常数	1.8214 *** (3.47)	−0.0680 * (−1.81)	1.9209 *** (3.61)	1.9271 *** (3.61)
样本观测数	570	570	570	570
Adj R²	0.5198	0.1054	0.5198	0.5198
F 值	45.15	3.91	43.46	41.78

注：*、**、*** 分别表示系数在 10%、5%、1% 显著性水平上异于 0，括号内为 t 统计量。

6.5　本章小结

本章以 2012～2017 的财务年度为研究区间，利用中国 A 股上市公司的财务数据和对应期间的股票市场数据样本，在对管理者过度自信心理偏好、投资决策行为、股票市场资产定价之间的内在关系进行深入分析的基础上，实证研究了管理者过度自信经由企业投资影响股票市场资产定价的传导路径以及融资现金流和市场竞争在其中可能发挥的调节作用。研究结果表明：（1）过度自信管理者所经营企业的股票收益显著低于非过度自信管理者所经营企业的股票收益。（2）管理者过度自信将通过强化投资过度而对股票收益产生显著负向影响。（3）融资现金流（包括股权融资现金流和债务融资现金流）增加可能通过强化过度自信管理者的过度投资决策行为而使其所经营企业产生更低的股票收益。（4）市场竞争将通过影响企业投资行为与股票收益之间的关系而在管理者过度自信经由企业投资影响股票收益的传导路径中发挥调节作用，市场竞争的调节作用对处于初创、成长、成熟、衰退期等不同生命周期的企业存在异质性：对于初创期和衰退期企业，管理者过度自信虽然不会对企业过度投资产生显著影响，但会显著降低股票收益，且过度投资程度以及市场竞争程度都不会显著影响股票收益，市场竞争的调节作用也不显著；对于成长期企业，市场竞争加剧将显著提高企业过度投资程度，并对企业过度投资程度与股票收益之间的负向关系产生负向调节作用；对于成熟期企业，市场竞争加剧将显著降低企业过度投资程度，并对企业过度投资程度与股票收益之间的负向关系产生正向调节作用。研究结果阐明了管理者过度自信、企业投资与资产定价之间的关系以及融资现金流和市场竞争在其中发挥的调节作用，为企业在不同融资现金流环境和不同市场竞争环境下制定管理者选拔机制、规范企业投资行为提供了经验证据。

| 第 7 章 |

投资者情绪和管理者过度自信对股票市场资产定价的综合影响

投资者情绪与管理者过度自信分别是市场交易的行为主体（投资者）和公司基本面的行为主体（管理者）最常见的非理性因素，投资者情绪和管理者过度自信可能通过影响市场交易和公司基本面影响资产定价。本书第 3 章至第 6 章从基于投资者行为和管理者行为从市场交易层面和公司基本面分别研究了投资者情绪对股票市场资产定价的影响、管理者过度自信对股票市场资产定价的影响。具体而言，第 3 章在权衡投资与消费以实现效用最大化前提下，建立了考虑投资者情绪与消费的资产定价模型，从市场交易层面考察了投资者情绪对资产定价的影响。第 4 章和第 5 章从公司基本面层面的盈余管理视角分别研究了投资者情绪、盈余管理与股票市场资产定价之间的关系以及管理者过度自信、盈余管理与股票市场资产定价之间的关系。第 6 章从公司基本面层面的企业投资视角研究了管理者过度自信如何通过企业投资进而影响股票市场资产定价，并进一步分析了融资现金流和市场竞争在其中发挥的调节效应。

然而，股票价格作为投资者和管理者之间的纽带，投资者情绪与管理者过度自信存在怎样的联系？进而如何共同对股票市场进行资产定价？基于此，本章拟将投资者情绪、管理者过度自信放入资产定价的同一分析框架，研究投资者情绪、管理者过度自信与资产定价之间关系的影响机制，并进一步分析了投资者情绪调节下盈余管理、企业投资在管理者过度自信与股票收益之间的关系中发挥的中介效应。

7.1　理论分析与研究假设

投资者情绪与管理者过度自信分别是市场交易的行为主体（投资者）和公司基本面的行为主体（管理者）最常见的非理性因素。投资者情绪和管理者过度自信分别体现了投资者和企业管理者对企业现金流的预期收益和风险的主观评价。根据情绪协调与失调理论以及情绪感染理论的观点，投资者与管理者之间可能存在情绪感染效应（余丽霞和王璐，2015）。在股票市场中，股票价格是投资者和管理者之间的纽带。在信息不对称情况下，投资者的心理和认知偏差可能会造成投资者对上市公司基本面的评价偏差和以及股票价格偏离于股票的内在价值，进而形成投资者情绪；管理者做出反映公司基本面信息的企业盈利和企业投资等决策过程中也会考虑决策对股票价格的影响，且在管理者过度自信驱动下做出的决策往往会显著不同于管理者非过度自信驱动下做出的决策。然而，管理者的情绪往往难以对投资者情绪造成有力影响（McLean and Zhao，2010）。因此，投资者与管理者之间情绪感染路径一般是从投资者传染到管理者，即这种情绪感染效应主要来自于投资者情绪对管理者过度自信的"塑造"（花贵如等，2011；唐玮等，2017）。也就是说，乐观（悲观）的投资者情绪会进一步强化（弱化）管理者的过度自信心理（You，2018），进而影响股票市场资产定价。基于 H4.1 论述的投资者情绪对股票收益的影响、H5.1 论述的管理者过度自信对股票收益的影响以及上述分析，本书提出如下假设 7.1：

H7.1：投资者情绪在管理者过度自信与股票收益之间的关系发挥调节效应。

7.2　研究设计

7.2.1　变量选取与界定

变量定义。被解释变量：股票年收益率（R）的衡量方法与第 4 章相同。解释变量：管理者过度自信（OC）的衡量方法与第5章相同。调节变量：投资者情绪（IS）的衡量方法与第4章相同。控制变量：参考法玛和弗伦奇（Fama and French，1993）、何等（Ho et al.，2011）、花贵如等（2011）、王铁男和王宇（2017）、杨楠（2015）等相关研究，本章选取市场年收益率（R_m）、账面市值比（BM）、企业规模（SIZE）、资产负债率（LEV）、总资产增长率（GROWTH）、净资产收益率（ROE）、股权集中度（EC）、股权制衡（EB）、独立董事占比（PID）作为控制变量。

本章模型构建所需变量的类型、界定和衡量见表7.1。

表7.1　　　　　　　　　　　变量的分类、界定及衡量

变量的类型	变量的界定	变量的衡量
被解释变量	股票年收益率（R）	第 t+1 年 5 月至第 t+2 年 4 月的股票月度累乘收益率
解释变量	管理者过度自信（OC）	第 t 年股票收益率低于市场收益率且公司管理者仍未减持股票，则视为管理者过度自信
调节变量	投资者情绪（IS）	Tobin's Q 分解模型
控制变量	市场年收益率（R_m）	第 t+1 年 5 月至第 t+2 年 4 月的沪深 300 指数月度累乘收益率
	账面市值比（BM）	第 t 年末账面价值与市值之比
	企业规模（SIZE）	第 t 年末总资产的自然对数
	资产负债率（LEV）	第 t 年末总负债/第 t 年末总资产
	总资产增长率（GROWTH）	第 t 年末总资产同比增长额/第 t−1 年末资产总额
	净资产收益率（ROE）	第 t 年净利润/第 t 年股东权益年平均额
	股权集中度（EC）	第 t 年公司前三大股东持股比例的总和
	股权制衡（EB）	第 t 年公司第二大股东到第五大股东持股比例的总和与第一大股东持股比例的比值
	独立董事占比（PID）	第 t 年公司独立董事人数与公司董事总人数之比
	行业（INDUSTRY）	按中国证监会 2012 行业分类标准生成行业虚拟变量
	年度（YEAR）	按会计年度生成年度虚拟变量

7.2.2　模型构建

根据理论分析与研究假说的论述，以及研究的需要，本章参考朱波等（2015）基于研究需要构建的计量模型和温忠麟等（2012）的步骤拟构建如下层次回归模型：①控制相关控制变量，考察管理者过度自信对股票收益的影响；②控制相关控制变量，在①的基础上引入投资者情绪变量，考察投资者情绪、管理者过度自信对管理者过度自信的影响；③控制相关控制变量，在②的基础上引入投资者情绪与管理者过度自信变量的交互项以考察投资者情绪对管理者过度自信与股票收益之间关系的调节效应。其步骤①至③的表达式如式（7.1）~式（7.3）所示。

$$
\begin{aligned}
R_{it+1} =\ & \alpha_0 + \alpha_1 OC_{it} + \alpha_2 R_{mt+1} + \alpha_3 BM_{it} + \alpha_4 SIZE_{it} + \alpha_5 LEV_{it} \\
& + \alpha_6 GROWTH_{it} + \alpha_7 ROE_{it} + \alpha_8 EC_{it} + \alpha_9 EB_{it} + \alpha_{10} PID_{it} \\
& + \sum INDUSTRY + \sum YEAR + \varepsilon_{it+1}
\end{aligned} \tag{7.1}
$$

$$
\begin{aligned}
R_{it+1} =\ & \beta_0 + \beta_1 OC_{it} + \beta_2 IS_{it} + \beta_3 R_{mt+1} + \beta_4 BM_{it} + \beta_5 SIZE_{it} \\
& + \beta_6 LEV_{it} + \beta_7 GROWTH_{it} + \beta_8 ROE_{it} + \beta_9 EC_{it} + \beta_{10} EB_{it} \\
& + \beta_{11} PID_{it} + \sum INDUSTRY + \sum YEAR + \varepsilon_{it+1}
\end{aligned} \tag{7.2}
$$

$$
\begin{aligned}
R_{it+1} =\ & \gamma_0 + \gamma_1 OC_{it} + \gamma_2 IS_{it} + \gamma_3\ IS_{it} \times OC_{it} + \gamma_4 R_{mt+1} \\
& + \gamma_5 BM_{it} + \gamma_6 SIZE_{it} + \gamma_7 LEV_{it} + \gamma_8 GROWTH_{it} \\
& + \gamma_9 ROE_{it} + \gamma_{10} EC_{it} + \gamma_{11} EB_{it} + \gamma_{12} PID_{it} \\
& + \sum INDUSTRY + \sum YEAR + \varepsilon_{it+1}
\end{aligned} \tag{7.3}
$$

7.2.3　样本与数据

本章以第 4 章至第 6 章筛选出的 1927 个上市公司为研究样本，收集研究模型所需的上市公司 2012~2017 年财务数据以及上市公司的股票月度收益率与沪深 300 指数月度市场收益率（2013 年 5 月~2019 年 4 月）数据。相关数据来源于 CSMAR 数据库和 CCER 数据库。此外，为消除极端值对研究结论的影响，本章对所有连续变量左右两端 1% 分位的数据进行了缩尾处理。

7.3 实证分析

7.3.1 描述性统计

表 7.2 报告了各变量的描述性统计结果。由表 7.2 可得，上市公司个股的年度收益（R）的平均值、标准差、最小值、最大值分别为 0.2051、0.6560、-0.5614、2.8839，市场年收益率（R_m）的平均值、标准差、最小值、最大值分别为 0.1435、0.4942、-0.3354、1.2004，说明相比于市场水平，中国上市公司的股票收益存在较高的波动风险。投资者情绪（IS）的平均值、标准差、最小值、最大值分别为 1.62e-09、1.5448、-4.8150、56.8537，说明投资者对上市公司的主观评价形成的投资者情绪差异显著且波动区间较大。管理者过度自信（OC）的平均值为 0.2628，说明存在管理者过度自信的公司的占比为 26.28%。此外，中国上市公司在成长能力、偿债能力、盈利能力、股权结构和治理结构方面也表现出较强的异质性。

表 7.2   **变量的描述性统计**

变量	平均值	标准差	最小值	最大值
R	0.2051	0.6560	-0.5614	2.8839
IS	1.62e-09	1.5448	-4.8150	56.8537
OC	0.2628	0.4402	0	1
R_m	0.1435	0.4942	-0.3354	1.2004
BM	0.4341	0.2722	0.0670	1.4718
SIZE	22.3091	1.2633	20.0013	26.1053
LEV	0.4347	0.2051	0.0509	0.8631
GROWTH	0.1747	0.2946	-0.2244	1.8069
ROE	0.0724	0.0846	-0.2593	0.3316
EC	0.4794	0.1542	0.0843	0.9829
EB	0.6653	0.5947	0.0031	3.9217
PID	0.3736	0.0558	0	0.8

7.3.2　实证结果与分析

本章拟在投资者情绪和管理者过度自信共存的资产定价研究框架中，实证分析检验了投资者情绪、管理者过度自信与资产定价之间的关系，并进一步检验了投资者情绪在管理者过度自信通过盈余管理或者企业投资影响股票收益的影响机制中发挥的调节作用。

（1）基准回归的实证分析结果。在基准回归中检验投资者情绪对管理者过度自信与股票收益之间关系的调节效应，实证结果如表 7.3 所示：第一，根据调节效应模型步骤①的检验结果，管理者过度自信（OC）的回归系数为 -0.2589，且在 1% 显著性水平上显著异于 0，说明管理者过度自信对股票收益产生显著的负向影响。第二，根据调节效应模型步骤②的检验结果，管理者过度自信（OC）的回归系数为 -0.2576，投资者情绪（IS）的回归系数为 0.0153，且均在 1% 显著性水平上显著异于 0，说明管理者过度自信和投资者情绪分别对股票收益产生显著的负向影响和正向影响。第三，根据调节效应模型步骤③的检验结果，管理者过度自信（OC）的回归系数为 -0.2590，投资者情绪（IS）的回归系数为 0.0183，且均在 1% 显著性水平上显著异于 0；投资者情绪与管理者过度自信交互项（IS×OC）的回归系数为 -0.0134，且在 5% 显著性水平上显著异于 0。上述结论支持了本书提出的 H7.1，说明投资者情绪在管理者过度自信与股票收益之间的关系中发挥负向调节作用。

表 7.3　　　　　　　　　基准回归的实证结果

变量	R	R	R
OC	-0.2589 *** (-26.78)	-0.2576 *** (-26.67)	-0.2590 *** (-26.75)
IS		0.0153 *** (5.55)	0.0183 *** (5.88)
IS×OC			-0.0134 ** (-2.08)

续表

变量	R	R	R
R_m	0.9097 *** (108.57)	0.9101 *** (108.76)	0.9103 *** (108.79)
BM	− 0.0719 *** (− 3.68)	− 0.0475 ** (− 2.38)	− 0.0464 ** (− 2.32)
SIZE	− 0.0557 *** (− 11.09)	− 0.0588 *** (− 11.66)	− 0.0586 *** (− 11.61)
LEV	0.1495 *** (5.53)	0.1533 *** (5.67)	0.1536 *** (5.69)
GROWTH	0.1407 *** (9.42)	0.1468 *** (9.81)	0.1464 ** (9.79)
ROE	0.4270 *** (7.95)	0.4168 *** (7.76)	0.4172 *** (7.77)
EC	0.2295 *** (7.87)	0.2332 *** (8.00)	0.2329 *** (7.99)
EB	0.0171 ** (2.33)	0.0190 *** (2.59)	0.0188 ** (2.57)
PID	0.0605 (0.81)	0.0512 (0.69)	0.0500 (0.67)
INDUSTRY	控制	控制	控制
YEAR	控制	控制	控制
常数	1.0587 *** (9.84)	1.1189 *** (10.36)	1.1145 *** (10.32)
样本观测数	11562	11562	11562
Adj R^2	0.5428	0.5440	0.5447
F 值	550.06	531.46	512.08

注：** 、*** 分别表示系数在 5% 、1% 显著性水平上异于 0，括号内为 t 统计量。

研究结果表明，投资者情绪强化了管理者过度自信对股票收益的负向影响，即投资者情绪负向调节了管理者过度自信与股票收益之间的负向关系。其原因可能是投资者情绪产生了对管理者过度自信的情绪感染效应，强化了对管理者过度自信的"塑造",进而形成了投资者情绪和管理者过度自信共同影响股票市场资产定价的基础分析框架。

(2)扩展分析。第 5 章分析了管理者过度自信通过盈余管理的中介渠道影响股票收益,第 6 章分析了企业投资行为在管理者过度自信与股票收益关系中发挥的中介效应。此外,基准回归研究了投资者情绪对管理者过度自信与股票收益之间关系的调节效应。基于此,本部分拟扩展分析投资者情绪调节下盈余管理、企业投资在管理者过度自信与股票收益之间的关系中发挥的中介效应,在式(7.3)的基础上构建的有中介的调节效应模型如下:

$$
\begin{aligned}
MV_{it} =\ & \theta_0 + \theta_1 OC_{it} + \theta_2 IS_{it} + \theta_3 IS_{it} \times OC_{it} + \theta_4 SIZE_{it} + \theta_5 LEV_{it} \\
& + \theta_6 GROWTH_{it} + \theta_7 ROE_{it} + \theta_8 EC_{it} + \theta_9 EB_{it} + \theta_{10} PID_{it} \\
& + \sum INDUSTRY + \sum YEAR + \varepsilon_{it}
\end{aligned} \tag{7.4}
$$

$$
\begin{aligned}
R_{it+1} =\ & \delta_0 + \delta_1 OC_{it} + \delta_2 IS_{it} + \delta_3 IS_{it} \times OC_{it} + \delta_4 MV_{it} + \delta_5 R_{mt+1} \\
& + \delta_6 BM_{it} + \delta_7 SIZE_{it} + \delta_8 LEV_{it} + \delta_9 GROWTH_{it} + \delta_{10} ROE_{it} \\
& + \delta_{11} EC_{it} + \delta_{12} EB_{it} + \delta_{13} PID_{it} + \sum INDUSTRY \\
& + \sum YEAR + \varepsilon_{it+1}
\end{aligned} \tag{7.5}
$$

其中,MV 为中介变量。需要说明的是,在实证过程中,中介变量(MV)分别用盈余管理(EM)、企业过度投资(OVERINV)变量替换。完整的有中介的调节效应模型的检验步骤包括三步,各步骤的表达式分别为式(7.3)、式(7.4)和式(7.5)。

①基于盈余管理中介效应的扩展分析结果。表 7.4 报告了盈余管理的扩展分析分析结果。对盈余管理而言,在有中介的调节效应实证模型的第一步和第三步中,管理者过度自信(OC)与股票收益(R)均显著负相关。在有中介的调节效应实证模型的第二步中,管理者过度自信(OC)与盈余管理程度(包括应计盈余管理程度│AEM│和真实盈余管理程度│REM│)均显著正相关。在有中介的调节效应实证模型第三步中,盈余管理程度(包括应计盈余管理程度│AEM│和真实盈余管理程度│REM│)与股票收益(R)均显著负相关,说明盈余管理程度(包括应计盈余管理程度│AEM│和真实盈余管理程度│REM│)在管理者过度自信与资产定价之间关系的影响机制中发挥中介作用。在有中介的调节效应实证模型的第一步至第三步中投资者

情绪（IS）与股票收益（R）显著正相关，投资者情绪（IS）与盈余管理程度（包括应计盈余管理程度｜AEM｜和真实盈余管理程度｜REM｜）显著正相关，且投资者情绪（IS）与管理者过度自信（OC）的交互项（IS × OC）与股票收益（R）显著负相关、与盈余管理程度（包括应计盈余管理程度｜AEM｜和真实盈余管理程度｜REM｜）显著正相关，说明投资者情绪对管理者过度自信与股票收益之间的关系存在显著的负向调节效应，投资者情绪对管理者过度自信与盈余管理程度（包括应计盈余管理和真实盈余管理程度）之间的关系存在显著的正向调节效应。

表 7.4　　　　　　　　基于盈余管理中介效应的扩展分析结果

变量	应计盈余管理			真实盈余管理		
	R	｜AEM｜	R	R	｜REM｜	R
OC	−0.2590 *** (−26.75)	0.0031 * (1.90)	−0.2586 *** (−26.71)	−0.2590 *** (−26.75)	0.0090 ** (1.96)	−0.2589 *** (−26.73)
IS	0.0183 *** (5.88)	0.0025 *** (4.73)	0.0181 *** (5.81)	0.0183 *** (5.88)	0.0144 *** (9.84)	0.0182 *** (5.84)
IS × OC	−0.0134 ** (−2.08)	0.0017 * (1.84)	−0.0137 ** (−2.13)	−0.0134 ** (−2.08)	0.0024 ** (1.98)	−0.0138 ** (−2.14)
｜AEM｜			−0.0636 * (−1.77)			
｜REM｜						−0.0194 * (−1.68)
控制变量	控制	控制	控制	控制	控制	控制
INDUSTRY	控制	控制	控制	控制	控制	控制
YEAR	控制	控制	控制	控制	控制	控制
常数	1.1145 *** (10.32)	0.1955 *** (11.78)	1.1046 *** (10.20)	1.1145 *** (10.32)	0.1457 *** (3.13)	1.0143 *** (10.23)
样本观测数	11562	11562	11562	11562	11562	11562
Adj R^2	0.5447	0.0846	0.5452	0.5447	0.1097	0.5452
F 值	512.08	43.72	487.49	512.08	57.95	486.84

注：*、**、*** 分别表示系数在 10%、5%、1% 显著性水平上异于 0，括号内为 t 统计量。

实证结果表明，应计盈余管理样本和真实盈余管理样本均通过了有中介的调节效应检验，即投资者情绪在管理者过度自信通过盈余管理程度（包括应计盈余管理和真实盈余管理程度）间接影响股票收益过程中发挥有中介的调节效应。其原因可能是管理者的过度自信心理偏好会让管理者认为自己过度精确地掌握了企业盈余信息，可以在必要时加强对盈余管理程度（包括应计盈余管理和真实盈余管理程度）的调整，以迎合投资者或者满足自身利益，而投资者情绪产生了对管理者过度自信的情绪感染效应，强化了对管理者过度自信的"塑造"。此外，应计盈余管理和真实盈余管理程度对长期股票市场价值具有负面影响。因此，投资者情绪强化了管理者过度自信对盈余管理程度（包括应计盈余管理和真实盈余管理程度）的促进作用，且投资者情绪在管理者过度自信通过盈余管理程度（包括应计盈余管理和真实盈余管理程度）中介渠道影响股票收益的影响机制发挥调节效应。

②基于企业投资中介效应的扩展分析结果。表 7.5 报告了企业投资的扩展分析结果。对企业投资不足样本而言，在有中介的调节效应实证模型的第一步和第三步中，管理者过度自信（OC）与股票收益（R）均显著负相关。在有中介的调节效应实证模型的第二步中，管理者过度自信（OC）与企业过度投资（OVERINV）均显著正相关。在有中介的调节效应实证模型第三步中，企业过度投资（OVERINV）与股票收益（R）不存在显著影响，说明企业投资在管理者过度自信与资产定价之间关系的影响机制中不存在显著的中介效应。在有中介的调节效应实证模型的第一步至第三步中投资者情绪（IS）与股票收益（R）显著正相关，投资者情绪（IS）与企业过度投资（OVERINV）显著正相关，且投资者情绪（IS）和管理者过度自信（OC）的交互项（IS × OC）与股票收益（R）显著负相关、与企业过度投资（OVERINV）显著正相关，说明投资者情绪对管理者过度自信与股票收益之间的关系存在显著的负向调节效应，投资者情绪（IS）对管理者过度自信与企业过度投资之间的关系存在显著的正向调节效应。同理，对企业投资过度样本而言，企业投资在管理者过度自信与资产定价之间关系的影响机制中存在显著的中介效应；投资者情绪对管理者过度自信与股票收益之间的关系存在显著的负向调节效应，投资者情绪对管理者过度自信与企业过度投资之间的关系存在显著的正向调节效应。

表 7.5　　　　　　　　　基于企业投资中介效应的扩展分析结果

变量	企业投资不足			企业投资过度		
	R	OVERINV	R	R	OVERINV	R
OC	−0.2879 ***	0.0015 *	−0.2886 ***	−0.2263 ***	0.0015 *	−0.2260 ***
	(−19.82)	(1.82)	(−19.87)	(−17.78)	(1.80)	(−17.76)
IS	0.0168 ***	0.0003 *	0.0169 ***	0.0214 ***	0.0012 **	0.1994 ***
	(4.14)	(1.66)	(4.17)	(4.28)	(2.55)	(3.88)
IS × OC	−0.0152 *	0.0014 ***	−0.0159 *	−0.0167 **	0.0014 *	−0.0156 *
	(−1.69)	(2.69)	(−1.75)	(−2.04)	(1.84)	(−1.94)
OVERINV			0.4819			−0.1885 **
			(1.34)			(−2.06)
控制变量	控制	控制	控制	控制	控制	控制
INDUSTRY	控制	控制	控制	控制	控制	控制
YEAR	控制	控制	控制	控制	控制	控制
常数	1.4360 ***	−0.0953 ***	1.3833 ***	0.8247 ***	0.0576 ***	0.8354 ***
	(8.60)	(−12.67)	(8.22)	(5.91)	(5.03)	(6.89)
样本观测数	6100	6100	6100	5462	5462	5462
Adj R^2	0.5116	0.1640	0.5116	0.5872	0.1612	0.5879
F 值	237.66	48.85	229.38	288.68	45.23	275.50

注：*、**、*** 分别表示系数在 10%、5%、1% 显著性水平上异于 0，括号内为 t 统计量。

实证结果表明，投资不足样本未通过有中介的调节效应检验，而投资过度样本通过了有中介的调节效应检验，即企业在投资不足情况下，投资者情绪在管理者过度自信通过企业过度投资间接影响股票收益过程中未能形成显著的有中介的调节效应；企业在投资过度情况下，投资者情绪在管理者过度自信通过企业过度投资间接影响股票收益过程中发挥有中介的调节效应。对投资不足样本而言，投资者情绪虽强化了管理者过度自信对企业投资不足的缓解效应，但是投资者情绪对这种投资不足的促进作用并不足以提高股票的收益，这可能源于投资不足的企业在投资者情绪和管理者过度自信的共同作用下依然存在融资约束，没有形成充足的投资现金流，进而在缓解投资不足的情况下没能有效地提升企业的市场价值。对投资过度样本而言，投资者情绪驱动管理者过度自信进一步加剧了企业的过度投资，投资者情绪对这种投资过度的促进作用降低了股票的收益，这可能源于投资固定的企业在投资者情绪和管理者过度自信的共同作用下企业投资效率降低，进而在投资过度的情况下反而降低了企业的市场价值。因此，投资者情绪强化了管理者过度自信对投资不足的缓解，也强化了管理者过度自信对投资过度的促进作用，且投资者情绪在管理者过度自信通过企业投资中介渠道影响股票收益的影响机制中发挥调节效应。

7.3.3　稳健性检验

（1）基于关键变量衡量方法的稳健性检验结果。对于投资者情绪变量的测度，不同的衡量方法可能产生差异性结果。为了进一步检验实证结果的稳健性，本章先采用换手率衡量投资者情绪（罗斌元，2017），然后检验了投资者情绪在管理者过度自信与股票收益之间关系中的调节效应的稳健性，并进一步还检验了投资者情绪在管理者过度自信通过盈余管理或者企业投资中介渠道影响股票收益的影响机制中发挥的调节效应的稳健性。表7.6 报告了基准回归的稳健性检验结果，表7.7 报告了进一步分析的稳健性检验结果，实证结果依旧稳健。

表 7.6　　　　　　　　　　　基准回归的稳健性检验结果

变量	R	R	R
OC	−0.2589 *** （−26.78）	−0.2495 *** （−25.21）	−0.1664 *** （−10.36）
IS		0.0105 *** （8.99）	0.0139 *** （10.87）
IS × OC			−0.0176 *** （−6.56）
控制变量	控制	控制	控制
INDUSTRY	控制	控制	控制
YEAR	控制	控制	控制
常数	1.0587 *** （9.84）	0.8353 *** （7.48）	0.8270 *** （7.42）
样本观测数	11275	11275	11275
Adj R^2	0.5428	0.5486	0.5503
F 值	550.06	527.99	511.93

注：*** 表示系数在1% 显著性水平上异于0，括号内为 t 统计量。

表 7.7　　　　　　　　　　扩展分析的稳健性检验结果

Panel A　基于盈余管理中介效应的稳健性检验结果

变量	应计盈余管理			真实盈余管理		
	R	| AEM |	R	R	| REM |	R
OC	−0. 1664 *** (−10. 36)	0. 0063 ** (2. 33)	−0. 1659 *** (−10. 32)	−0. 1664 *** (−10. 36)	0. 0191 ** (2. 50)	−0. 1660 *** (−10. 33)
IS	0. 0139 *** (10. 87)	0. 0005 ** (2. 38)	0. 0142 *** (11. 13)	0. 0139 *** (10. 87)	0. 0020 *** (3. 33)	0. 0143 *** (11. 20)
IS × OC	−0. 0176 *** (−6. 56)	0. 0022 *** (4. 88)	−0. 0175 *** (−6. 53)	−0. 0176 *** (−6. 56)	0. 0052 *** (4. 04)	−0. 0175 *** (−6. 52)
| AEM |			−0. 0769 * (−1. 90)			
| REM |						−0. 0251 * (−1. 78)
控制变量	控制	控制	控制	控制	控制	控制
INDUSTRY	控制	控制	控制	控制	控制	控制
YEAR	控制	控制	控制	控制	控制	控制
常数	0. 8270 *** (7. 42)	0. 1688 *** (9. 57)	0. 7086 *** (6. 36)	0. 8270 *** (7. 42)	0. 1547 *** (3. 14)	0. 7299 *** (6. 55)
样本观测数	11275	11275	11275	11275	11275	11275
Adj R^2	0. 5503	0. 0847	0. 5510	0. 5503	0. 1016	0. 5510
F 值	511. 93	42. 74	493. 75	511. 93	51. 99	488. 24

Panel B　基于企业投资中介效应的稳健性检验结果

变量	企业投资不足			企业投资过度		
	R	OVERINV	R	R	OVERINV	R
OC	−0. 1892 *** (−7. 77)	0. 0019 ** (2. 07)	−0. 1899 *** (−7. 85)	−0. 1486 *** (−7. 10)	0. 0015 * (1. 76)	−0. 1484 *** (−7. 08)
IS	0. 0147 *** (8. 35)	0. 0003 *** (3. 65)	0. 0145 *** (8. 27)	0. 0117 *** (6. 23)	0. 0003 * (1. 80)	0. 0106 *** (6. 13)
IS × OC	−0. 0175 *** (−4. 54)	0. 0002 * (1. 65)	−0. 0176 *** (−4. 56)	−0. 0158 *** (−4. 26)	0. 0003 * (1. 80)	−0. 0152 *** (−4. 06)
OVERINV			0. 3914 (1. 47)			−0. 1497 ** (−2. 10)

续表

Panel B　基于企业投资中介效应的稳健性检验结果

变量	企业投资不足			企业投资过度		
	R	OVERINV	R	R	OVERINV	R
控制变量	控制	控制	控制	控制	控制	控制
INDUSTRY	控制	控制	控制	控制	控制	控制
YEAR	控制	控制	控制	控制	控制	控制
常数	1.0751 *** (6.21)	-0.0830 *** (-10.40)	1.0410 *** (5.96)	0.6280 *** (4.39)	0.0604 *** (5.02)	0.5516 *** (3.84)
样本观测数	5932	5932	5932	5343	5343	5343
Adj R^2	0.5189	0.1681	0.5189	0.5913	0.1605	0.5922
F 值	237.95	48.95	229.57	287.22	44.76	276.91

注：* 、** 、*** 分别表示系数在 10% 、5% 、1% 显著性水平上异于 0，括号内为 t 统计量。

（2）基于估计方法的基准回归稳健性检验结果。基于面板数据的固定效应模型考虑了个体差异性，在一定程度上消除了不随时间改变的遗漏变量所产生的内生性问题。本章进一步采用个体和时间双向固定效应模型对基准回归进行稳健性检验，如表 7.8 所示，结果依然稳健。

表 7.8　　　　基于固定效应模型的基准回归稳健性检验结果

变量	R	R	R
OC	-0.1909 *** (-17.30)	-0.1897 *** (-17.16)	-0.1664 *** (-10.36)
IS		0.0085 * (1.89)	0.0102 ** (2.21)
IS × OC			-0.0112 * (-1.67)
控制变量	控制	控制	控制
常数	3.0961 *** (9.07)	3.0452 *** (8.90)	3.0324 *** (8.86)
样本观测数	11562	11562	11562
R^2	0.6296	0.6297	0.6298
F 值	1168.09	1090.74	1022.93

注：* 、** 、*** 分别表示系数在 10% 、5% 、1% 显著性水平上异于 0，括号内为 t 统计量。

7.4　本章小结

本章以中国 A 股上市公司 2012～2017 年的财务数据和对应期间的股票数据为研究样本，实证研究了投资者情绪与管理者过度自信对股票市场资产定价的综合影响以及投资者情绪在管理者过度自信通过盈余管理或企业投资影响股票收益的传导路径中发挥的调节作用。结果表明：（1）投资者情绪将强化管理者过度自信对股票收益的负向影响。（2）投资者情绪通过强化管理者过度自信对盈余管理程度（包括应计盈余管理和真实盈余管理程度）的促进作用进而对股票收益产生显著负向影响。（3）在投资过度的情况下，投资者情绪将驱动过度自信管理者进一步加剧企业过度投资，进而进一步降低股票收益。研究结论有助于加深对投资者情绪、管理者过度自信与资产定价关系的认识，为股票市场健康发展和公司治理提供了经验证据。

第 8 章

研究结论与研究展望

8.1　研究结论

投资者情绪和管理者过度自信对股票市场资产定价的影响已经成为行为金融学领域研究的热点问题，受到了世界各国（地区）股票市场监管部门、上市公司、投资者和研究人员的广泛关注。深入研究投资者情绪和管理者过度自信心理偏好对中国股票市场资产定价的影响及其传导机制，不仅能够厘清投资者情绪和管理者过度自信心理偏好与股票市场资产定价之间的内在关系，而且还能够为中国证券监管部门优化相关制度，为上市公司规范管理者经营决策行为提供理论指导和决策参考。本书基于行为金融视角、采用理论与实证相结合的方法研究投资者情绪和管理者过度自信对中国股票市场资产定价的影响，得到了如下主要研究结论。

（1）在资产定价模型中引入投资者情绪和消费因子能够在理论上对 CAPM、Fama-French 三因子和五因子模型进行合理拓展和修正；从总体定价效率看，用投资者情绪和消费因子分别替代 Fama-French 三因子模型中的规模和账面市值比因子、Fama-French 五因子模型中的盈利和投资因子，都能够提高资产定价效率；在考虑投资者情绪和消费因子后，Fama-French 五因子模型中的盈利和投资因子不再能提高资产定价效率。

（2）乐观（悲观）投资者情绪推高（拉低）了股票收益，正向与负向应计盈余管理和真实盈余管理的净效应在迎合投资者情绪的过程中对股票收益产生了显著的负向影响；乐观投资者情绪将提高股票收益和促进管理者的正向应计盈余管理行为，进而导致正向应计盈余管理对股票收益产生显著负向影响；悲观投资者情绪将降低股票收益和促进管理者的负向真实盈余管理行为，进而导致负向真实盈余管理对股票收益产生显著的负向影响。

（3）管理者过度自信将提高应计盈余管理和真实盈余管理程度，进而导致应计盈余管理和真实盈余管理程度对股票收益产生显著负向影响；管理者权力集中将强化管理者过度自信对应计盈余管理和真实盈余管理程度的正向影响，进而加剧应计盈余管理和真实盈余管理程度对股票收益的负向影响；高质量内部控制会抑制管理者过度自信对应计盈余管理程度的正向影响，进而弱化应计盈余管理程度对股票收益的负向影响；高质量审计和机构投资者持股比例的增加都会抑制管理者过度自信对应计盈余管理和真实盈余管理程度的正向影响，进而弱化应计盈余管理和真实盈余管理的程度对股票收益的负向影响。

（4）过度自信管理者所经营企业的股票收益显著低于非过度自信管理者所经营企业的股票收益；管理者过度自信将通过强化投资过度而对股票收益产生显著负向影响；融资现金流（包括股权融资现金流和债务融资现金流）增加可能通过强化过度自信管理者的过度投资决策行为而使其所经营企业产生更低的股票收益；市场竞争将通过影响企业投资行为与股票收益之间的关系而在管理者过度自信经由企业投资影响股票收益的传导路径中发挥调节作用，市场竞争的调节作用对处于初创、成长、成熟、衰退期等不同生命周期的企业存在异质性。

（5）投资者情绪将强化管理者过度自信对股票收益的负向影响；投资者情绪通过强化管理者过度自信对盈余管理程度（包括应计盈余管理和真实盈余管理程度）的促进作用进而对股票收益产生显著负向影响；在投资过度的情况下，投资者情绪将驱动过度自信管理者进一步加剧企业过度投资，进而进一步降低股票收益。

8.2　研究展望

本书在权衡投资与消费以实现效用最大化的前提下，将投资者情绪和消费纳入股票市场资产定价理论分析框架，构建了考虑投资者情绪和消费的资产定价模型，从理论和实证上修正和扩展资产定价模型和理论，从市场交易层面考察了投资者情绪对股票市场资产定价的影响。

然而，投资者情绪和管理者过度自信都可能影响公司基本面，进而影响股票市场资产定价。一方面，本书基于迎合理论研究了投资者情绪通过驱动管理者的盈余管理行为而对股票市场资产定价产生的影响，基于管理者过度自信心理偏好与盈余管理行为之间的内在关系研究了盈余管理在管理者过度自信影响资产定价的机制中发挥的中介效应，揭示了管理者过度自信心理偏好经由盈余管理影响股票市场资产定价的传导机制和路径；另一方面，基于管理者过度自信心理偏好与投资决策行为之间的内在关系，分别实证研究了融资现金流和市场竞争调节下企业投资行为在管理者过度自信与股票市场资产定价关系中发挥的中介效应，揭示了管理者过度自信经由企业投资行为影响股票市场资产定价的传导路径以及融资现金流和市场竞争在其中可能发挥的调节作用。

此外，股票价格是投资者和管理者之间的纽带，投资者情绪与管理者过度自信是如何共同影响股票市场资产定价？本书将投资者情绪与管理者过度自信纳入了资产定价的统一分析框架，研究了投资者情绪与管理者过度自信对股票市场资产定价的联合影响，进一步基于有中介的调节效应模型检验了投资者情绪在管理者过度自信时通过盈余管理或者企业投资影响股票收益的影响机制中发挥的调节作用。

这些研究虽然在一定程度上丰富和扩展了资产定价的理论成果，但是受限于研究水平和文章篇幅，本书研究的问题在研究视角和研究深度上仍可进一步探究：第一，本书基于投资者情绪和消费改善了 Fama-French 三因子和五因子模型的定价效率，对 Fama-French 模型进行了合理修正和拓展，是笔者有关资产定价研究的一项阶段性成果。在后续研究工作中，笔者将进一步探讨投资者情绪和消费影响资产定价的理论机理以及基于其他相关因素的资产定价模型拓展和实证检验等问题，以进一步丰富和完善资产定价理论。第二，本书尝试从投资者行为、管理者行为视角研究了投资者情绪和管理者过度自信如何通过盈余管理和企业投资影响股票市场资产定价影响的机制，以在一定程度上为资产定价理论提供行为金融解释。在后续研究工作中，笔者将进一步探讨投资者情绪和管理者过度自信通过作用于公司基本面的其他因素而对股票市场资产定价影响，以进一步丰富资产定价理论。第三，既然投资者情绪与管理者过度自信能在同一分析框架中影响资产定价，在后续研究工作中，笔者将进一步系统地探讨投资者情绪与管理者过度自信共同影响股票市场资产定价的其他影响机制。

参考文献

［1］蔡春，李明，和辉．约束条件、IPO 盈余管理方式与公司业绩——基于应计盈余管理与真实盈余管理的研究［J］．会计研究，2013（10）：35 - 42，96．

［2］曹兵兵，樊治平，于淑静．考虑决策者心理行为的证券投资组合决策方法研究［J］．运筹与管理，2015，24（2）：178 - 184．

［3］陈国进，黄伟斌．不同经济开放度下的中国股票资产定价——基于长期风险模型的研究［J］．财贸研究，2014，25（2）：105 - 115．

［4］陈国进，张润泽，赵向琴．政策不确定性、消费行为与股票资产定价［J］．世界经济，2017，40（1）：116 - 141．

［5］陈康，江嘉骏，刘琦，等．空气质量、投资者情绪与股票收益率［J］．管理科学，2018，31（6）：145 - 160．

［6］陈克兢，李延喜，孙文章，等．制度约束还是制度诱导？——中国上市公司盈余管理策略演变的经验证据［J］．管理评论，2016，28（5）：122 - 136．

［7］陈浪南，陈文博．中国股市非对称 V 字形处置效应的实证研究［J］．管理工程学报，2020，34（1）：63 - 78．

［8］陈其安，方彩霞，肖映红．基于上市公司高管人员过度自信的股利分配决策模型研究［J］．中国管理科学，2010，18（3）：174 - 184．

［9］陈其安，高国婷，陈慧．基于个人投资者过度自信的中国股票市场定价模型［J］．中国管理科学，2011，19（4）：38 - 46．

［10］陈其安，雷小燕．货币政策、投资者情绪与中国股票市场波动性：

理论与实证［J］. 中国管理科学，2017，25（11）：1 – 11.

　　［11］陈其安，朱敏，赖琴云. 基于投资者情绪的投资组合模型研究［J］. 中国管理科学，2012，20（3）：47 – 56.

　　［12］陈玮光，柯惠新，陈锐. 中国证券投资者信心指数调查抽样方案设计［J］. 统计研究，2014，31（7）：107 – 108.

　　［13］陈信元，靳庆鲁，肖土盛，等. 行业竞争、管理层投资决策与公司增长/清算期权价值［J］. 经济学（季刊），2014，13（1）：305 – 332.

　　［14］程晨，陈青. 政策不确定性、投资者情绪与控股股东股权质押［J］. 预测，2020，39（2）：63 – 69.

　　［15］池丽旭，庄新田. 投资者的非理性行为偏差与止损策略——处置效应、参考价格角度的实证研究［J］. 管理科学学报，2011，14（10）：54 – 66.

　　［16］池丽旭，庄新田. 投资者情绪与股票收益波动溢出效应［J］. 系统管理学报，2009，18（4）：367 – 372.

　　［17］邓新明，叶珍，许洋. 企业竞争行动与绩效的关联性研究——基于市场与非市场的综合视角［J］. 南开管理评论，2015，18（4）：106 – 120.

　　［18］丁方飞，李苏，何慧，等. 机构投资者持股、盈余管理与市场反应［J］. 财经理论与实践，2013，34（4）：59 – 63.

　　［19］窦欢，曾建光，王鹏. 同业竞争、公司治理与投资效率［J］. 经济与管理研究，2018，39（4）：110 – 122.

　　［20］范经华，张雅曼，刘启亮. 内部控制、审计师行业专长、应计与真实盈余管理［J］. 会计研究，2013，（4）：81 – 88，96.

　　［21］方辰君. 机构投资者“迎合”交易行为分析——基于上市公司送转股事件的价格异象［J］. 金融经济学研究，2016，31（5）：48 – 64.

　　［22］高春亭，周孝华. 公司盈利、投资与资产定价：基于中国股市的实证［J］. 管理工程学报，2016，30（4）：25 – 33.

　　［23］高庆浩，田增瑞，常焙筌，等. 货币政策对企业 R&D 投资的影响研究——投资者情绪的中介效应与敏感性分析［J］. 预测，2019，38（6）：52 – 58.

　　［24］耿中元，潘禹杰，柯丹丹. 中央银行前瞻指引对企业投资的影响：

行业异质性与投资者情绪中介效应［J］. 经济理论与经济管理，2021，41（4）：54－67.

［25］龚光明，龙立. 投资者情绪与上市公司盈余管理：理性迎合抑或情绪偏差［J］. 当代财经，2017（8）：112－122.

［26］郭兆颖. 内部控制缺陷、会计稳健性与盈余管理关系研究［J］. 预测，2020，39（3）：58－64.

［27］韩立岩，伍燕然. 投资者情绪与IPOs之谜——抑价或者溢价［J］. 管理世界，2007（3）：51－61.

［28］韩志丽，杨淑娥，史浩江. 民营金字塔企业终极所有者融资约束与非效率投资行为研究［J］. 中国管理科学，2007（5）：143－148.

［29］郝颖，刘星，林朝南. 我国上市公司高管人员过度自信与投资决策的实证研究［J］. 中国管理科学，2005（5）：144－150.

［30］何诚颖，陈锐，薛冰，等. 投资者情绪、有限套利与股价异象［J］. 经济研究，2021，56（1）：58－73.

［31］何青，商维雷. 产品市场竞争对企业固定资产投资行为影响研究［J］. 山西财经大学学报，2014，36（8）：50－60.

［32］何威风，刘启亮，刘永丽. 管理者过度自信与企业盈余管理行为研究［J］. 投资研究，2011，30（11）：73－92.

［33］何熙琼，尹长萍，毛洪涛. 产业政策对企业投资效率的影响及其作用机制研究——基于银行信贷的中介作用与市场竞争的调节作用［J］. 南开管理评论，2016，19（5）：161－170.

［34］侯巧铭，宋力，蒋亚朋. 管理者行为、企业生命周期与非效率投资［J］. 会计研究，2017（3）：61－67，95.

［35］胡昌生. 高股权溢价、短视性损失厌恶与失望厌恶［J］. 预测，2009，28（5）：15－19，26.

［36］胡国柳，曹丰. 高管过度自信程度、自由现金流与过度投资［J］. 预测，2013，32（6）：29－34.

［37］花贵如，刘志远，许骞. 投资者情绪、管理者乐观主义与企业投资行为［J］. 金融研究，2011（9）：178－191.

［38］花贵如，刘志远，许骞. 投资者情绪、企业投资行为与资源配置

效率 [J]. 会计研究, 2010 (11): 49 – 55, 97.

[39] 黄蔚, 汤湘希. 合并商誉对企业绩效的影响——基于盈余管理和融资约束中介效应的分析 [J]. 山西财经大学学报, 2019, 41 (12): 93 – 106.

[40] 贾平, 陈关亭. 公允价值计量下审计质量的作用研究 [J]. 审计研究, 2010 (3): 59 – 66.

[41] 姜付秀, 张敏, 陆正飞, 等. 管理者过度自信、企业扩张与财务困境 [J]. 经济研究, 2009, 44 (1): 131 – 143.

[42] 姜国华, 李远鹏, 牛建军. 我国会计准则和国际会计准则盈余报告差异及经济后果研究 [J]. 会计研究, 2006 (9): 27 – 34, 95.

[43] 金荣学, 解洪涛, 张晴. 证券投资基金投资风格对心理账户的门限效应 [J]. 经济管理, 2010, 32 (8): 123 – 130.

[44] 靳光辉. 投资者情绪、高管权益激励与公司投资——基于迎合渠道的实证检验 [J]. 中央财经大学学报, 2015 (6): 65 – 74.

[45] 李红, 谢娟娟. 金融发展、企业融资约束与投资效率——基于2002—2013年上市企业面板数据的经验研究 [J]. 南开经济研究, 2018 (4): 36 – 52.

[46] 李建标, 牛晓飞, 曹倩. 处置效应和买回效应都是后悔导致的吗?——实验经济学的检验 [J]. 经济学 (季刊), 2019, 18 (4): 1465 – 1488.

[47] 李建英, 赵美凤, 周欢欢. 股权制衡、管理者过度自信与过度投资行为 [J]. 经济与管理评论, 2017, 33 (4): 48 – 54.

[48] 李婉丽, 谢桂林, 郝佳蕴. 管理者过度自信对企业过度投资影响的实证研究 [J]. 山西财经大学学报, 2014, 36 (10): 76 – 86.

[49] 李心丹, 俞红海, 陆蓉, 等. 中国股票市场"高送转"现象研究 [J]. 管理世界, 2014 (11): 133 – 145.

[50] 李延喜, 杜瑞, 高锐. 机构投资者持股比例与上市公司盈余管理的实证研究 [J]. 管理评论, 2011, 23 (3): 39 – 45, 70.

[51] 李云鹤, 李湛, 唐松莲. 企业生命周期、公司治理与公司资本配置效率 [J]. 南开管理评论, 2011, 14 (3): 110 – 121.

［52］李云鹤，李湛．管理者代理行为、公司过度投资与公司治理——基于企业生命周期视角的实证研究［J］．管理评论，2012，24（7）：117－131．

［53］李增福，黄华林，连玉君．股票定向增发、盈余管理与公司的业绩滑坡——基于应计项目操控与真实活动操控方式下的研究［J］．数理统计与管理，2012，31（5）：941－950．

［54］李增福，郑友环，连玉君．股权再融资、盈余管理与上市公司业绩滑坡——基于应计项目操控与真实活动操控方式下的研究［J］．中国管理科学，2011，19（2）：49－56．

［55］李志冰，杨光艺，冯永昌，等．Fama-French 五因子模型在中国股票市场的实证检验［J］．金融研究，2017（6）：191－206．

［56］林祺．资本市场效率与资产增长异象——最优投资效应假说 vs. 错误定价假说［J］．经济学（季刊），2016，15（2）：767－796．

［57］刘柏，琚涛．企业业绩比较胜出与管理者过度自信［J］．财经论丛，2020（1）：65－74．

［58］刘柏，梁超．管理者层级差异的过度自信对企业投资决策的影响研究［J］．管理学报，2016，13（11）：1614－1623．

［59］刘柏，卢家锐，琚涛．管理者过度自信异质性与企业研发投资及其绩效［J］．管理学报，2020，17（1）：66－75．

［60］刘娥平，杨庆森，方园丽．股东监督视角下投资者情绪对管理层自利行为的影响研究［J］．财经研究，2017，43（9）：88－97．

［61］刘凤委，李琦．市场竞争、EVA 评价与企业过度投资［J］．会计研究，2013（2）：54－62，95．

［62］刘家和，金秀，苑莹，等．状态依赖和损失厌恶下的鲁棒投资组合模型及实证［J］．管理工程学报，2018，32（2）：196－201．

［63］刘圻，王聪聪．风险投资持股影响 IPO 审计收费吗？——基于盈余管理中介效应的研究［J］．中南财经政法大学学报，2019（3）：46－54，158－159．

［64］刘维奇，刘新新．个人和机构投资者情绪与股票收益——基于上证 A 股市场的研究［J］．管理科学学报，2014，17（3）：70－87．

［65］刘晓华，张利红．产品市场竞争、会计信息质量与投资效率——2001—2014 年中国 A 股市场的经验证据［J］．中央财经大学学报，2016（9）：57 - 72.

［66］刘扬，孙彦．行为决策中框架效应研究新思路——从风险决策到跨期决策，从言语框架到图形框架［J］．心理科学进展，2014，22（8）：1205 - 1217.

［67］刘玉珍，张峥，徐信忠，等．基金投资者的框架效应［J］．管理世界，2010（2）：25 - 37.

［68］柳木华，雷霄．审计师利用专家工作抑制盈余管理了吗？——基于关键审计事项披露的经验证据［J］．审计研究，2020（1）：78 - 86.

［69］龙立，龚光明．投资者情绪与上市公司自愿性信息披露迎合策略——基于业绩快报行为的实证检验［J］．中南财经政法大学学报，2017（5）：96 - 104.

［70］陆静，周媛．投资者情绪对股价的影响——基于 AH 股交叉上市股票的实证分析［J］．中国管理科学，2015，23（11）：21 - 28.

［71］陆静．中国股票市场天气效应的实证研究［J］．中国软科学，2011（6）：65 - 78，192.

［72］陆瑶，沈小力．股票价格的信息含量与盈余管理——基于中国股市的实证分析［J］．金融研究，2011（12）：131 - 146.

［73］吕兆德，徐晓薇．董事会过度自信与过度投资——兼论公司治理的调节效应［J］．山西财经大学学报，2016，38（3）：68 - 78.

［74］罗斌元．内部控制、投资者情绪与企业投资效率［J］．中南财经政法大学学报，2017（6）：11 - 20，158.

［75］罗进，李延喜．管理者过度自信对股权融资成本的影响——基于信息透明度的视角［J］．技术经济，2013，32（12）：111 - 117.

［76］罗琦，李辉．企业生命周期、股利决策与投资效率［J］．经济评论，2015（2）：115 - 125.

［77］马春爱，易彩．管理者过度自信对财务弹性的影响研究［J］．会计研究，2017（7）：75 - 81.

［78］梅立兴，张灿，何鲁．投资者情绪与股票收益——来自移动互联

网的实证研究 [J]. 南方经济, 2019 (3): 36 – 53.

[79] 牛志勇, 王军. 市场竞争、营销投入与企业绩效——基于中国工业企业数据的实证研究 [J]. 山西财经大学学报, 2017, 39 (6): 113 – 124.

[80] 卿志琼. 认知偏差与理性选择——基于"最后通牒博弈"实验的认知博弈 [J]. 南开经济研究, 2005 (1): 15 – 22.

[81] 饶育蕾, 王建新. CEO 过度自信、董事会结构与公司业绩的实证研究 [J]. 管理科学, 2010, 23 (5): 2 – 13.

[82] 任广乾, 李建标, 李政, 等. 投资者现状偏见及其影响因素的实验研究 [J]. 管理评论, 2011, 23 (11): 151 – 159.

[83] 石善冲, 杜秀伟, 赵毅. 投资者情绪对两类盈余管理的非对称影响研究 [J]. 上海金融, 2020 (2): 27 – 34.

[84] 史永东, 程航. 投资者情绪和资产定价异象 [J]. 系统工程理论与实践, 2019, 39 (8): 1907 – 1916.

[85] 宋鑫, 阮永平, 郑凯. 大股东参与、盈余管理与定向增发价格偏离 [J]. 财贸研究, 2017, 28 (10): 86 – 97.

[86] 宋云玲, 李志文. A 股公司的应计异象 [J]. 管理世界, 2009 (8): 17 – 24, 187.

[87] 宋云玲, 宋衍蘅. 机构投资者持股与注册会计师视角下的会计信息质量——来自审计调整的经验证据 [J]. 会计研究, 2020 (11): 136 – 151.

[88] 孙光国, 赵健宇. 产权性质差异、管理层过度自信与会计稳健性 [J]. 会计研究, 2014 (5): 52 – 58, 95.

[89] 谭跃, 夏芳. 股价与中国上市公司投资——盈余管理与投资者情绪的交叉研究 [J]. 会计研究, 2011 (8): 30 – 39, 95.

[90] 唐玮, 崔也光, 罗孟旎. 投资者情绪与企业创新投入——基于管理者过度自信中介渠道 [J]. 北京工商大学学报 (社会科学版), 2017, 32 (4): 66 – 77.

[91] 田高良, 田皓文, 吴璇, 等. 经营业务竞争与股票收益——基于财务报告文本附注的分析 [J]. 会计研究, 2019 (10): 78 – 84.

[92] 田昆儒, 王晓亮. 定向增发、盈余管理与长期股票收益 [J]. 财

贸研究，2014，25（5）：147 - 156.

[93] 汪玉兰，易朝辉. 投资组合的权重重要吗？——基于机构投资者对盈余管理治理效应的实证研究 [J]. 会计研究，2017（5）：53 - 59，97.

[94] 王德青，田思华，朱建平，等. 中国股市投资者情绪指数的函数型构建方法研究 [J]. 数理统计与管理，2021，40（1）：162 - 174.

[95] 王福胜，吉姗姗，程富. 盈余管理对上市公司未来经营业绩的影响研究——基于应计盈余管理与真实盈余管理比较视角 [J]. 南开管理评论，2014，17（2）：95 - 106.

[96] 王冀宁，干甜. 投资者认知偏差研究评述 [J]. 经济学动态，2008（12）：112 - 117.

[97] 王俊秋，张丹彧. 企业的盈余管理策略在迎合投资者情绪吗？——来自中国上市公司的经验证据 [J]. 华东理工大学学报（社会科学版），2017，32（1）：55 - 66，99.

[98] 王克敏，王志超. 高管控制权、报酬与盈余管理——基于中国上市公司的实证研究 [J]. 管理世界，2007（7）：111 - 119.

[99] 王美今，孙建军. 中国股市收益、收益波动与投资者情绪 [J]. 经济研究，2004（10）：75 - 83.

[100] 王书平，邝雄，郑春梅. 锚定心理影响期货市场价格的数理模型 [J]. 系统工程理论与实践，2012，32（3）：614 - 620.

[101] 王铁男，王宇，赵凤. 环境因素、CEO 过度自信与 IT 投资绩效 [J]. 管理世界，2017（9）：116 - 128.

[102] 王铁男，王宇. 信息技术投资、CEO 过度自信与公司绩效 [J]. 管理评论，2017，29（1）：70 - 81.

[103] 王文召. 盈余管理、公司质量与 IPO 定价效率 [J]. 财经科学，2017（1）：37 - 46.

[104] 王霞，张敏，于富生. 管理者过度自信与企业投资行为异化——来自我国证券市场的经验证据 [J]. 南开管理评论，2008（2）：77 - 83.

[105] 王性玉，姚海霞，王开阳. 基于投资者情绪调节效应的企业生命周期与风险承担关系研究 [J]. 管理评论，2016，28（12）：166 - 175.

[106] 王雪，郭庆云，罗荣华，等. 基于信息网络视角的机构持股与盈

余公告市场反应研究［J］. 中国软科学，2018（11）：172－183.

［107］王彦超. 融资约束、现金持有与过度投资［J］. 金融研究，2009（7）：121－133.

［108］王宜峰，王燕鸣，吴国兵. 公司投资对股票收益的影响研究［J］. 管理评论，2015，27（1）：103－113.

［109］温忠麟，刘红云，侯杰泰. 调节效应和中介效应分析［M］. 北京：教育科学出版社，2012.

［110］文凤华，陈耀年，黄德龙，等. 过度自信、后悔厌恶与收益率分布非正态特征［J］. 财经理论与实践，2007（5）：59－65.

［111］吴超鹏，吴世农，郑方镳. 管理者行为与连续并购绩效的理论与实证研究［J］. 管理世界，2008（7）：126－133，188.

［112］吴定玉，詹霓. 管理者过度自信对股价崩盘风险的影响研究——基于并购商誉的中介作用［J］. 金融经济学研究，2020，35（5）：108－120，160.

［113］吴国鼎. 实际控制人持股水平、行业竞争性与企业绩效［J］. 当代经济科学，2015，37（4）：100－109，127－128.

［114］吴先聪，罗鸿秀，张健. 控股股东股权质押、审计质量与债务融资成本［J］. 审计研究，2020（6）：86－96.

［115］伍燕然，韩立岩. 不完全理性、投资者情绪与封闭式基金之谜［J］. 经济研究，2007（3）：117－129.

［116］向诚，陆静. 基于技术分析指标的投资者情绪指数有效性研究［J］. 管理科学，2018，31（1）：129－148.

［117］向秀莉，景辛辛，田晓春. 管理者过度自信对股票回购与企业价值影响的实证分析［J］. 统计与决策，2018，34（16）：173－176.

［118］谢玲红，刘善存，邱菀华. 学习型管理者的过度自信行为对连续并购绩效的影响［J］. 管理评论，2011，23（7）：149－154.

［119］谢梅，郑爱华. 股权分置改革前后竞争、终极控制人及公司业绩关系的比较研究——来自工业类上市公司的经验证据［J］. 南开经济研究，2009（4）：15－32.

［120］谢佩洪，汪春霞. 管理层权力、企业生命周期与投资效率——基

于中国制造业上市公司的经验研究 [J]. 南开管理评论, 2017, 20 (1):
57 - 66.

[121] 熊和平, 李淑懿, 余均. 消费习惯、异质偏好与资产定价 [J].
管理科学学报, 2012, 15 (9): 64 - 73.

[122] 熊和平. 消费习惯、异质偏好与动态资产定价: 纯交换经济情形
[J]. 经济研究, 2005 (10): 91 - 100.

[123] 胥朝阳, 刘睿智. 提高会计信息可比性能抑制盈余管理吗? [J].
会计研究, 2014 (7): 50 - 57, 97.

[124] 徐斌, 俞静. 究竟是大股东利益输送抑或投资者乐观情绪推高了
定向增发折扣——来自中国证券市场的证据 [J]. 财贸经济, 2010 (4):
40 - 46.

[125] 徐光伟, 刘星. 终极控制与资本投资对股票横截面收益之影响探
析 [J]. 现代财经 (天津财经大学学报), 2012, 32 (2): 22 - 30.

[126] 徐晓萍, 张顺晨, 许庆. 市场竞争下国有企业与民营企业的创新
性差异研究 [J]. 财贸经济, 2017, 38 (2): 141 - 155.

[127] 许国艺. 政府补贴和市场竞争对企业研发投资的影响 [J]. 中南
财经政法大学学报, 2014 (5): 59 - 64, 71.

[128] 许海川, 周炜星. 情绪指数与市场收益: 纳入中国波指 (iVX)
的分析 [J]. 管理科学学报, 2018, 21 (1): 88 - 96.

[129] 许致维. 管理者过度自信导致企业过度投资的实证分析——来自
中国制造业上市公司 2008—2011 年的经验证据 [J]. 财经科学, 2013 (9):
51 - 60.

[130] 严太华, 龚春霞. 行为金融视角下我国上市公司现金股利政策解
释 [J]. 管理工程学报, 2013, 27 (3): 164 - 171, 163.

[131] 颜爱民, 马箭. 股权集中度、股权制衡对企业绩效影响的实证研
究——基于企业生命周期的视角 [J]. 系统管理学报, 2013, 22 (3): 385 -
393.

[132] 阳镇, 凌鸿程, 陈劲. 经济政策不确定性、企业社会责任与企业
技术创新 [J]. 科学学研究, 2021, 39 (3): 544 - 555.

[133] 杨楠. 基于中国上市公司的资本结构、社会责任与企业绩效分析

［J］. 管理学报, 2015, 12（6）: 896 – 902.

［134］杨晓兰, 沈翰彬, 祝宇. 本地偏好、投资者情绪与股票收益率: 来自网络论坛的经验证据［J］. 金融研究, 2016（12）: 143 – 158.

［135］叶蓓, 袁建国. 管理者信心、企业投资与企业价值: 基于我国上市公司的经验证据［J］. 中国软科学, 2008（2）: 97 – 108.

［136］易志高, 茅宁. 中国股市投资者情绪测量研究: CICSI 的构建［J］. 金融研究, 2009（11）: 174 – 184.

［137］于超, 樊治平. 考虑决策者后悔规避的风险投资项目选择方法［J］. 中国管理科学, 2016, 24（6）: 29 – 37.

［138］于全辉, 孟卫东. 牛熊市投资者情绪与上证综指的协整关系研究［J］. 预测, 2010, 29（5）: 53 – 56, 67.

［139］余丽霞, 王璐. 投资者情绪、管理者过度自信与企业投资行为——基于中介效应检验［J］. 社会科学研究, 2015（5）: 137 – 144.

［140］余明桂, 夏新平, 邹振松. 管理者过度自信与企业激进负债行为［J］. 管理世界, 2006（8）: 104 – 112, 125, 172.

［141］余佩琨, 钟瑞军. 个人投资者情绪能预测市场收益率吗［J］. 南开管理评论, 2009, 12（1）: 96 – 101.

［142］俞红海, 陆蓉, 徐龙炳. 投资者名义价格幻觉与管理者迎合——基于基金拆分现象的研究［J］. 经济研究, 2014, 49（5）: 133 – 146.

［143］俞军, 杨学春, 倪泽强. 管理者过度自信、定向增发整体上市与公司价值［J］. 新疆大学学报（哲学·人文社会科学版）, 2015, 43（6）: 13 – 20.

［144］袁振超, 饶品贵. 会计信息可比性与投资效率［J］. 会计研究, 2018（6）: 39 – 46.

［145］袁知柱, 张小曼, 于雪航. 产品市场竞争与会计信息可比性［J］. 管理评论, 2017, 29（10）: 234 – 247.

［146］曾爱民, 林雯, 魏志华, 张纯. CEO 过度自信、权力配置与股价崩盘风险［J］. 经济理论与经济管理, 2017（8）: 75 – 90.

［147］曾春华, 章翔, 胡国柳. 高溢价并购与股价崩盘风险: 代理冲突抑或过度自信?［J］. 商业研究, 2017（6）: 124 – 130.

[148] 曾燕, 康俊卿, 陈树敏. 基于异质性投资者的动态情绪资产定价 [J]. 管理科学学报, 2016, 19 (6): 87-97.

[149] 翟淑萍, 黄宏斌, 毕晓方. 资本市场业绩预期压力、投资者情绪 与企业研发投资 [J]. 科学学研究, 2017, 35 (6): 896-906.

[150] 张俊瑞, 李彬. 企业生命周期与盈余管理关系研究——来自中国 制造业上市公司的经验证据 [J]. 预测, 2009, 28 (2): 16-20, 32.

[151] 张俊瑞, 张健光, 王丽娜. 企业生命周期与现金持有关系的实证 研究 [J]. 管理评论, 2009, 21 (11): 101-112, 120.

[152] 张荣武, 刘文秀. 管理者过度自信与盈余管理的实证研究 [J]. 财经理论与实践, 2008 (1): 72-77.

[153] 张泽南, 温婉虹, 周方召. 管理者过度自信与真实活动盈余管 理——基于女性高管的研究视角 [J]. 湖南大学学报 (社会科学版), 2016, 30 (6): 85-90.

[154] 章卫东. 定向增发新股与盈余管理——来自中国证券市场的经验 证据 [J]. 管理世界, 2010 (1): 54-63, 73.

[155] 赵纯祥, 张敦力. 市场竞争视角下的管理者权力和企业投资关系 研究 [J]. 会计研究, 2013 (10): 67-74, 97.

[156] 赵蒲, 孙爱英. 资本结构与产业生命周期: 基于中国上市公司的 实证研究 [J]. 管理工程学报, 2005 (3): 42-46.

[157] 赵汝为, 熊熊, 沈德华. 投资者情绪与股价崩盘风险: 来自中国 市场的经验证据 [J]. 管理评论, 2019, 31 (3): 50-60.

[158] 赵胜民, 闫红蕾, 张凯. Fama-French 五因子模型比三因子模型 更胜一筹吗? ——来自中国 A 股市场的经验证据 [J]. 南开经济研究, 2016 (2): 41-59.

[159] 赵宇龙. 会计盈余披露的信息含量——来自上海股市的经验证据 [J]. 经济研究, 1998 (7): 42-50.

[160] 赵志君. 股票价格对内在价值的偏离度分析 [J]. 经济研究, 2003 (10): 66-74, 93.

[161] 郑培培, 陈少华. 管理者过度自信、内部控制与企业现金持有 [J]. 管理科学, 2018, 31 (4): 3-16.

［162］支晓强，胡聪慧，童盼，等．股权分置改革与上市公司股利政策——基于迎合理论的证据［J］．管理世界，2014（3）：139 - 147.

［163］周爱民，遥远．真实盈余管理、监督压力与股价崩盘风险［J］．上海金融，2018（7）：1 - 6.

［164］周铭山，王春伟，黄世海．国有控股公司控制权转移对投资绩效的影响——基于投资支出 - 股票收益关系的视角［J］．国际金融研究，2013（10）：74 - 85.

［165］周晓光，黄安琪．管理者过度自信、税收规避与企业价值［J］．税务研究，2019（11）：92 - 98.

［166］周晓苏，陈沉．从生命周期视角探析应计盈余管理与真实盈余管理的关系［J］．管理科学，2018，29（1）：108 - 122.

［167］周晓苏，王磊．保荐代表人声誉、定向增发盈余管理与股价长期市场表现［J］．投资研究，2017，36（5）：29 - 47.

［168］朱波，孙鹏阁，龙云庚．高质量的会计信息促进了投资者理性投资吗？［J］．经济与管理研究，2015，36（8）：130 - 138.

［169］朱迪星，潘敏．迎合投资一定非效率吗？——基于利益相关者的视角［J］．南开管理评论，2012，15（6）：14 - 24.

［170］Abarbanell, J. S., Bernard, V. L. Tests of Analysts' Overreaction/Underreaction to Earnings Information as an Explanation for Anomalous Stock Price Behavior［J］. The Journal of Finance, 1992, 47（3）：1181 - 1207.

［171］Abel, A. B. Asset Prices Under Habit Formation and Catching up with the Joneses［J］. The American Economic Review, 1990, 80（2）：38 - 42.

［172］Aggarwal, R. K., Samwick, A. A. Executive Compensation, Strategic Competition, and Relative Performance Evaluation：Theory and Evidence［J］. The Journal of Finance, 1999, 54（6）：1999 - 2043.

［173］Aharoni, G., Grundy, B., Zeng, Q. Stock Returns and the Miller Modigliani Valuation Formula：Revisiting the Fama French Analysis［J］. Journal of Financial Economics, 2013, 110（2）：347 - 357.

［174］Ahmed, A. S., Duellma, S. Managerial Overconfidence and Accounting Conservatism［J］. Journal of Accounting Research, 2013, 51（1）：

1 – 30.

[175] Akerlof, G. A. , Shiller, R. J. Animal Spirits: How Human Psychology Drives the Economy, and Why It Matters for Global Capitalism [M]. Princeton: Princeton University Press. 2009.

[176] Aktas, N. , De Bodt, E. , Roll, R. Learning from Repetitive Acquisitions: Evidence from the Time between Deals [J]. Journal of Financial Economics, 2013, 108 (1): 99 – 117.

[177] Aktas, N. , De Bodt, E. , Roll, R. Learning, Hubris and Corporate Serial Acquisitions [J]. Journal of Corporate Finance, 2009, 15 (5): 543 – 561.

[178] Aktas, N. , Louca, C. , Petmezas, D. CEO Overconfidence and the Value of Corporate Cash Holdings [J]. Journal of Corporate Finance, 2019, 54: 85 – 106.

[179] Amir, E. , Ganzach, Y. Overreaction and Underreaction in Analysts' Forecasts [J]. Journal of Economic Behavior & Organization, 1998, 37 (3): 333 – 347.

[180] Andrikopoulos, P. Seasoned Equity Offerings, Operating Performance and Overconfidence: Evidence from the UK [J]. Journal of Economics and Business, 2009, 61 (3): 189 – 215.

[181] Antoniou, C. , Doukas, J. , Subrahmanyam, A. Cognitive Dissonance, Sentiment, and Momentum [J]. Journal of Financial and Quantitative Analysis, 2013, 48 (1): 245 – 275.

[182] Ariel, R. A. A Monthly Effect in Stock Returns [J]. Journal of Financial Economics, 1987, 18 (1): 161 – 174.

[183] Avery, C. , Zemsky, P. Multidimensional Uncertainty and Herd Behavior in Financial Markets [J]. The American Economic Review, 1998, 88 (4): 724 – 748.

[184] Baker, M, Stein, J. C. Market Liquidity as A Sentiment Indicator [J]. Journal of Financial Markets, 2004, 7 (3): 271 – 299.

[185] Baker, M. , Greenwood, R. , Wurgler, J. Catering through Nomi-

nal Share Prices [J]. The Journal of Finance, 2009, 64 (6): 2559 - 2590.

[186] Baker, M., Wurgler, J. A Catering Theory of Dividends [J]. The Journal of Finance, 2004, 59 (3): 1125 - 1165.

[187] Baker, M., Wurgler, J. Appearing and Disappearing Dividends: The Link to Catering Incentives [J]. Journal of Financial Economics, 2004, 73 (2): 271 - 288.

[188] Baker, M., Wurgler, J. Investor Sentiment and the Cross-section of Stock Returns [J]. The Journal of Finance, 2006, 61 (4): 1645 - 1680.

[189] Baker, S. R., Bloom, N., Davis, S. J. Measuring Economic Policy Uncertainty [J]. The Quarterly Journal of Economics, 2016, 131 (4): 1593 - 1636.

[190] Bakshi, G. S., Chen, Z. The Spirit of Capitalism and Stock-market Prices [J]. The American Economic Review, 1996, 86 (1): 133 - 157.

[191] Bansal, R., Yaron, A. Risks for the Long Run: A Potential Resolution of Asset Pricing Puzzles [J]. The Journal of Finance, 2004, 59 (4): 1481 - 1509.

[192] Banz, R. W. The Relationship between Return and Market Value of Common Stocks [J]. Journal of Financial Economics, 1981, 9 (1): 3 - 18.

[193] Barberis, N., Huang, M., Santos, T. Prospect Theory and Asset Prices [J]. The Quarterly Journal of Economics, 2001, 116 (1): 1 - 53.

[194] Barberis, N., Huang, M. Mental Accounting, Loss Aversion, and Individual Stock Returns [J]. The Journal of Finance, 2001, 56 (4): 1247 - 1292.

[195] Barberis, N., Shleifer, A, Vishny, R. A Model of Investor Sentiment [J]. Journal of Financial Economics, 1998, 49 (3): 307 - 343.

[196] Barberis, N., Thaler, R. A Survey of Behavioral Finance [J]. Handbook of the Economics of Finance, 2003, 1: 1053 - 1128.

[197] Basu, S. The Relationship between Earnings Yield, Market Value and Return for NYSE Common Stocks: Further Evidence [J]. Journal of Financial Economics, 1983, 12 (1): 129 - 156.

［198］ Bathia, D. , Bredin, D. Investor Sentiment: Does It Augment the Performance of Asset Pricing Models? ［J］. International Review of Financial Analysis, 2018, 59: 290 – 303.

［199］ Beaver, W. H. The Information Content of Annual Earnings Announcements ［J］. Journal of Accounting Research, 1968, 6: 67 – 92.

［200］ Becker, G. S. , Mulligan, C. B. The Endogenous Determination of Time Preference ［J］. The Quarterly Journal of Economics, 1997, 112 (3): 729 – 758.

［201］ Beer, F. , Zouaoui, M. Measuring Stock Market Investor Sentiment ［J］. Journal of Applied Business Research, 2013, 29 (1): 51 – 68.

［202］ Ben-David, I. , Graham, J. R. , Harvey, C. R. Managerial Overconfidence and Corporate Policies ［J］. NBER Working Paper, 2007. No. 13711: 1 – 57.

［203］ Benartzi, S. , Thaler, R. H. Myopic Loss Aversion and the Equity Premium Puzzle ［J］. The Quarterly Journal of Economics, 1995, 110 (1): 73 – 92.

［204］ Bhandari, L. C. Debt/Equity Ratio and Expected Common Stock Returns: Empirical Evidence ［J］. The Journal of Finance, 1988, 43 (2): 507 – 528.

［205］ Bharati, R. , Doellman, T. , Fu, X. CEO Confidence and Stock Returns ［J］. Journal of Contemporary Accounting and Economics, 2016, 12 (1): 89 – 110.

［206］ Bikhchandani, S. , Hirshleifer, D. , Welch, I. A Theory of Fads, Fashion, Custom, and Cultural Change as Informational Cascades ［J］. Journal of Political Economy, 1992, 100 (5): 992 – 1026.

［207］ Billett, M. T. , Qian, Y. Are Overconfident CEOs Born or Made? Evidence of Self-attribution Bias from Frequent Acquirers ［J］. Management Science, 2008, 54 (6): 1037 – 1051.

［208］ Black, A. J. , McMillan, D. G. , McMillan, F. J. Cointegration between Stock Prices, Dividends, Output and Consumption: Evidence and Forecasting Ability for 29 Markets [J]. Review of Accounting and Finance, 2015, 14 (1): 81 – 103.

[209] Blose, L. E. , Shieh, J. C. P. Tobin's Q-ratio and Market Reaction to Capital Investment Announcements [J]. Financial Review, 1997, 32 (3): 449 – 476.

[210] Bollaert, H. , Petit, V. Beyond the Dark Side of Executive Psychology: Current Research and New Directions [J]. European Management Journal, 2010, 28 (5): 362 – 376.

[211] Boulton, T. J. , Campbell, T. C. Managerial Confidence and Initial Public Offerings [J]. Journal of Corporate Finance, 2016, 37: 375 – 392.

[212] Bouwman, C. H. S. Managerial Optimism and Earnings Smoothing [J]. Journal of Banking & Finance, 2014, 41: 283 – 303.

[213] Breeden, D. T. An Intertemporal Asset Pricing Model with Stochastic Consumption and Investment Opportunities [J]. Journal of Financial Economics, 1979, 7 (3): 265 – 296.

[214] Brown, G W, Cliff M T. Investor Sentiment and the Near-term Stock Market [J]. Journal of Empirical Finance, 2004, 11 (1): 1 – 27.

[215] Brown, G. W. , Cliff, M. T. Investor Sentiment and Asset Valuation [J]. The Journal of Business, 2005, 78 (2): 405 – 440.

[216] Brown, K. C. , Harlow, W. V. Market Overreaction: Magnitude and Intensity [J]. Journal of Portfolio Management, 1988, 14 (2): 6 – 13.

[217] Brown, R. , Sarma, N. CEO Overconfidence, CEO Dominance and Corporate Acquisitions [J]. Journal of Economics and Business, 2007, 59 (5): 358 – 379.

[218] Brunnermeier, M. K. , Nagel, S. Do Wealth Fluctuations Generate Time-Varying Risk Aversion? Micro-Evidence on Individuals' Asset Allocation [J]. The American Economic Review, 2008, 98 (3): 713 – 736.

[219] Bulan, L. , Subramanian, N. , Tanlu, L. On the Timing of Dividend Initiations [J]. Financial Management, 2007, 36 (4): 31 – 65.

[220] Campbell, J. Y. , Cochrane, J. H. By Force of Habit: A Consump-

tion-based Explanation of Aggregate Stock Market Behavior [J]. Journal of Political Economy, 1999, 107 (2): 205 –251.

[221] Campbell, J. Y. , Viceira, L. M. Consumption and Portfolio Decisions When Expected Returns Are Time Varying [J]. The Quarterly Journal of Economics, 1999, 114 (2): 433 –495.

[222] Carhart, M. M. On Persistence in Mutual Fund Performance [J]. The Journal of Finance, 1997, 52 (1): 57 –82.

[223] Chan, K. , Chan, L. K. C. , Jegadeesh, N. , et al. Earnings Quality and Stock Returns [J]. The Journal of Business, 2006, 79 (3): 1041 –1082.

[224] Chan, L. K. C. , Hamao, Y. , Lakonishok, J. Fundamentals and Stock Returns in Japan [J]. The Journal of Finance, 1991, 46 (5): 1739 – 1764.

[225] Chaney, P. K. , Lewis, C. M. Earnings Management and Firm Valuation under Asymmetric Information [J]. Journal of Corporate Finance, 1995, 1 (3 –4): 319 –345.

[226] Chapman, G. B. , Johnson, E. J. Anchoring, Activation, and the Construction of Values [J]. Organizational Behavior and Human Decision Processes, 1999, 79: 1 –39.

[227] Chatterjee, A. , Hambrick, D. C. It's All about Me: Narcissistic Chief Executive Officers and Their Effects on Company Strategy and Performance [J]. Administrative Science Quarterly, 2007, 52 (3): 351 –386.

[228] Chen, A. S. , Lin, S. C. Asymmetrical Return on Equity Mean Reversion and Catering [J]. Journal of Banking & Finance, 2011, 35 (2): 471 – 477.

[229] Chen, F. , Hope, O-K. , Li, Q. , et al. Financial Reporting Quality and Investment Efficiency of Private Firms in Emerging Markets [J]. The Accounting Review, 2011, 86 (4): 1255 –1288.

[230] Chen, H. , Lin, S. Managerial Optimism, Investment Efficiency, and Firm Valuation [J]. Multinational Finance Journal, 2013, 17 (3 – 4): 295 –340.

［231］ Chen, Y. , Chou, R. K. , Lin, C. Investor Sentiment, SEO Market Timing, and Stock Price Performance ［J］. Journal of Empirical Finance, 2019, 51: 28 – 43.

［232］ Chiah, M. , Chai, D. , Zhong, A. , et al. A Better Model? An Empirical Investigation of the Fama-French Five-factor Model in Australia ［J］. International Review of Finance, 2016, 16 (4): 595 – 638.

［233］ Chiang, T. C. , Zheng, D. An Empirical Analysis of Herd Behavior in Global Stock Markets ［J］. Journal of Banking & Finance, 2010, 34 (8): 1911 – 1921.

［234］ Chue, T. K. Conditional Market Comovements, Welfare, and Contagions: The Role of Time-varying Risk Aversion ［J］. The Journal of Business, 2005, 78 (3): 949 – 968.

［235］ Cipriani, M. , Guarino, A. Estimating a Structural Model of Herd Behavior in Financial Markets ［J］. The American Economic Review, 2014, 104 (1): 224 – 51.

［236］ Clement, M. B. , Tse, S. Y. Financial Analyst Characteristics and Herding Behavior in Forecasting ［J］. The Journal of Finance, 2005, 60 (1): 307 – 341.

［237］ Cochrane, J. H. Asset Pricing Theory Revised Edition ［M］. Princeton: Princeton University Press, 2005.

［238］ Cohen, D. A. , Zarowin, P. Accrual-based and Real Earnings Management Activities around Seasoned Equity Offerings ［J］. Journal of Accounting and Economics, 2010, 50 (1): 2 – 19.

［239］ Constantinides, G. M. Habit Formation: A Resolution of the Equity Premium Puzzle ［J］. Journal of Political Economy, 1990, 98 (3): 519 – 543.

［240］ Cooper, M. J. , Gulen, H. , Schill, M. J. Asset Growth and the Cross-section of Stock Returns ［J］. The Journal of Finance, 2008, 63 (4): 1609 – 1651.

［241］ Daniel, K. , Hirshleifer, D. , Subrahmanyam, A. Investor Psychology and Security Market under-and Overreactions ［J］. The Journal of Finance,

1998, 53 (6): 1839 – 1885.

[242] Daniel, K., Hirshleifer, D., Teoh, S. H. Investor Psychology in Capital Markets: Evidence and Policy Implications [J]. Journal of Monetary Economics, 2002, 49 (1): 139 – 209.

[243] De Bondt, W. F. M., Thaler, R. Does the Stock Market Overreact? [J]. The Journal of Finance, 1985, 40 (3): 793 – 805.

[244] De Bondt, W. F. M., Thaler, R. Further Evidence on Investor Overreaction and Stock Market Seasonality [J]. The Journal of Finance, 1987, 42 (3): 557 – 581.

[245] De Franco, G., Kothari, S. P., Verdi, R. S. The Benefits of Financial Statement Comparability [J]. Journal of Accounting Research, 2011, 49 (4): 895 – 931.

[246] De Long, J. B., Shleifer, A., Summers, L. H., et al. Noise Trader Risk in Financial Markets [J]. Journal of Political Economy, 1990, 98 (4): 703 – 738.

[247] Devenow, A., Welch, I. Rational Herding in Financial Economics [J]. European Economic Review, 1996, 40 (3 – 5): 603 – 615.

[248] Dimson, E., Minio-Kozerski, C. Closed-end Funds: A Survey [J]. Financial Markets, Institutions & Instruments, 1999, 8 (2): 1 – 41.

[249] Doukas, J. A., Petmezas, D. Acquisitions, Overconfident Managers and Self-attribution Bias [J]. European Financial Management, 2007, 13 (3): 531 – 577.

[250] Du Charme, L. L., Malatesta, P. H., Sefcik, S. E. Earnings Management: IPO Valuation and Subsequent Performance [J]. Journal of Accounting, Auditing & Finance, 2001, 16 (4): 369 – 396.

[251] Durnev, A., Morck, R., Yeung, B. Value-enhancing Capital Budgeting and Firm-specific Stock Return Variation [J]. The Journal of Finance, 2004, 59 (1): 65 – 105.

[252] Epstein, L. G., Zin, S. E. Substitution, Risk Aversion, and the Temporal Behavior of Consumption and Asset Returns: A Theoretical Framework

[J]. Econometrica, 1989, 57 (4): 937 – 969.

[253] Epstein, L. G. , Zin, S. E. Substitution, Risk Aversion, and the Temporal Behavior of Consumption and Asset Returns: An Empirical Analysis [J]. Journal of Political Economy, 1991, 99 (2): 263 – 286.

[254] Fairfield, P. M. , Whisenant, J. S. , Yohn, T. L. Accrued Earnings and Growth: Implications for Future Profitability and Market Mispricing [J]. The Accounting Review, 2003, 78 (1): 353 – 371.

[255] Fama, E. F. , French, K. R. The Cross-section of Expected Stock Returns [J]. The Journal of Finance, 1992, 47 (2): 427 – 465.

[256] Fama, E. F. , French, K. R. A Five-factor Asset Pricing Model [J]. Journal of Financial Economics, 2015, 116 (1): 1 – 22.

[257] Fama, E. F. , French, K. R. Common Risk Factors in the Returns on Stocks and Bonds [J]. The Journal of Economics, 1993, 33 (1): 3 – 56.

[258] Fama, E. F. , French, K. R. International Tests of a Five-factor Asset pricing Model [J]. Journal of Financial Economics, 2017, 123 (3): 441 – 463.

[259] Fama, E. F. , French, K. R. Profitability, Investment and Average Returns [J]. Journal of Financial Economics, 2006, 82 (3): 491 – 518.

[260] Fama, E. F. , French, K. R. Size and Book-to-Market Factors in Earnings and Returns [J]. The Journal of Finance, 1995, 50 (1): 131 – 154.

[261] Fischhoff, B. , Slovic, P. , Lichtenstein, S. Knowing with Certainty: The Appropriateness of Extreme Confidence [J]. Journal of Experimental Psychology Human Perception & Performance, 1977, 3 (4): 552 – 564.

[262] Frank, J. D. Some Psychological Determinants of the Level of Aspiration [J]. The American Journal of Psychology, 1935, 47 (2): 285 – 293.

[263] Frazzini, A. The Disposition Effect and Underreaction to News [J]. The Journal of Finance, 2006, 61 (4): 2017 – 2046.

[264] French, K. R. Stock Returns and the Weekend Effect [J]. Journal of Financial Economics, 1980, 8 (1): 55 – 69.

[265] Gali, J. Keeping Up with the Joneses: Consumption Externalities,

Portfolio Choice, and Asset Prices [J]. Journal of Money, Credit and Banking, 1994, 26 (1): 1 – 8.

[266] Gibbons, M. R. , Ross, S. A. , Shanken, J. A Test of the Efficiency of a Given Portfolio [J]. Econometrica, 1989, 57 (5): 1121 –1152.

[267] Goel, A. M. , Thakor, A. V. Overconfidence, CEO Selection, and Corporate Governance [J]. The Journal of Finance, 2008, 63 (6): 2737 – 2784.

[268] Goetzmann, W. N. , Kim, D. , Kumar, A. , et al. Weather-induced Mood, Institutional Investors, and Stock Returns [J]. Review of Financial Studies, 2015, 28 (1): 73 –111.

[269] Gonzalez, C. , Dana, J. , Koshino, H. , et al. The Framing Effect and Risky Decisions: Examining Cognitive Functions with fMRI [J]. Journal of Economic Psychology, 2005, 26 (1): 1 –20.

[270] Gordon, S. , St-Amour, P. Asset Returns and State-Dependent Risk Preferences [J]. Journal of Business & Economic Statistics, 2004, 22 (3): 241 –252.

[271] Goyal, V. K. , Yamada, T. Asset Price Shocks, Financial Constraints and Investment: Evidence from Japan [J]. The Journal of Business, 2004, 77 (1): 175 –199.

[272] Graham, B. , Dodd, D. L. Security analysis [M]. 6th ed New York: McGraw-Hill Education, 2009.

[273] Graham, J. R. , Harvey, C. R. , Rajgopal, S. The Economic Implications of Corporate Financial Reporting [J]. Journal of Accounting and Economics, 2005, 40 (1 –3): 3 –73.

[274] Graves, R. Greek myths [M]. London: Book Club Associates, 1985.

[275] Greenwood, R. , Shleifer, A. Expectations of Returns and Expected Returns [J]. Review of Financial Studies, 2014, 27 (3): 714 –746.

[276] Grinblatt, M. , Han, B. Prospect Theory, Mental Accounting, and Momentum [J]. Journal of Financial Economics, 2005, 78 (2): 311 –339.

[277] Grossman, S. J., Stiglitz, J. E. On the Impossibility of Information-ally Efficient Markets [J]. The American Economic Review, 1980, 70 (3): 393 – 408.

[278] Guo, B., Zhang, W., Zhang, Y., et al. The Five-factor Asset Pricing Model Tests for the Chinese Stock Market [J]. Pacific-Basin Finance Journal, 2017, 43: 84 – 106.

[279] Habib, A., Hasan, M. Managerial Ability, Investment Efficiency and Stock Price Crash Risk [J]. Research in International Business and Finance, 2017, 42: 262 – 274.

[280] Harjoto, M. A., Jo, H. CEO Power and Firm Performance: A Test of the Life-cycle Theory [J]. Asia-Pacific Journal of Financial Studies, 2009, 38 (1): 35 – 66.

[281] Harris, L. A Transaction Data Study of Weekly and Intradaily Patterns in Stock Returns [J]. Journal of Financial Economics, 1986, 16 (1): 99 – 117.

[282] Harris, S. M. The Association between Competition and Managers' Business Segment Reporting Decisions [J]. Journal of Accounting Research, 1998, 36 (1): 111 – 128.

[283] Hasseltoft, H. Stocks, Bonds, and Long-Run Consumption Risks [J]. The Journal of Financial and Quantitative Analysis, 2012, 47 (2): 309 – 332.

[284] Hayashi, T. Regret Aversion and Opportunity Dependence [J]. Journal of Economic Theory, 2008, 139 (1): 242 – 268.

[285] Hayward, M. L. A., Hambrick, D. C. Explaining the Premiums Paid for Large Acquisitions: Evidence of CEO Hubris [J]. Administrative Science Quarterly, 1997, 42 (1): 103 – 127.

[286] He, Y., Chen, C., Hu, Y. Managerial Overconfidence, Internal Financing, and Investment Efficiency: Evidence from China [J]. Research in International Business and Finance, 2019, 47: 501 – 510.

[287] Healy, P. M., Wahlen, J. M. A Review of the Earnings Management

Literature and Its Implications for Standard Setting [J]. Accounting Horizons, 1999, 13 (4): 365 – 383.

[288] Heaton, J. B. Managerial Optimism and Corporate Finance [J]. Financial Management, 2002, 31 (2): 33 – 45.

[289] Hilary, G., Hsu, C. Endogenous Overconfidence in Managerial Forecasts [J]. Journal of Accounting and Economics, 2011, 51 (3): 300 – 313.

[290] Hirshleifer, D. Investor Psychology and Asset Pricing [J]. The Journal of Finance, 2001, 56 (4): 1533 – 1597.

[291] Hirshleifer, D., Teoh, S. H. Herd Behaviour and Cascading in Capital Markets: A Review and Synthesis [J]. European Financial Management, 2003, 9 (1): 25 – 66.

[292] Ho, C., Hung, C. Investor Sentiment as Conditioning Information in Asset Pricing [J]. Journal of Banking & Finance, 2009, 33 (5): 892 – 903.

[293] Ho, J. L. Y., Wu, A., Xu, S. X. Corporate Governance and Returns on Information Technology Investment: Evidence from an Emerging Market [J]. Strategic Management Journal, 2011, 32 (6): 595 – 623.

[294] Hong, H., Stein, J. C. A Unified Theory of Underreaction, Momentum Trading, and Overreaction in Asset Markets [J]. The Journal of Finance, 1999, 54 (6): 2143 – 2184.

[295] Hovakimian, A., Hovakimian, G. Cash Flow Sensitivity of Investment [J]. European Financial Management, 2009, 15 (1): 47 – 65.

[296] Howe, J. S. Evidence on Stock Market Overreaction [J]. Financial Analysts Journal, 1986, 42 (4): 74 – 77.

[297] Hribar, P., Yang, H. CEO Overconfidence and Management Forecasting [J]. Contemporary Accounting Research, 2016, 33 (1): 204 – 227.

[298] Hribar, P., Yang, H. Does CEO Overconfidence Affect Management Forecasting and Subsequent Earnings Management? [J]. Unpublished Working Paper, 2010: 1 – 46.

[299] Hsieh, T. S., Bedard, J. C., Johnstone, K. M. CEO Overconfi-

dence and Earnings Management During Shifting Regulatory Regimes [J]. Journal of Business Finance & Accounting, 2014, 41 (9 – 10): 1243 – 1268.

[300] Huang, W., Jiang, F., Liu, Z., et al. Agency Cost, Top Executives' Overconfidence, and Investment-cash Flow Sensitivity—Evidence from Listed Companies in China [J]. Pacific-Basin Finance Journal, 2011, 19 (3): 261 – 277.

[301] Humphrey, S. J. Feedback-conditional Regret Theory and Testing Regret-aversion in Risky Choice [J]. Journal of Economic Psychology, 2004, 25 (6): 839 – 857.

[302] Humphrey, S. J. Regret Aversion or Event-splitting Effects? More Evidence under Risk and Uncertainty [J]. Journal of Risk and Uncertainty, 1995, 11 (3): 263 – 274.

[303] Ikenberry, D. L., Ramnath, S. Underreaction to Self-selected News Events: The Case of Stock Splits [J]. The Review of Financial Studies, 2002, 15 (2): 489 – 526.

[304] Ikenberry, D., Lakonishok, J., Vermaelen, T. Market Underreaction to Open Market Share Repurchases [J]. Journal of Financial Economics, 1995, 3 (2 – 3): 181 – 208.

[305] Jaffe, J., Westerfield, R. The Week-end Effect in Common Stock Returns: The International Evidence [J]. The Journal of Finance, 1985, 40 (2): 433 – 454.

[306] Jaffe, J., Westerfield, R. Is There a Monthly Effect in Stock Market Returns? Evidence From Foreign Countries [J]. Journal of Banking & Finance, 1989, 13 (2): 237 – 244.

[307] Jaggi, B., Chin, C. L., Lin, H. W., et al. Earnings Forecast Disclosure Regulation and Earnings Management: Evidence From Taiwan IPO firms [J]. Review of Quantitative Finance and Accounting, 2006, 26 (3): 275 – 299.

[308] Jegadeesh, N., Titman, S. Returns to Buying Winners and Selling Losers: Implications for Stock Market Efficiency [J]. The Journal of Finance,

1993, 48 (1): 65 – 91.

[309] Jiang, F., Lee, J. A., Martin, X., et al. Manager Sentiment and Stock Returns [J]. Journal of Financial Economics, 2019, 132 (1): 126 – 149.

[310] Jones, C. P., Pearce, D. K., Wilson, J. W. Can Tax-loss Selling Explain the January Effect? A Note [J]. The Journal of Finance, 1987, 42 (2): 453 – 461.

[311] Jones, J. J. Earnings Management during Import Relief Investigations [J]. Journal of Accounting Research, 1991, 29 (2): 193 – 228.

[312] Kahneman, D., Tversky, A. Prospect Theory: An Analysis of Decision under Risk [J]. Econometrica, 1979, 47 (2): 263 – 291.

[313] Kahneman, D., Tversky, A. The Psychology of Preferences [J]. Scientific American, 1982, 246: 160 – 173.

[314] Kaplan, S. N., Zingales, L. Do Investment-cash Flow Sensitivities Provide Useful Measures of Financing Constraints? [J]. The Quarterly Journal of Economics, 1997, 112 (1): 169 – 215.

[315] Keim, D. B., Stambaugh, R. F. A Further Investigation of the Weekend Effect in Stock Returns [J]. The Journal of Finance, 1984, 39 (3): 819 – 835.

[316] Keynes, J. M. The General Theory of Interest, Employment and Money [M]. London: MacMillan, 1936.

[317] Kim, C. W., Park, J. Holiday Effects and Stock Returns: Further Evidence [J]. Journal of Financial and Quantitative Analysis, 1994, 29 (1): 145 – 157.

[318] Kim, J. B., Wang, Z., Zhang, L. CEO Overconfidence and Stock Price Crash Risk [J]. Contemporary Accounting Research, 2016, 33 (4): 1720 – 1749.

[319] Kim, K. A., Nofsinger, J. R. Behavioral Finance in Asia [J]. Pacific-basin Finance Journal, 2008, 16 (1 – 2): 1 – 7.

[320] Kreps, D. M., Porteus, E. L. Temporal Resolution of Uncertainty

and Dynamic Choice Theory [J]. Econometrica, 1978, 46 (1): 185 – 200.

[321] Köbberling, V. , Wakker, P. P. An Index of Loss Aversion [J]. Journal of Economic Theory, 2005, 122: 119 – 131.

[322] Lakonishok, J. , Levi, M. Weekend Effects on Stock Returns: A Note [J]. The Journal of Finance, 1982, 37 (3): 883 – 889.

[323] Lakonishok, J. , Smidt, S. Are Seasonal Anomalies Real? A Ninety-year perspective [J]. The Review of Financial Studies, 1988, 1 (4): 403 – 425.

[324] Lakonishok, J. , Smidt, S. Volume and Turn-of-the-year Behavior [J]. Journal of Financial Economics, 1984, 13 (3): 435 – 455.

[325] Laksmana, I. , Yang, Y. Product Market Competition and Corporate Investment Decisions [J]. Review of Accounting and Finance, 2015, 14 (2): 128 – 148.

[326] Lamont, O. A. Investment Plans and Stock Returns [J]. The Journal of Finance, 2000, 55 (6): 2719 – 2745.

[327] Lee, C. M. C. , Shleifer, A. , Thaler, R. H. Investor Sentiment and the Closed-end Fund Puzzle [J]. The Journal of Finance, 1991, 46 (1): 75 – 109.

[328] Lee, J. M. , Hwang, B. H. , Chen, H. Are Founder CEOs More Overconfident than Professional CEOs? Evidence from S&P 1500 Companies [J]. Strategic Management Journal, 2017, 38 (3): 751 – 769.

[329] Lemmon, M. , Portniaguina, E. Consumer Confidence and Asset Prices: Some Empirical Evidence [J]. The Review of Financial Studies, 2006, 19 (4): 1499 – 1529.

[330] Levis, M. , Thomas, D. C. Investment Trust IPOs: Issuing Behaviour and Price Performance Evidence from the London Stock Exchange [J]. Journal of Banking & Finance, 1995, 19 (8): 1437 – 1458.

[331] Li, D. , Zhang, L. Does Q-theory with Investment Frictions Explain Anomalies in the Cross Section of Returns? [J]. Journal of Financial Economics, 2010, 98 (2): 297 – 314.

[332] Li, I. C. , Hung, J H. The Moderating Effects of Family Control on the Relation Between Managerial Overconfidence and Earnings Management [J]. Review of Pacific Basin Financial Markets and Policies, 2013, 16 (2).

[333] Li, J. Investor Sentiment, Heterogeneous Agents and Asset Pricing Model [J]. The North American Journal of Economics and Finance, 2017, 42: 504 – 512.

[334] Li, W. , Lie, E. Dividend Changes and Catering Incentives [J]. Journal of Financial Economics, 2006, 80 (2): 293 – 308.

[335] Liano, K. , Marchand, P. H. , Huang, G. C. The Holiday Effect in Stock Returns: Evidence from the OTC Market [J]. Review of Financial Economics, 1992, 2 (1): 45 – 54.

[336] Lin, Y. , Hu, S. , Chen, M. Managerial Optimism and Corporate Investment: Some Empirical Evidence from Taiwan [J]. Pacific-Basin Finance Journal, 2005, 13 (5): 523 – 546.

[337] Lintner, J. The Valuation of Risk Assets and the Selection of Risky Investments in Stock Portfolios and Capital Budgets [J]. The Review of Economics and Statistics, 1965, 47 (1): 13 – 37.

[338] Ljungqvist, A. , Wilhelm, W. J. IPO Pricing in the Dot-com Bubble [J]. The Journal of Finance, 2003, 58 (2): 723 – 752.

[339] Loughran, T. , Mcdonald, B. Textual Analysis in Accounting and Finance: A Survey [J]. Journal of Accounting Research, 2016, 54 (4): 1187 – 1230.

[340] Lucas, R. E. , Jr. Asset Prices in an Exchange Economy [J]. Econometrica, 1978, 46 (6): 1429 – 1445.

[341] Malloy, C. J. , Moskowitz, T. J. , Vissing-Jørgensen. A. Long-Run Stockholder Consumption Risk and Asset Returns [J]. The Journal of Finance, 2009, 64 (6): 2427 – 2479.

[342] Malmendier, U. , Tate, G. Behavioral CEOs: The Role of Managerial Overconfidence? [J]. Journal of Economic Perspectives, 2015, 29 (4): 37 – 60.

[343] Malmendier, U. , Tate, G. CEO Overconfidence and Corporate In-

vestment [J]. The Journal of Finance, 2005, 60 (6): 2661 - 2700.

[344] Malmendier, U. , Tate, G. Who Makes Acquisitions? CEO Overconfidence and the Market's Reaction [J]. Journal of Financial Economics, 2008, 89 (1): 20 - 43.

[345] Markowitz, H. Porfolio selection [J]. The Journal of Finance, 1952, 7 (1): 77 - 91.

[346] McConnell, J. J. , Muscarella, C. J. Corporate Capital Investment Decisions and the Market Value of the Firms [J]. Journal of Financial Economics, 1985, 14 (3): 399 - 422.

[347] McLean, R. D. , Pontiff, J. , Watanabe A. Share Issuance and Cross-sectional Returns: International Evidence [J]. Journal of Financial Economics, 2009, 94 (1): 1 - 17.

[348] McLean, R. D. , Zhao, M. Investor Sentiment and Real Investment [R]. The 2010 Annual Meeting of the Academy of Behavioral Finance & Economics, 2010.

[349] Mehra, R. , Prescott, E. C. The Equity Premium: A Puzzle [J]. Journal of Monetary Economics, 1985, 15 (2): 145 - 161.

[350] Merrill, A. A. Behavior of Prices on Wall Street [M]. New York: Analysis Press, Chappaqua, 1966.

[351] Merton, R. C. An Intertemporal Capital Asset Pricing Model [J]. Econometrica, 1973, 41 (5): 867 - 887.

[352] Mian, G. M. , Sankaraguruswamy, S. Investor Sentiment and Stock Market Response to Earnings News [J]. The Accounting Review, 2012, 87 (4): 1357 - 1384.

[353] Miller, D. , Friesen, P. H. A Longitudinal Study of the Corporate Life Cycle [J]. Management Science, 1984, 30 (10): 1161 - 1183.

[354] Morck, R. , Yeung, B. , Yu, W. The Information Content of Stock Markets: Why Do Emerging Markets Have Synchronous Stock Price Movements? [J]. Journal of Financial Economics, 2000, 58 (1 - 2): 215 - 260.

[355] Mossin, J. Equilibrium in a Capital Asset Market [J]. Econometri-

ca, 1966, 34 (4): 768 – 783.

[356] Myers, S. C., Majluf, N. S. Corporate Financing and Investment Decisions When Firms Have Information that Investors Do Not Have [J]. Journal of Financial Economics, 1984, 13 (2): 187 – 221.

[357] Márquez, E., Nieto, B., Rubio, G. Stock Returns with Consumption and Illiquidity Risks [J]. International Review of Economics & Finance, 2014, 29: 57 – 74.

[358] Neal, R., Wheatley, S. M. Do Measures of Investor Sentiment Predict Returns? [J]. Journal of Financial and Quantitative Analysis, 1998, 33 (4): 523 – 547.

[359] Nickell, S. J. Competition and Corporate Performance [J]. Journal of Political Economy, 1996, 104 (4): 724 – 746.

[360] Novy-Marx, R. Predicting Anomaly Performance with Politics, the Weather, Global Warming, Sunspots, and the Stars [J]. Journal of Financial Economics, 2014, 112 (2): 137 – 146.

[361] Novy-Marx, R. The Other Side of Value: The Gross Profitability Premium [J]. Journal of Financial Economics, 2013, 108 (1): 1 – 28.

[362] Odean, T. Are Investors Reluctant to Realize Hheir Losses? [J]. The Journal of finance, 1998, 53 (5): 1775 – 1798.

[363] Odean, T. Do Investors Trade Too Much? [J]. The American Economic Review, 1999, 89 (5): 1279 – 1298.

[364] Ogden, J. P. Turn-of-month Evaluations of Liquid Profits and Stock Returns: A Common Explanation for the Monthly and January Effects [J]. The Journal of Finance, 1990, 45 (4): 1259 – 1272.

[365] Parker, J. A. Consumption Risk and Expected Stock Returns [J]. The American Economic Review, 2003, 93 (2): 376 – 382.

[366] Pettengill, G. N. Holiday closings and security returns [J]. Journal of Financial Research, 1989, 12 (1): 57 – 67.

[367] Polk, C., Sapienza, P. The Stock Market and Corporate Investment: A Test of Catering Theory [J]. The Review of Financial Studies, 2009,

22 (1): 187 – 217.

[368] Qiu, L., Welch, I. Investor Sentiment Measures [J]. NBER Working Paper, 2004, No. 10794: 1 – 50.

[369] Quinn, R. E., Cameron, K. Organizational Life Cycles and Shifting Criteria of Effectiveness: Some Preliminary Evidence [J]. Management Science, 1983, 29 (1): 33 – 51.

[370] Rajgopal, S., Shivakumar, L., Simpson, A. A Catering Theory of Earnings Management [J/OL]. [2007 – 10 – 24]. http: //dx. doi. org/ 10. 2139/ssrn. 991138.

[371] Rangan, S. Earnings Management and the Performance of Seasoned Equity Offerings [J]. Journal of Financial Economics, 1998, 50 (1): 101 – 122.

[372] Reb, J. Regret Aversion and Decision Process Quality: Effects of Regret Salience on Decision Process Carefulness [J]. Organizational Behavior and Human Decision Processes, 2008, 105 (2): 169 – 182.

[373] Richardson, S. A., Sloan, R. G., Soliman, M. T., et al. Accrual Reliability, Earnings Persistence, and Stock Prices [J]. Journal of Accounting and Economics, 2005, 39 (3): 437 – 485.

[374] Richardson, S. Over-investment of Free Cash Flow [J]. Review of Accounting Studies, 2006, 11 (2 – 3): 159 – 189.

[375] Ritter, J. R. The Buying and Selling Behavior of Individual Investors at the Turn of the Year [J]. The Journal of Finance, 1988, 43 (3): 701 – 717.

[376] Rogalski, R. J., Tinic, S. M. The January Size Effect: Anomaly or Risk Mismeasurement? [J]. Financial Analysts Journal, 1986, 42 (6): 63 – 70.

[377] Roll, R. The Hubris Hypothesis of Corporate Takeovers [J]. The Journal of Business, 1986, 59 (2): 197 – 216.

[378] Roll, R. Vas Is Das? The Turn of the Year Effect and the Return Premia of Small Firms [J]. Journal of Portfolio Management, 1983, 9: 18 – 28.

[379] Rosenberg, B., Reid, K., Lanstein, R. Persuasive Evidence of Market Inefficiency [J]. The Journal of Portfolio Management, 1985, 1 (3): 9 – 16.

[380] Ross, S. A. Arbitrage Theory of Capital Asset Pricing [J]. Journal of Economic Theory, 1976, 13 (3): 341 – 360.

[381] Roychowdhury, S. Earnings Management through Real Activities Manipulation [J]. Journal of Accounting and Economics, 2006, 42 (3): 335 – 370.

[382] Scheinkman, J. A., Xiong, W. Overconfidence and Speculative Bubbles [J]. Journal of Political Economy, 2003, 111 (6): 1183 – 1219.

[383] Schmutzler, A. Competition and Investment—A Unified Approach [J]. International Journal of Industrial Organization, 2013, 31 (5): 477 – 487.

[384] Schrand, C. M., Zechman, S. L. Executive Overconfidence and the Slippery Slope to Financial Misreporting [J]. Journal of Accounting and Economics, 2012, 53 (1 – 2): 311 – 329.

[385] Schultz, P. Personal Income Taxes and the January Effect: Small Firm Stock Returns before the War Revenue Act of 1917: A Note [J]. The Journal of Finance, 1985, 40 (1): 333 – 343.

[386] Scott, W. R. Financial Accounting Theory, Seventh Edition [M]. Ontario: Pearson Canada Inc, 2015.

[387] Sharpe, W. F. Capital Asset Prices: A Theory of Market Equilibrium under Conditions of Risk [J]. The Journal of Finance, 1964, 19 (3): 425 – 442.

[388] Shefrin, H., Statman, M. Behavioral Capital Asset Pricing Theory [J]. Journal of Financial and Quantitative Analysis, 1994, 29 (3): 323 – 349.

[389] Shefrin, H., Statman, M. Behavioral Portfolio Theory [J]. Journal of Financial and Quantitative Analysis, 2000, 35 (2): 127 – 151.

[390] Shefrin, H., Statman, M. The Disposition to Sell Winners too Early and Ride Losers too long: Theory and Evidence [J]. The Journal of Finance, 1985, 40 (3): 777 – 790.

[391] Shiller, R. J. Do Stock Prices Move Too Much to Be Justified by Subsequent Changes in Dividends? [J]. The American Economic Review, 1981, 71 (3): 421 – 436.

[392] Skala, D. Overconfidence in Psychology and Finance-an Interdiscipli-

nary Literature Review [J]. Bank I Kredyt, 2008 (4): 33 –50.

[393] Skinner, D. J. , Sloan, R. G. Earnings Surprises, Growth Expectations, and Stock Returns or Don't Let an Earnings Torpedo Sink Your Portfolio [J]. Review of Accounting Studies, 2002, 7 (2 –3): 289 –312.

[394] Skočir, M. , Lončarski, I. Multi-factor Asset Pricing Models: Factor Construction Choices and the Revisit of Pricing Factors [J]. Journal of International Financial Markets, Institutions and Money, 2018, 55: 65 –80.

[395] Sloan, R. G. Do Stock Prices Fully Reflect Information in Accruals and Cash Flows about Future Earnings? [J]. The Accounting Review, 1998, 71 (3): 289 –315.

[396] Smith, W. T. How Does the Spirit of Capitalism Affect Stock Market Prices? [J]. The Review of Financial Studies, 2001, 14 (4): 1215 –1232.

[397] Stoughton, N. M. , Wong, K. P. , Yi, L. Investment Efficiency and Product Market Competition [J]. Journal of Financial and Quantitative Analysis, 2017, 52 (6): 2611 –2642.

[398] Sun, L. , Najand, M. , Shen, J. Stock Return Predictability and Investor Sentiment: A High-frequency Perspective [J]. Journal of Banking & Finance, 2016, 73: 147 –164.

[399] Teoh, S. H. , Welch, I. , Wong, T. J. Earnings Management and the Long-run Market Performance of Initial Public Offerings [J]. The Journal of Finance, 1998, 53 (6): 1935 –1974.

[400] Teoh, S. H. , Welch, I. , Wong, T. J. Earnings Management and the Underperformance of Seasoned Equity Offerings [J]. Journal of Financial Economics, 1998, 50 (1): 63 –99.

[401] Tetlock, P. C. Giving Content to Investor Sentiment: The Role of Media in the Stock Market [J]. The Journal of Finance, 2007, 62 (3): 1139 – 1168.

[402] Thaler, R. H. Mental Accounting Matters [J]. Journal of Behavioral Decision Making, 1999, 12 (3): 183 –206.

[403] Titman, S, Wei, K. C. J. , Xie, F. Capital Investments and Stock

Returns [J]. Journal of Financial and Quantitative Analysis, 2004, 39 (4):
677 – 700.

[404] Tom, S. M. , Fox, C. R. , Trepel, C. , et al. The Neural Basis of
Loss Aversion in Decision-making under Risk [J]. Science, 2007, 315
(5811): 515 – 518.

[405] Tversky, A. , Kahneman, D. Judgment under Uncertainty: Heuristics and Biases [J]. Science, 1974, 185: 1124 – 1131.

[406] Tversky, A. , Kahneman, D. Loss Aversion in Riskless Choice: A
Reference-dependent Model [J]. The Quarterly Journal of Economics, 1991,
106 (4): 1039 – 1061.

[407] Vergin, R. C. , McGinnis, J. Revisiting the Holiday Effect: Is It on
Holiday? [J]. Applied Financial Economics, 1999, 9 (5): 477 – 482.

[408] Vogt, S. C. Cash Flow and Capital Spending: Evidence from Capital
Expenditure Announcements [J]. Financial Management, 1997, 26 (2): 44 –
57.

[409] Waggle, D. , Agrrawal, P. Investor Sentiment and Short-Term Returns for Size-Adjusted Value and Growth Portfolios [J]. Journal of Behavioral Finance, 2015, 16 (1): 81 – 93.

[410] Weil, P. The Equity Premium Puzzle and the Risk-free Rate Puzzle
[J]. Journal of Monetary Economics, 1989, 24 (3): 401 – 421.

[411] Weiss, K. The Post-offering Price Performance of Closed-end Funds
[J]. Financial Management, 1989, 18 (3): 57 – 67.

[412] Whaley, R. E. The Investor Fear Gauge: Explication of the CBOE
VIX [J]. The Journal of Portfolio Management, 2000, 26 (3): 12 – 17.

[413] Wurgler, J. Financial Markets and the Allocation of Capital [J].
Journal of Financial Economics, 2000, 58 (1 – 2): 187 – 214.

[414] Xie, H. The Mispricing of Abnormal Accruals [J]. The Accounting
Review, 2001, 76 (3): 357 – 373.

[415] Yang, C. , Wu, H. Chasing Investor Sentiment in Stock Market
[J]. The North American Journal of Economics and Finance, 2019, 50, 100975.

［416］Yang, C. , Zhang, R. Dynamic Sentiment Asset Pricing Model ［J］. Economic Modelling, 2014, 37: 362 –367.

［417］Yang, C. , Zhou, L. Investor Trading Behavior, Investor Sentiment and Asset Prices ［J］. The North American Journal of Economics and Finance, 2015, 34: 42 –62.

［418］Yilmaz, N. , Mazzeo, M. A. The Effect of CEO Overconfidence on Turnover Abnormal Returns ［J］. Journal of Behavioral and Experimental Finance, 2014, 3: 11 –21.

［419］Yogo, M. A Consumption-Based Explanation of Expected Stock Returns ［J］. The Journal of Finance, 2006, 61 （2）: 539 –580.

［420］You, H. Investor Sentiment, Managerial Overconfidence, and Corporate Investment Behavior ［J］. International Journal of Social Science and Economic Research, 2018, 3 （3）: 858 –868.

［421］Yu, C. F. CEO Overconfidence, CEO compensation, and earnings manipulation ［J］. Journal of Management Accounting Research, 2014, 26 （2）: 167 –193.

［422］Yu, J. , Yuan, Y. Investor Sentiment and the Mean-variance Relation ［J］. Journal of Financial Economics, 2011, 100 （2）: 367 –381.

［423］Zeelenberg, M. , Beattie, J. Consequences of Regret Aversion 2: Additional Evidence for Effects of Feedback on Decision Making ［J］. Organizational Behavior and Human Decision Processes, 1997, 72 （1）: 63 –78.

［424］Zeelenberg, M. , Beattie, J. , Van der Pligt, J. , et al. Consequences of Regret Aversion: Effects of Expected Feedback on Risky Decision Making ［J］. Organizational Behavior and Human Decision Processes, 1996, 65 （2）: 148 –158.

［425］Zhou, L. , Yang, C. Stochastic Investor Sentiment, Crowdedness and Deviation of Asset Prices from Fundamentals ［J］. Economic Modelling, 2019, 79: 130 –140.